词汇类型学视角的汉语物理属性形容词研究

Lexico-typological Study of Chinese Physical Attribute Adjectives

[俄] 李亮 著
Kholkina Liliya

清华语言学博士丛书

中西书局 上海辞书出版社

图书在版编目(CIP)数据

词汇类型学视角的汉语物理属性形容词研究 / (俄罗斯) 李亮著. —上海: 中西书局, 2019
(清华语言学博士丛书 / 蒋绍愚主编)
ISBN 978 - 7 - 5475 - 1631 - 7

Ⅰ. ①词… Ⅱ. ①李… Ⅲ. ①汉语—形容词—研究 Ⅳ. ①H146.2

中国版本图书馆 CIP 数据核字 (2019) 第 229743 号

词汇类型学视角的汉语物理属性形容词研究

CIHUI LEIXINGXUE SHIJIAO DE HANYU WULI SHUXING XINGRONGCI YANJIU

〔俄〕李亮(Kholkina Liliya) 著

责任编辑 郎晶晶
助理编辑 刘 博
装帧设计 梁业礼

出版发行 上海世纪出版集团
中西書局(www.zxpress.com.cn)
上海辞书出版社(www.cishu.com.cn)
地　　址 上海市陕西北路 457 号(邮编 200040)
印　　刷 上海求知印刷厂
开　　本 890×1240 毫米 1/32
印　　张 11.375
字　　数 296 000
版　　次 2019 年 11 月第 1 版 2019 年 11 月第 1 次印刷
书　　号 ISBN 978 - 7 - 5475 - 1631 - 7/ H · 100
定　　价 60.00 元

丛书编委会

总　　序

近二十年来，我国博士生培养事业有了很大进展，在各个领域都培养出了一大批优秀的博士生；在语言学领域也是这样。这些新培养出来的博士生，大多视野开阔，思想敏锐，既有扎实的专业基础，又有强烈的创新意识，是我国语言学事业继往开来的生力军。博士论文和出站报告是他们刻苦攻读、悉心研究所取得的成果，有些优秀的博士论文达到了学术前沿的水平，体现了语言学研究的新思路、新成就。面对这些学术新人和学术新成果，我们由衷地感到高兴。

众所周知，一门学问要能生根，要能茁壮地成长发展，必须不断挖掘和发现新的材料，必须不断进行理论更新，必须不断涌现大批新的研究人员。语言学是一个既古老又相对年轻的学科。中国是拥有语言富矿的国家，汉语历史悠久，语言多种多样；有优良的语言研究传统，新的语言研究成果不断涌现。现在由于国力日益强盛，更引发各国青年人学习汉语的热潮。这对我国语言学科发展来说，既是一种机遇，又是一种挑战。只要我们海峡两岸暨香港、澳门地区语言学同仁合力研究，让我国语言学科走到世界学术的尖端，这是可望也可及的目标。正是从这一思想出发，并为了使得这些学术新成果更快地和读者见面，为了帮助这些新人更迅速地成长，以便为语言学注入新的活力，我们创办了这个《清华语言学博士丛书》。现在计划每年出版一辑，每辑选收1—5种海峡两岸暨香港、澳门地区语言学博士的优秀论文、出站报告和其他著作。我们希望《丛书》能聚集一批优秀的年轻学者，这些年轻人将来能带领中国的语言学迈着稳健的步伐前进。

《清华语言学博士丛书》创办以来，得到了海峡两岸暨香港、澳门地区语言学界同仁和有关单位的大力支持。很多著名的语言学家担任了顾问和编委，很多博士生踊跃投稿，很多专家不辞辛劳负责审稿。清华大学提供了经费，上海中西书局负责出书。大家的热忱支持进一步坚定了我们办好《清华语言学博士丛书》的决心，我们一定使之成为展示我国语言学新思想、新成果的平台，成为语言学新苗茁壮成长的园地。

希望大家对《清华语言学博士丛书》不断提出意见和建议。让我们共同努力，把《清华语言学博士丛书》办好！

蒋绍愚

2013年6月

内 容 摘 要

语言系统的三要素中，较之语音、语法，词汇的系统性更难于把握。传统的语言学研究在揭示词汇系统性的工作上相对滞后。近年来蓬勃发展的词汇类型学研究旨在揭示词汇层面的内在规律和系统性。通过系统的跨语言比较可以发现，语言中丰富的词汇现象在一定程度上是可以解释和预测的。

对物理属性形容词的跨语言考察是莫斯科词汇类型学研究小组(Moscow Lexical Typology Group，简称 MLexT)的研究项目之一，MLexT 通过跨语言调查，发现不同语言关于物体利钝、软硬、轻重、光滑与粗糙等概念的词化策略存在共性与规律，这些共性与规律可以通过考察语义框架与参数来获得。语义场中存在基本的语义框架，不同语言可以选择设立专门的词来表达这些基本的语义框架；可以通过参数的组合来控制语义框架的特征。本书在 MLexT 已取得的研究成果的基础上，分别考察了四对相反的物理属性语义场(即 SHARP 与 BLUNT“利与钝”、SMOOTH 与 ROUGH“光滑与粗糙”、SOFT 与 HARD“软与硬”、HEAVY 与 LIGHT“重与轻”)在汉语词汇系统中的具体表现，重点分析这些概念在汉语中的词化模式，即语义场成员的基础义与引申义用法。一方面验证汉语的词化策略是否符合词汇类型学的预测，是否存在违背普遍规律的情况；另一方面是在符合普遍性原则的基础上观察汉语词汇系统自身的特点，包括单双音节、方言、书面语等因素对词化策略的影响。

本书共分六章。第一章回顾已有的研究成果，介绍词汇类型学的研究方法及本书的研究对象。第二章到第五章分析所考察的八个语义场，包括英语、俄语和汉语的基础义和引申义。第六章为结论，总结汉语词汇系统表现出的跨语言共性及其自身特点，并指出值得推进的研究方向。

其中，对各语义场的考察工作主要分为三部分：首先介绍 MLexT 通过跨语言调查发现的基础义语义地图；其次重点介绍汉语基础义的词化策略，并以英语和俄语（笔者的母语）的表现为参照；最后分析该语义场成员的引申义。

通过研究我们发现：

首先，词汇系统具有内在的规律性，词化策略不是随机的，而是受到一系列的参数制约。这些参数具有普遍性，可以通过系统地比较不同语言的数据来提炼，并进一步用语义地图模型来展示。就我们所分析的语料来说，汉语的数据基本上符合词汇类型学的预测，可以通过普遍参数来描写同一语义场中近义词的差异。

其次，不同语言的数据证明了反义词义项不对称的现象，这体现在两个方面：反义语义场词语的数量不同、语义场的区别参数不同。反义语义场基础义的不对称会导致其引申义同样表现出不对称的特点。

再次，词语的基础义和引申义具有稳定的普遍关联，这些关联在不同语言中都有体现。汉语语料也证明了在其他语言中发现的关联共性。词语基础义之间的对立会直接影响到其引申义的发展。基础义中的不同义项会发展出不同的引申义，在基础义中对区别义项起作用的参数，在引申义中往往也会得到保留；若基础义项对某个普遍参数不敏感，则引申义也就不受该参数的制约，并可能会出现多义现象。

汉语文献记载历史悠久，词汇保存情况良好。虽然很多词语在口语表达中已经消失，但它们被载入文献中，作为书面语保留下来。因此，相比其他文献保存不甚良好的语言，汉语每个语义场中的词语数量偏多。此外，我们的研究还表明，一些来自不同方言但并存于普通话系统中所谓的同义词，并不构成绝对的等义词关系。尽管在某些基础义用法上很接近，但在引申义、复合词和固定搭配层面表现出明显的区别。

关键词： 词汇类型学　物理属性　形容词　锋利　钝　光滑　粗糙　软　硬　重　轻

目　　录

第三章 SMOOTH(光滑)与ROUGH(粗糙)语义场

第四章 SOFT(软)与HARD(硬)语义场

第五章 HEAVY(重)与LIGHT(轻)语义场

第六章 结　语

图 表 目 录

第一章

绪　论

1.1 问题的提出

词汇类型学的基本研究思路是跨语言比较。在跨语言比较的过程中,一种语言的词汇系统与另一种语言的不同表现在什么地方?这些差异是随机的还是受制约的?跨语言之间的差异表现是否具有可预测性?这些问题都是词汇类型学研究需要回答的。

以本书所考察的物理属性词为例,汉语普通话 SHARP(锋利)语义场的核心成员有“尖”和“锋利”。“尖”可以描述用以刺穿物体的尖形工具,如“尖针”“尖刺”,同时也可以描述物体形状从粗到细,如“尖鼻子”“尖皮鞋”。但描述刀刃的锋利时,则只能说“锋利的刀”或“快刀”,不能说成“*尖刀”。而英语中的 sharp 则既可以表示尖形工具的锋利(sharp nail,尖钉)和物体形状的从粗到细(sharp nose,尖鼻子),还可以表示刀刃的锋利(sharp knife,锋利的刀)。俄语表示“锋利”的词 ostryi 的情况与英语相同,ostryi nozh(锋利的刀)、ostraya igla(尖针)、ostryi podborodok(尖下巴)都用 ostryi 表示。

可见,SHARP 语义场中的三个基本情景,汉语需要用两个词来表示,而英语和俄语可由一个词表示,这反映了不同语言在概念切分上的差异①。然而,仅仅发现差异是不够的。通过更多跨语言数据的

① 与蒋绍愚先生二次分类的关系详见 1.3.2.5。

考察，我们发现控制SHARP语义场成员变化的参数有两个：一是点与线的对立，二是形状与功能的对立。通过这两个参数的组合可以控制以上三个情景的特征：尖形工具是“点＋功能”的组合；尖形物体是“点＋形状”的组合；而锋利的刀刃是“线＋功能”的组合。对形状参数更敏感的语言，会选择用同一个词表示“点＋形状”“点＋功能”两个情景（如汉语普通话的“尖”），而对功能参数更敏感的语言，则会选择用同一个词表示“线＋功能”和“点＋功能”两个情景（如德语的scharf）。而有的语言在这个语义场里不做区分，仅用一个词覆盖三个情景（如俄语的ostryi）。

又如HEAVY（重）语义场中，汉语、英语及俄语的基本成员分别是“重”、heavy和tyazhelyi。我们可以发现，汉语的“重”既有表示“重要”的积极引申义（如“重任”“看得很重”），也有修饰消极的现象（如“重病”“重伤”）；而英语的heavy只有消极引申义（如heavy mood“沉闷的气氛”，heavy defeat“惨败”）；俄语中的tyazhelyi的用法与英语相同，也只能修饰消极的现象（如tyazhelaya zadacha“很难的任务”，tyazhelaya zhizn'“很苦的生活”）。这体现了HEAVY语义场在汉语和英语、俄语中引申义的差异。词汇类型学在研究语义场的引申义用法时，发现引申义用法与基础义框架有关联，即基础义用法不同会导致引申义用法的差别。汉语的“重”与英语的heavy和俄语的tyazhelyi在基础义用法上就存在着差异。汉语中的“重”侧重于表示“物体具有重量、分量”，英语中的heavy和俄语中的tyazhelyi侧重于表示“物体位移困难”。通过跨语言数据的调查，我们发现HEAVY语义场的形容词，侧重于前者的词通常会有积极引申，而侧重于后者的词则只能有消极引申。也就是说，正是汉语中的“重”与英语中的heavy、俄语中的tyazhelyi基础义上有差别，才使得它们的引申义也不同。

本书旨在通过跨语言比较，发现不同语言词汇系统的差异，同时揭示差异背后的普遍性与可预测性；其中后者（即发掘词汇的系统性)是我们研究的重点。

1.2 选题意义

1.2.1 词汇类型学的意义

在过去很长一段时间里,词汇往往被视为是杂乱无章的,没有规律性和系统性。早期的一些研究也是主要集中在某几个特殊的语义场,如:颜色词、亲属称谓、身体部位名称等。尽管这些研究有效地展示了词汇是有规律可循的,但当时的研究成果还不足以把这个结论扩大到整个词汇层面,认为词汇缺乏系统性仍是学界的主流观点。

二十世纪六十年代,由 Greenberg 开创的类型学在语音、形态和句法等方面取得的研究成果向我们展示了人类语言的一些普遍规律,证明了没有亲属关系、没有发生接触的语言之间也可能存在某些共性,为语言研究带来了很大的启发。但是这些类型学的研究主要停留在语法和语音层面,词汇层面的类型学研究还很不充分。阻碍词汇研究发展的主要原因是单个词出现频率低、标记性差。

近年来,科技的进步和认知语言学的发展,为词汇研究的深入发展提供了契机。科技的发展使词汇研究可以利用语料库、视频等手段对词汇进行收集和归类,解决词出现频率低、标记性差的问题;随着认知语言学的进步,研究者开始关注词汇概念和人的思维模型之间的联系,对词的引申义的观察也更为深入。这一系列的转变不断推动词汇类型学的研究迈入新阶段。

1.2.2 选取物理属性形容词作为研究对象的意义

第一,前人关于词汇类型学的研究多以名词、动词为主。名词的研究本质上是对物体进行分类,但如果想要更深入地对概念进行考察,还应加大对动词和形容词的关注。目前对动词的研究已经比较广泛,而对于形容词的跨语言研究还很不充分。到目前为止,成规模的利用不同语言数据来研究的，只有“温度属性词”项目（Koptjevskaja-Tamm 2015，参见 1.4.2.3）研究。因此本书选取物理属性形容词作为研究对象。

需要说明的是，我们选取“物理属性”这个角度是因为“形容词”这个词类的划分在不同语言中的争议比较大，为了在统一基础上进行比较，我们尽量排除主观性强的形容词，选取那些相对客观的、能够直观感受到的词，也就是表达事物“物理属性”的词。

第二，和动词相比，大部分物理属性形容词只有一个论元。较为简单的论元结构减轻了考察对比的工作量，可以帮助我们在有限的时间内考察更多的语义场，较快地了解到这一类词的基本面貌。

1.2.3 收集和应用汉语语料的重要性

汉语和世界上其他很多语言相比，有着得天独厚的优势和极高的研究价值，主要体现在以下几个方面：

a）文献记载丰富且绵延不断，词汇的保留情况良好，有利于考察词汇和词义的发展变化。

b）文学创作历史悠久。只有口语、缺少文学作品的语言，词的引申义一般不发达，而文学创作历史悠久的语言，则会存在大量的引申义，为词汇学的研究提供丰富的资料。

c）丰富的古代汉语语料、发端极早的汉语训诂学研究成果，为词汇类型学的跨语言比较研究带来启发。

d）单音节和双音节词汇并存的现象是汉语独有的。很多单音节词经过历时的发展产生复音化现象，在现代汉语普通话中的表现为，很多单音节词和包含这个词素的双音节词可以表达相近的意思，但在职能上各有分工，这个现象在世界上的其他语言中极为罕见，值得深入研究。

e）汉语方言词汇丰富。现代汉语有丰富的方言，一定程度上来讲，普通话是不同方言混合的产物，方言词汇进入到普通话词汇系统中，与表达相同意思的词逐步分工并且最终共存，这实际上是词汇系统内部进行一系列自我调整的过程，这一过程同样值得考察研究。

1.3 研究综述

1.3.1 词汇类型学

语言类型学是语言学近几十年欣欣向荣的分支方向，其研究对象是跨语言系统出现的语言模式（参看 Croft 1990：1），主要目的是展示人类不同语言之间的差异所受到的严格制约，揭示纷繁复杂的语言差异背后的系统性。

语言类型学的研究历来主要关注语音和语法层面跨语言的规律，而词汇类型研究自 20 世纪 50 年代出现后，在很长时间里没有取得大的突破。制约词汇层面跨语言调查的主要因素有：词汇系统内部组织相对复杂、语义成分缺乏形式标记、所调查的词在言语交际中出现频率较低（与形态标记相比）等，这些因素阻碍了语料的大规模收集。而近年来，世界范围内大型语料库的建设从根本上解决了语料收集的难题，词汇类型学研究随之蓬勃展开。

词汇类型学旨在揭示词汇层面的内在规律和系统性，按照 Lehrer（1992：249）的经典定义，“词汇类型学关注语言……把语义材料包装进词语的独特方式”。其基本思想是尽管不同语言的词汇从表面上看是杂乱无章、没有规律的，但是通过系统的比较可以发现，语言中丰富的词汇现象在一定程度上是可以解释和预测的。为了做到这一点，词汇类型学要比较特定语义场在跨语言中的差异，就像语法类型学比较不同语法范畴在不同语言中的具体表现一样。虽然词汇类型学研究尚处于起步阶段，多数学者对此还比较陌生，但发展前景广阔，理由主要包括：

a）词汇单位数量庞大。与有限的语法范畴不同，词汇单位数目众多，为研究者提供了丰富的研究对象。

b）词汇类型学研究领域存在空白。前人研究中鲜有从语言类型学的角度对词汇单位进行规模化跨语言考察的，这个广阔的研究领域值得我们深入发掘。

c）词汇类型学研究同时还反映出地域特征、文化特色，以及跨文化思维中的共性与个性，研究内容多样。

在语言类型学研究中，词汇类型学属于相对年轻的分支领域，还没有形成完全统一的收集和分析语料的方法，较为详细的总结分析可见相关综述（Rakhilina & Plungyan 2007；Koptjevskaja-Tamm 2008，2012；Rakhilina & Reznikova 2013，2016）。下面我们简要介绍词汇类型学领域内从不同的角度揭示词汇系统性的研究状况[①]，并重点介绍本书所采用的莫斯科词汇类型学研究小组的分析法和几个研究案例。

1.3.2 多视角的词汇类型学研究

早期的词汇类型学研究与民族文化特点研究相关，其中比较著名的包括亲属称谓（Kroeber 1952）和身体部位名称（Brown 1976）的研究。关于这些研究的具体论述可参阅 Koptjevskaja-Tamm（2008）。

值得注意的是，亲属称谓和身体部位名称的内部系统性较强，画图、分类、对成员的释义等操作起来比较容易。并且，这些语义场的成员都是名词，收集数据时一般不用考虑到搭配限制或论元结构。可见，早期的词汇类型学研究方法并不适用于词汇系统中的其他大部分语义场。

1.3.2.1 与语法类型学相关的研究

在语言类型学领域，最成熟的研究方向是语法类型学。这方面的研究中有一部分会涉及词汇问题，例如语法化。语法化研究的是词汇层面的单位演变成语法标记的过程（如 Heine & Kuteva 2002）。虽然这

① 下文介绍基于 Kashkin（2013）的综述，并加以调整补充。

类研究不会详细分析某个语义场的内部组织，但需要寻找词的本义与其演变过程的关联，这一点比较接近词汇类型学所关注的问题。

Talmy（1985）对运动动词的研究也可视为语法类型学和词汇类型学的交叉。根据运动事件最核心的成分——“路径”在不同语言中表达方式的不同，Talmy 将世界上的语言区分为“动词框架语言”与“卫星框架语言”两种类型。动词框架语言通过主要动词表达路径，如法语的 entrer（进入）和西班牙语的 entrar（走入）；卫星框架语言通过小品词或词缀表达路径，如英语的 go into（进入），德语的 hineingehen（进入）。（引自刘岩 2012）虽然研究的重点为一个具体范畴（运动动词的路径）的体现，但是也为不同运动概念的研究提供了有价值的参考。随后，词汇类型学对一些运动概念的研究（如 Kopecka & Narasimhan 2012）将 Talmy 的分类作为比较的标准之一①。

此外，还有一些以“词汇类型学”为主题的研究，实际上更接近语法类型学的研究范围。加拿大学者 Newman 组织的一系列研究，包括对给予类动词（Newman 1998）、姿势动词“坐、站、躺”（Newman 2002）、吃喝类动词（Newman 2009）的研究都可以归入此类。这些研究包括对动词本义的分析及其引申模型的描述，但重点放在其语法特征的比较上（如时态标记、及物与不及物用法、语法化方向等）。虽然 Newman 所考察的语言样本较为丰富，但是由于缺乏统一的问卷和论述体系，因而每种语言收集到的数据可比性不高。三部专著中，负责记录不同语言的作者论述的角度各不相同，提供了很多有意思的资料。但由于彼此间可比性较小，对词汇类型学研究的参考价值不大。

1.3.2.2 “自然语义元语言”理论

词汇类型学建立过程中，波兰语言学家 A. Wierzbicka 的“自然语义元语言”理论起到了重要作用。（Wierzbicka 1972，1980；Goddard &

① 值得一提的是，Kopecka & Narasimhan（2012）通过详细语言数据分析，发现很多自然语言中运动动词的分类与 Talmy 的结论并不相符，这对 Talmy 的分类（包括 Slobin 2004 的新版本）提出了很大的挑战。

Wierzbicka 2002，2014)其基本假设是每种语言中都必然存在一组不可以被进一步简约的“核心语义”(semantic core)，即一套无法被定义的释义词，被称为“语义基元”。每种语言的语义基元有60多个，借助它们，通过“简约释义”方式，可以解释语言中的所有其他词语①。

自然语义元语言的重要贡献在于，它使词汇类型学的研究领域不再局限于身体部位名称、亲属称谓等相对封闭的语义场，并且强调了提出统一的比较基础的必要性。但是该理论也不可避免地存在一定的局限性。首先，某个成分能否成为语义基元的标准不明确，带有一定的任意性。事实上，语义基元的数量难以确定也与此相关。其次，不同语言中的语义基元的对应性也存在较大问题。比如，英文的WANT只对应中文的“要”，而这两个词的中英文意义显然并不完全相同。另外，“简约释义”方式也难以达到很高的准确度，因此较难对近义词做出区分。

1.3.2.3 语言心理学与词汇类型学

与语言心理学相关的词汇类型学，其基本理论依据是“刺激反应理论”。早期使用该理论的词汇类型学研究是色彩名称(Berlin & Kay 1969)。该研究首先确定每种语言中符合一系列条件的基本颜色词(basic colour terms)②，再邀请母语者将320张色卡(colour chips)归入该语言的基本颜色词的范围。研究发现，有11种颜色词属于人类语言的基本色彩名称，而这些名称有严格的等级性：黑/白>红>黄/绿>蓝>棕>粉/橙/灰/紫。

---

① 语义基元的具体数量有时进行调整，自然语义元语言理论的介绍请参见：http://www.griffith.edu.au/humanities-languages/school-languages-linguistics/research/natural-semantic-metalanguage-homepage。

汉语介绍及汉语的语义基元请参见：http://www.griffith.edu.au/humanities-languages/school-languages-linguistics/research/natural-semantic-metalanguage-homepage/resources/non-english-nsm。

② 基本颜色词应该符合以下要求：1. 不是复合词(*米黄色)；2. 心理上突出(psychologically salient)，在请母语者说出色彩名称时很快就会被提出来的(红、*朱、*赤)；3. 搭配能力强[*皎(指白色，但多形容日、月光亮而洁白)、*皙(多指人的肤色洁白)]。

也就是说，所有语言都有白色（亮色）和黑色（暗色）的名称。如果某一语言中有三个颜色词，则第三个会是红色，以此类推。Berlin 和 Kay 的研究不仅发现了词汇层面的规律性，还揭示了其内在的蕴含关系，在词汇类型学领域树立了新的里程碑。

但是从现代语言学的角度来看，他们的研究方法有一定的局限性。在使用视觉上的刺激来收集语料时，研究人员必然会忽视所关注词语在自然语言中的表现（如搭配限制，在特定上下文产生的语义等），而这些信息对描述词语的语义很重要。Rakhilina（2000/2008：168－196）阐述了许多俄语中色彩名称的搭配限制。例如，俄语中的 korichnevyi（棕色、褐色）不能修饰有生命的主体及其组成部分和自然物：

(1) a. * korichnevaya zemlya　　棕色、褐色的土地
　b. * korichnevyi stvol dereva　　棕色、褐色的树干
　c. * korichnevyi medved'　　棕色、褐色的熊
　d. * korichnevye glaza　　棕色、褐色的眼睛

而在修饰人造物时，korichnevyi（棕色、褐色）不受限制：

(2) a. korichnevaya kraska　　棕色、褐色的油漆
　b. korichnevaya rubashka　　棕色、褐色的衬衣
　c. korichnevye botinki　　棕色、褐色的鞋

可见，虽然所指称的颜色相同，俄语中表示"棕色、褐色"的词只能描述人造物，而这一重要特征无法通过彩色卡片发现。

1.3.2.4 马克斯-普朗克研究所的语言与认知小组

词汇类型学研究的重镇之一——马克斯-普朗克研究所（Max-Plank Institute）的语言与认知小组（Language and Cognition Group）（荷兰，奈梅亨）①（以下简称"'马—普'语言与认知小组"），它继承与

① 官方网站：http://www.mpi.nl/departments/language-and-cognition。

发展了"刺激反应"理论，近年来取得了一系列颇有影响的成果。

该小组以 Bowerman、Levinson 和 Majid 为代表，使用广泛的语言样本(其中包括许多非洲语言)进行了多个语义场的跨语言调查。如："空间概念"(Bowerman 1992，1996)、"身体部位"(Majid & Enfield *et al*. 2006)、"描述物体在空间中位置的方式"(Levinson 2008)、"切割与破坏事件"(Bowerman *et al*. 2007，Majid *et al*. 2008)、"地形景观的名称"(Burenhult & Levinson 2008)、"'放与取'类动词"(Kopecka & Narasimhan 2012)等。

"马—普"语言与认知小组主要的研究方法是通过给母语者播放视频等手段，对母语者进行感官"刺激"，收集他们的语言反应，并对收集到的真实语料进行分析归类。以"切割和破坏事件"(Bowerman *et al*. 2007，Majid *et al*. 2008)为例，该项目以 61 部短视频[①]为视觉刺激考察了 28 种语言的母语者。视频内容由一些提前设计的情景构成，例如双手撕抹布、以小腿为支撑点用手折断一根木棍、用刀把胡萝卜切成几块、用剪刀把一条绳子剪成几段等。母语者通过观看视频后的直观反应，选用母语中一个合适的动词或谓词性短语来表达这些情景中的动作。然后，研究者分析哪些情况可以用一个词来表示，哪些需要选择不同的词语。研究发现，区分切割动词和破坏动词的重要语义特征是破坏物分裂点的可预测性(predictability)。分裂点可预测性分为高预测性(如用刀切胡萝卜)、中等预测性(如用斧子砍树枝，斧子接触到树枝的点比用刀时要难以预测)和低预测性(如盘子摔碎到地上)三级。最终该研究得出的结论是：位于该等级序列两端的情景不能用一个词来表示，而离得比较近的有可能用一个词来表示。

不过该项目的研究也有一定的局限性。首先，以"刺激反应"理

① 相关所有视频可参考 http://fieldmanuals.mpi.nl，切割和破坏事件项目视频介绍参看 Majid *et al*.(2007：147－148)。

论为基础的研究方法所收集到的数据，大多脱离了语言的自然使用，不考虑词的搭配限制及各种特殊用法；其次，一些抽象概念（如疼痛概念）无法用“刺激反应”法来研究；第三，由于视频的前期制作程序复杂，故很难在调查中对问卷内容进行临时调整。此外，视频所介绍的情景能否全面代表所研究语义场的所有可能出现的情况，也值得商榷。

1.3.2.5　语义转移类型数据库、世界语言同词化在线数据库

语义转移类型数据库是在俄罗斯科学院语言学院的 Anna Zalizniak 指导下建设的（Zalizniak 2008，Zalizniak *et al*. 2012）。所谓语义转移，是指两个义项之间的认知共性。该共性可以体现为一词多义现象（包括引申义）、词义的历时演变、语法化现象、构词过程中发生的语义变化等（Zalizinak *et al*. 2012：633－635）。数据库会标注每个语义转移的方向、来源词和目标词的语义类和语法特征，并做一些注解。该数据库信息量庞大，为词汇学研究提供了有价值的资源。但由于数据库的模型并没有从语义场出发，分析不同语言对译词之间的语义区别，因此研究中所发现的规律有时还不够细致深入。例如，该项目不区分物体厚与粗的属性差别，把相关的语义转移都笼统地归入“thick”类，而实际上“厚”与“粗”的引申义存在显著差异。另外，该数据库资料的主要来源是各种辞书，因此所提供信息的准确性很大程度上受到词典质量的制约。

世界语言同词化在线数据库（Crosslinguistic Colexifications，以下简称 CLICS）涵盖 64 个语系 221 种语言中 1 280 个概念在共时层面上的同词化信息（List & Mayer *et al*. 2014，Mayer & List *et al*. 2014）。所谓“同词化”（colexification），是指两个或两个以上的意义被编码为同一个词。（François 2008）该研究主要基于词典释义，所谓“意义”实际上指的是词典释义中的义项。依靠辞书收集信息的方法非常简便，不需要进行语料库及母语者调查即可看到所研究语义场的基本面貌。不过该数据库也因此受词典质量的制约。此外，如果

我们选择义项划分较为粗略的词典或对一些语义对立不敏感的语言，所考察的义项将会难以归类。最后，该数据库不区分本义与引申义，也不注明语义转移的方向。

以上几类词汇类型学研究，相对于早期词汇类型学而言，在语义场的选取范围、语言样本的多样化及数据收集与处理的方法上都有显著的发展。然而，这些研究反映出的普遍问题是：重概念而轻语言，亦即忽略词在语言中的用法特点。而“词的使用”正是莫斯科词汇类型学小组最关注的问题，也成为其区别于其他研究学派的重要特点。

需要重点交代的是，近年来中国学者也开始从跨语言视角来讨论词汇语义层面的系统性问题，这方面以蒋绍愚提出“两次分类”观点及相关研究成果为代表。蒋绍愚认为，想要认识一种语言的词汇系统，比较不同语言或同一语言的不同历史时期词汇系统的差异，应该从词汇系统“两次分类”的差异着手。第一次分类指的是“在不同的语言中以及同一种语言在不同历史时期中，把哪些事物、动作、性状概括为一个义位”，第二次分类是指“哪些义位结合在一起组成一个词”(蒋绍愚 1999)。

“第一次分类”实际上讨论的是人类语言如何用词来切分概念的问题，大致与词汇类型学的研究领域相对应。不过，由于蒋先生的文章只涉及英语、日语、汉语普通话和古代汉语几种语言系统的比较，重点讨论的是不同词汇系统的差异，也无法从少数几种语言的差异中发现词汇层面的共性与规律。而词汇类型学通过样本丰富的跨语言调查，不仅能够发现不同语言在词汇层面上存在差异性，更重要的是发现在差异性的表象之下蕴含的内在规律。由此可见，词汇类型学以跨语言比较研究为基础，对词汇系统性问题的认识又推进了一步。

除此以外，受 Talmy(1985, 1991, 2000)词化模式理论及语义地图模型等理论的影响，从类型学视角讨论词汇和词义系统性的研究逐渐增多，如罗思明（2007）、吴福祥（2011，2017）、史文磊（2011）、张定（2016）、赵果（2017）等，这些研究不同程度地揭示了词汇和词义系统的规律性与可预测性。

墙斯（2017）从词汇类型学视角考察汉语三组运动动词的历时演变，并在此基础上提出词汇系统的演变大致包含三种类型："一是概念域中语义框架（包括基本语义框架和细分框架）词化策略的变化，二是概念域中主要成员在概念空间上覆盖范围的变化，三是概念域成员的替换变化。三类变化中，前两种直接影响到概念域结构的差异，属于'质'的变化。而概念域成员的增减替换，对概念域结构组织的格局面貌没有直接影响，实际上属于'量'的变化。因此，三类变化在词汇系统中的性质和地位不能等同。"可见，词汇类型学研究不仅适用于现代汉语普通话，历史语言同样可以纳入词汇类型学的研究范围。不仅如此，现代汉语方言研究可以从词汇类型学角度入手来发掘词汇在地域分布上的系统规律（参看 6.2 节）。

1.4 莫斯科词汇类型学小组研究概况

1.4.1 莫斯科词汇类型学研究的兴起及其理论体系

莫斯科词汇类型学研究小组（Moscow Lexical Typology Group，简称 MLexT）是在莫斯科语义学派的基础上形成的，成立于 2005 年，Ekaterina Rakhilina① 为小组带头人。MLexT 的研究项目包括：水中运动动词、摇摆动词、飞翔与坠落动词、破坏动词、旋转动词、疼痛的隐喻、声音的隐喻及物理属性词等。

莫斯科语义学派成立于 20 世纪 60 年代，奠基人物是 Igor Mel'čuk、

① Ekaterina Rakhilina，莫斯科人，主要研究方向：词汇语义、语料库研究、构式语法、词汇类型学，出版专著 5 部，主编论文集 5 部，发表论文 200 余篇。代表作有：《名词性成分的认知分析：语义与搭配》（Moscow & Russkie slovari，2000/2008）、《俄语语法语料库研究》（Probel，2009）、《构式语法》（Azbukovnik，2010）。

Aleksandr Žolkovskij 和 Yury Apresjan。该学派的理论指向是以语义为基础描述语言，学术贡献主要体现在“意思⇔文本”模型、《详解组合词典》、《新型俄语同义词解释词典》等(参看 Apresjan 2006；张家骅 2001，2003，2011)。通过语言描写及词典编纂，莫斯科语义学派得出一个重要的结论：语言中不存在绝对的同义词，而词义的区别可以通过词语的搭配情况来考察。(Apresjan 2000)

MLexT 的基本研究思路是将莫斯科语义学派分析同义词的方法与语言类型学的研究方法相结合，系统地研究不同语言中对应词之间的细微差别，并找出词汇层面跨语言的规律。在研究方法上，MLexT 有两个突出的特点：系统比较、重视词语搭配。

在阐述 MLexT 研究中具体操作之前，我们需要先介绍 MLexT 论述框架中的几个重要术语：“参数”(parameter)、“框架”(frame)、“语义地图”(semantic map)，此外还对术语“基础义”(basic meaning)的使用做一些说明。

1.4.1.1 参数

参数(parameter)，即变量，原本是一个数学概念。“参数”在语言学中多用在生成语法“管辖与约束”理论(Government and Binding Theory，简称“管约论”)中，参数标定一条语法原则在不同语言中体现的变化。MLexT 的参数则指的是可以用来区分特定语义场中不同成员的语义特征。例如，MLexT 在调查“水中运动”语义场时，发现俄语有两个动词属于该语义场：plyt' 和 plavat'。二者虽然同根，但用法上有区别。前者表示定向的位移(如游到岸边)，后者则表示不定向的位移(如游来游去)。由此可以确定，“定向/不定向”是“水中运动”语义场中的一个参数，这个参数可以把俄语中的 plyt' 和 plavat' 区别开来，且很有可能在其他语言中同样发生作用。

Rakhilina & Reznikova(2016)指出，词汇层面的参数可以分为两种类型：一是“+/—”类的对立，即是否具有相关的特征；二是“+/0”类的对立，即该特征大多数情况下不起作用，只区别一小类词语。例如，科米语(Komi)“破坏事件”语义场内只有一个动词z'ol'vartny(“发出叮铃声地碎掉”)对“是否发出声音”参数敏感，区别于zhugEdny(碎)。而其他破坏动词没有跟声音相关的对立，即对“是否发出声音”参数不敏感，记为“0”。(Kashkin 2010)

需要强调的是，“参数”与传统语义学上的“义素”有明显的区别。经典的义素分析法中，特定语义场中的义素之间没有关联性，义素是独立的语义特征。比如在直系亲属称谓系统中，[+男性]和[+长辈]之间没有关联性。而参数往往是不独立的，参数之间可能存在关联性。以Lehrer(1974)关于“烹饪”语义场的研究为例。跨语言资料显示，“烹饪”语义场有如下几个参数：

a) 是否要加液体

b) 是否要加油

c) 是否要用蒸汽

d) 用大火或用小火

e) 时间长或短

参数的关联性体现在：蒸的菜一般不加油，火的大小与时间长短密切相关等。当参数“加油”发生作用时，参数“使用蒸汽”则通常不能发生作用；当参数“用大火”发生作用时，参数“时间短”则发生作用。这些都体现了参数不独立的特征。(引自Rakhilina & Reznikova 2016)

因此，参数的价值主要体现在两方面：一是规避设计问卷时可能出现的漏洞，力图穷尽地发掘语义场内所有参数及其可能的共现情况。这一点正好可以弥补其他小组研究方法上的不足，如马普认知语言小组主持的“切割与破坏事件”项目(参看1.3.2.4节)。另一方面，通过参数的共现情况，可以发现语义场内的各个语义特征之间存在哪些关联性，以及语义场内存在哪些典型情景。

1.4.1.2 框架

所谓“框架”(frame)，是指一个由参数的典型组合形成的情景，在不同语言中往往会用单独的词来表示。(Rakhilina & Reznikova 2016)例如在旋转运动中,“鸟在空中回旋地飞”就属于该语义场的一个框架,很多语言都有专门的词语来表示(如汉语的“盘旋”)。该框架是由参数“[外轴线旋转]”和“[参照物不在一个平面]”组合形成的情景。这两个参数的组合不是偶然的。“盘旋”经常与鸟或飞机一类的主体搭配,根据主体特征可以大致限定与之相关的情景特征,即旋转物围绕参照物做外轴线旋转,且旋转物在参照物的上空(如“老鹰在屋顶上盘旋”)等。由此可以看出,一个论元的类型往往会决定其他论元乃至整个情景的特征。也就是说,研究过程中找到的各个参数由于受到主体论元的支配往往会出现一些参数的典型组合①。发现更多框架和考察不同语言中框架的凸显情况,是 MLexT 在考察特定语义场时的研究重点。确立的基本框架具有较高的概括程度,有些语言中还可以进一步划分出子框架。

1.4.1.3 语义地图

语义地图(semantic map)是语言类型学研究较为常用的工具,该模型最早由美国语言学家 Lloyd B. Anderson 在 20 世纪 70 年代提出,并已构建出完成体(Anderson 1982)和言据性(evidentiality,参 Anderson 1986)的语义地图。利用语义地图模型的代表性研究有:Bybee *et al.*(1994)、Haspelmath(1997)、van der Auwera & Plungian(1998)、Croft(2001)、Tatevosov(2002)等。其中,Haspelmath(2003)对语义地图模型理论进行了较为全面的介绍。按照 Haspelmath(2003)的定义②,语义地图是“概念空间”中功能/范畴的几何体现,不同功能/范畴存在连接,由此形成网络。在这个网络

---

① 论元对情景起决定性作用,我们常常可以从论元推知相关的情景,因此 MLexT 经常会选择一个典型的论元来指称整个框架,代表相关参数的组合。例如,上文中的“鸟在空中回旋地飞”框架可以用“老鹰”类来表示。

② A semantic map is a geometrical representation of functions in “conceptual/semantic space” which are linked by connecting lines and thus constitute a network. The configuration of functions shown by the map is claimed to be universal. (Haspelmath 2003)

中功能/范畴成为节点(nodes),它们的分布被认为是普遍的。

这个定义涉及语义地图理论中的几个重要概念:

1. “概念空间”(conceptual space)

基于跨语言比较建立起来的、具有普遍性的语义空间,被称为“概念空间”。它是语言中特定编码形式的不同功能节点及其连线构成的几何形概念网络。语义地图的底图其实就是概念空间,我们用方框将具体语言在概念空间上的分布标记出来,从而形成了语义地图。

需要说明的是,有学者把跨语言共性的底层结构称为“概念空间(conceptual space)”,而具体语言在概念空间上的分布称为“语义地图(semantic map)”。(郭锐 2012:2)

2. “节点”(nodes)

语义地图由“节点”和与连线组成,“节点”代表跨语言中对应或相关语法形式的不同功能。如果某几个节点之间有连线,则表示相关的功能存在直接关联的关系。构建概念空间的主要工作就是选择节点,并对节点进行排列和连接。(参看吴福祥 2011;郭锐 2012)

3. 连续性(connectivity)

语义地图具有连续性的特征,合格的语义地图要符合 Croft (2001, 2003)提出的“语义地图连续性假说(semantic map connectivity hypothesis)”:特定语言和(或)特定结构的任何相关范畴都应该映射(map)在概念空间中的一个连续区域(connected region)。(郭锐 2012)

不少中国学者也对语义地图模型进行了系统性的介绍,并开展了很多相关研究。具体请参考李知恩(2010),张敏(2010),郭锐(2011,2012),吴福祥(2011),李小凡等(2015)。

语义地图最早用于语法学研究,后来也较广泛地应用于词汇学研究领域。但词汇类型学和语法类型学的语义地图有所不同:语法类型学的语义地图多服务于语法化研究,强调所考察范畴的历时演变，并用箭头指示演变方向；词汇语义地图则不然，在词汇类型学研究中，语义地图模型用以直观比较不同语言的词化情况，把握词汇的扩散性。

MLexT 用语义地图模型展示语义场的组织。语义地图上的节点代表在不同语言中发现的框架。按照语义地图连续性原则，在对某语义场的跨语言考察中，如果某种语言用一个词来表示两个框架，那么在语义地图上这两个框架（节点）就应该有关联。语义地图还具有一定的预测能力：通过观察两个节点之间是否有关联，可以知道哪些框架可能用同一个词来表示。

1.4.1.4　基础义

在论述词的具体义和抽象义时，MLexT 选择用“基础义”（basic meaning）而不是“本义”这个术语。原因在于，词汇类型学分析的重点不在于考察词的本义，而在于找出特定语义场中词的原义与引申义之间的关联。“基础义”指的是所考察的词原本表示的具体运动或属性，而不是由此引申出来的较为抽象的意义。基础义的特点是语义具体，和物质世界关联比较紧密，是引申义的来源。

以本书的研究对象——物理属性为例，我们所考察的很多词的本义与物理属性并不相关。如“沉”的本义是“沉没”，“柔”的本义是“使木弯曲或变直”，但是这些意思在现代汉语里有些并不能表达物理属性，或者有些已经消失。因此，本书决定用“基础义”来表述这些词表达物理属性的情况，与其不表达物理属性的“本义”进行区分。同时，我们把基础义通过隐喻、转喻等机制引申出来的义项称为“引申义”。

另外，本书没有采用“基本义”这个术语，是由于“基本义”指的是词在现代最常用的意义，而本书所考察的词语中，不少词的引申义较为常用，而基础义不太常用。比如“尖锐”经常表示“（言论、斗争等）激烈”（尖锐的批评），较少表示“物体有锋芒、锋利”（把锥子磨得非常尖锐），把后者看作它的基本义不太恰当，因此我们选择用“基础义”这个术语。

之所以没有采用“具体义”和“抽象义”这对术语，是因为二者不容易呈现彼此之间的关联，而本书很重要的一个意图是追溯某种物理属性特征会发展出何种对应的引申义。另外，本书研究中属于“引申义”的许多用法很难确定其抽象程度。如 SHARP 语义场成员发展出的“轮廓清晰”或“速度快”义，不宜归入“抽象义”。

1.4.2 MLexT 的研究方法

1.4.2.1 研究对象与比较单位的确定

语言类型的研究都是建立在不同语言比较的基础之上的。词汇类型学的比较对象是具体的语义场。Greenberg（1957：73）认为，用比较概念的方式进行词义类型学研究是很有价值的。在确定具体的研究对象时，MLexT 主要从以下几个方面进行考量：

第一，研究对象所表达的概念必须具有较高的凸显度，能够保证这些意义几乎在所有的语言中都有单独的词来表达，不受社会文化因素的限制。比如，表示某种民族服装的词，受本地文化影响形成独特的民族特色，因而难以建立起类型考察，找出相关的区别参数。又如，天气等自然现象也不适合做词汇类型学的研究，因为它与不同地区的自然环境息息相关，热带地区不下雪、不结冰，而寒带地区没有雨季、季风。因此，词汇类型学研究的对象是不同语言对表示客观存在的词所采取的不同的词化策略，如对亲属称谓（Kroeber 1952）、色彩名称（Berlin & Kay 1969）、身体部位名称（Brown 1976）的研究都是最早进入词汇类型学考察范围的领域。其实，与日常生活相关的、经常接触的基本概念大部分都适合作为词汇类型学的研究对象。

第二，所研究的语义场应该用严格的标准与相邻语义场区分开来，以保证比较对象的同一性。比如，MLexT 界定旋转动词（如汉语的“转”“绕”）时，将使动义的动词（如“扭转”）和无位移特征的动词（如“包围”）均排除在外。排除使动用法，是因为其论元结构跟其他动词不同，即多出了一个致使者论元，要考察该论元引起的语义变化就需要考虑一系列与之相关的因素，这样做对达成最终的研究目标会事倍功半。而无位移义的动词与位移动词的区别很明显，为保证研究对象的同一性，应将其与位移动词分别对待。

第三，不宜选择主观性太强的概念，因为每个人评价事物的标准都不一样，很不容易把握。比如，困难、漂亮这样的概念，主观色彩比较浓。相比之下，物理属性词（如尖-钝、重-轻、粗糙-光滑）的意义就更加客观，方便设计问卷进行调查研究。

1.4.2.2　语言样本的择取原则

由于语法、语音系统相对封闭，在语法、语音层面的跨语言调查中，所调查标记的出现频率往往较高。故可以依靠词典、文献、研究性著作等二手材料来获取数据，而不需要耗费大量人力进行手动收集，因此在语言样本的选取数量上往往可以大规模分谱系地调查。有些语法类型学调查通常依赖于现有的资料，采用由 200 多种（Corbett 1991，2000），甚至 400 多种（Maisak 2005）或 500 多种语言（Aikhenvald 2004）组成的语言样本。

词汇类型学研究依赖于原始数据的调查，往往需要调查者手动收集数据，调查周期相对较长，因此很难做到大规模采样。"为了保证一个项目的可行性，词汇类型学家需要把语言样本控制在 30—50 种语言。此外，语言的选择取决于很多实际问题，如样本资源（可靠的词典，大语料库，母语者，等等）的可用性。"（Reznikova *et al*. 2012：423）

语法类型学家也提出，研究一个特定的语法范畴时，要得到比较可靠的研究结果不一定需要考察很多的语言："按照以往的经验，通过考察 12 种亲属关系疏远的语言，我们就可以得出较为稳定的语义地图，这个地图不会因为考察更多的语言而发生巨大的变化。"（Haspelmath 2003：217）①

① Experience shows that it is generally sufficient to look at a dozen genealogically diverse languages to arrive at a stable map that does not undergo significant changes as more languages are considered. (Haspelmath 2003：217)

上文所介绍的大规模词汇类型学项目，如马-普语言与认知小组的“切割与破坏事件”以及后文会介绍的“温度属性词”（参见1.4.2.3）、“水中运动”（Maisak & Rakhilina 2007，参见 1.4.3）等项目在语言样本的数量上都符合 Reznikova 提出的标准。本书的研究共参考了 30 多种语言样本，但是具体到不同语义场数量不尽相同，详细情况请参看 1.5.2 节“本书的研究方法”。

词汇的变化速度很快，词语发展出新的意义或者意义发生变化往往在十几年或几十年之内就可以观察到。因此，MLexT 明确提出，词汇类型学的研究不同于语法或语音方面的语言类型研究，对语言样本之间有无亲属关系没有特殊要求①。事实上，从已经完成的研究项目来看，所选择的语义场、母语者的生活环境和文化因素对词化策略的影响往往比语言的亲属关系的影响更为直接。（Majid *et al*. 2007；Koptjevskaja-Tamm *et al*. 2010；Majid *et al*. 2015；Kashkin，Vinogradova，to appear）

1.4.2.3　具体操作

首先，MLexT 从母语者语料出发，收集属于特定语义场的、合乎标准的词语，并靠研究者的语感提出各种假设，试图找出区别这些词的参数。

第二步，利用样本语言的双语词典、同义词词典等工具书及对所考察的语义场在其他语言中的情况进行初步了解。任何一个词在翻译成其他语言时都可能存在一对多或者多对一的情况。例如，俄语的 tolstyj 对应汉语中三个形容词“厚”（厚被子）、“粗”（粗绳子）和“胖”（胖孩子）。这都可以帮助我们精确地理解词义，找出比较的基础。不过，需要特别强调的是，词典中提供的数据对于词汇语义学研究而言往往是不完备、不连贯，且不具有兼容性的，因而仅依靠词典

① 可参考 Rakhilina & Prokof'eva(2004)、Rakhilina(2010b)文章比较俄语和波兰语的旋转动词之后发现，虽然比较的词语当中很多是同一个来源的同根词，但是它们的具体含义很不相同，区别大于很多没有亲属关系语言当中的区别。

无法对词汇进行精细的跨语言比较研究，需要重新审核相关数据。

如果所调查语言有相应的语料库，接下来需要用语料库考察词语的搭配情况，找出更多典型框架和相关参数。当然，语料库也可能存在一些问题：或语料库的部分数据已经过时，或出现很特殊、不规范的用法，或存在一些其他技术层面的漏洞。所以，还需要把收集到的例子交给母语者确认。

第三步，利用收集到的参数及框架来设计问卷，并邀请母语者填写问卷。参数主要起参考的作用，往往不直接反映在卷面上。问卷的具体内容通常以框架作为调查对象。

由于意义的表达往往是综合性的，一个词通常会同时具有几个语义特征。但在特定的上下文中，说话人强调的信息会使得词的某个语义特征变得更突出。MLexT 通常采用考察某个词在语料库中的用法或以问卷的方式来获取该词的语义特征。设计问卷的原则是：假若某个词能够放入专为突出某个语义特征而设定的上下文里，那就说明它具有这个语义特征，反之则没有。例如，在分析"声音很尖/尖锐/尖厉"这样的搭配时，我们可以发现：在"女孩子声音一般比较(________)"这样的句子里，我们只能用"尖"，因为它既可以表示"声音高而细"(中性)，又可以表示"声音高而刺耳(贬义)"，这里选取前者；但我们不能用"尖锐"或"尖厉"，因为它们只能用来形容"声音高而刺耳"(贬义)。这与语法学家在研究某个语法范畴在跨语言中的具体表现时采用的做法相似。(参看 Comrie 1976, 1985; Bybee & Dahl 1989; Corbett 1991, 2000; Aikhenvald 2000 等)

问卷里的框架是由典型成员及成员在组合中产生的搭配义组成。若某个搭配有不同的意义则需要分成不同的框架。例如：在水中运动中，"原木"可以静止地漂在水面上，也可以顺着河流而漂走；"鼻子"与"尖"搭配时既可能是形容鼻子的形状很尖，也可能表示嗅觉灵敏之义。划分框架的依据为：逻辑上可能存在一种语言分别用不同的编码方式(即不同的词)来表达不同的意义。为保证考察的全面性，我们先尽可能细分框架。如若逻辑上可以区分的两种情况在语言中不区分，再把两者合并起来。

MLexT 以实践调查的方式来不断补充和完善问卷内容，特别关注词语的不可能搭配、可替换现象和通过搜索语料库得到的被遗漏的可能搭配。每次在对问卷进行补充时，需要确认已调查语言中所增加的框架的表达方式。问卷样本见附录。

通过对一定数量的语言进行考察，MLexT 可以初步得出该语义场中存在哪些可以区分语义场成员的参数，从而为新语言的调查及缺乏语料库资源的语言提供有力的借鉴。

问卷设计的另一重要作用在于确保比较对象的同一性，即使在研究的初级阶段所考察的语义场存在框架遗漏的情况，在进一步的考察(通常是靠增加样本数量的方法)中，如果发现新框架，也会对问卷内容进行相应的补充，补充后的问卷会重新交予母语者确认。这样便保证了整个调查过程中比较对象的同一性。

实际上，在对语义场情景的考察工作上，目前任何词汇学研究方法都无法做到完全避免框架遗漏。但相对于传统的词汇学研究，尤其是依靠词典收集词项的方法，MLexT 的方法更具合理性和可靠性。不同语言在词典编纂上受语言特点、词典编纂背景和目的等多种因素影响，存在收词数量、义项多寡等差异。以这些材料作为研究对象，则很难保证比较对象的一致性。

第四步，对收集到的语料进行分析并构建语义地图(参看 1.4.1.3 节)。

除构建语义地图外，MLexT 还有一项重要工作，即根据所考察语义场在不同语言中用词数量的多少，为词汇系统分级。语义地图的主要作用在于展示框架之间的关联，显示所发现的框架之间的远近，而词汇系统分类的主要作用在于展示最普遍的词化策略(如下面的“水中运动动词”框架等级序列)。特定语义场的词汇系统通常分“丰富-中等-贫乏”三级，具体划分以中等词汇系统为起点，样本中多数语言采取的普遍词化策略被视为中等。丰富的词汇系统在该语义场中成员数量较多，起区别作用的参数也较多，框架会分得比较细。贫乏的词汇系统在该语义场中成员数量少，只有最凸显的框架才以专门的词来表示。这些信息有助于我们发现该语义场内最凸显的框架。

做到这一点之后，我们可以通过词语的数量来预测可能的对立和每个词的语义范围：如果某种语言中该语义场包含的词数量少，我们可以预测这种语言只区分最基本的框架；如果该语义场包含的词数量较多，我们可以按照丰富词汇系统的情况来预测可能起作用的参数。

此外，MLexT 很重视考察语义场成员在跨语言中的引申义。

在传统分析中，引申义通常分为隐喻和转喻两类。隐喻是建立在相似性原则基础上的原域和目标域之间的映射(如，温水-温情)。转喻是建立在邻近性原则基础上的在同一认知域中两个元素之间的转移(如，新面孔-新人)。(Lakoff & Johnson 1980, Croft 2002)常见的转喻类型可参看 Radden & Kövecses(1999)、Peirsman & Geeraerts(2006)。

传统定义在实际运用中可操作性不高。在跨语言调查中，MLexT 区分引申义的标准是：如果在组合结构中论元的语义特征发生了变化，则将其视为引申义。例如，汉语"吼"的基础义用法经常跟一些动物名称搭配，如"狮子吼"。但在"暴风怒吼"中，"吼"的主体发生了明显的语义变化，即变为自然现象。从这个例子也可以看到，语义特征的变化不是鉴别引申义的唯一特征，引申义对词语搭配的结构也会有一些要求。在基础义用法上，"吼"跟动物名称的搭配比较自由，而在引申义用法上受到的限制则比较大，例如"风"一般只出现在"狂风怒吼"或"北风狂吼"等固定表达中。有时，引申义用法在组合上受到的限制甚至会引起论元结构的变化。如"鸣"，基础义为鸟兽昆虫叫，是一价动词，如"鸟鸣"。而引申义——使物体发声(如"禁止鸣笛")则为二价动词。

这样的区分标准操作性较高，适合 MLexT 把搭配限制作为比较词项语义标准的思路，而且与传统的定义不矛盾。

研究引申义有一个难点，由于引申机制比较复杂，母语者有时候难以严格区分某个搭配是否成立。每个人的语感不同，导致引申义不易确立。而且我们也不能够把逻辑上所有可能出现的参数统统都列出来考察它们的相互作用。所以，MLexT 在考察引申义时，与基础义的调查方法有所不同，具体操作如下：

1. 收集词典中列出的引申义，并与母语者确认其合理程度；
2. 考察语料库中的搭配，并与母语者确认其合理程度；
3. 在其他语言中考察是否有类似的引申，列出引申义的清单。

已完成的研究项目显示，很多引申义会在不同的语言中重复出现。因此 MLexT 认为，引申义也具有一定程度的跨语言普遍性。

以上详细介绍了 MLexT 的研究方法和具体操作。不难看出，MLexT 对词汇跨语言比较的研究工作做出了很多有价值的探索：首先，在数据的搜集工作方面，手动搜集数据的方式，即以参数为参照、以语义框架为线索展开对母语者的问卷调查，弥补了传统上依靠工具书、研究著作等“二手资料”收集数据时存在的不足，从而提高了数据的可靠性；其次，利用所考察的词在语料库中的不同用法来观察词的搭配、语境限制等，这对词义的把握和近义词的区别都有帮助；最后，语义地图的构建和词汇等级序列的划分工作对词汇在跨语言中的普遍规律及词汇在语义场中的系统性差异都有充分的体现。MLexT 对词汇类型学在理论和研究方法上的一些经验探索，也得到同领域其他学者的认同。目前在斯德哥尔摩大学从事词汇类型学研究工作的 Maria Koptjevskaja-Tamm 主持的“温度属性词跨语言比较项目”(Koptjevskaja-Tamm 2015)的研究思路及方法与 MLexT 大致相同①。

① 可参见分析温度属性词在俄语与瑞典语中用法的文章，如 Koptjevskaja-Tamm & Rakhilina(1998，2006)。

下面我们将介绍 MLexT 已完成的三个项目，分别是“水中运动动词”“旋转动词”和“疼痛谓词”。以“水中运动动词”为例，该项目详细阐述词汇类型学研究的基本步骤和操作方法；“旋转动词项目”则重点阐释该语义场在跨语言中的引申共性；对“疼痛动词”的介绍意在说明 MLexT 的研究方法对主观性很强、比较抽象的语义场仍然适用。

当然，类型学研究需要调查大量的语言样本，而研究者掌握的语言数量远少于需要调查的数量。为保证所收集的数据可靠性，研究者通常需要反复与母语者确认。因此，手动收集数据虽然有助于提高数据的可靠性，但同时也面临调查周期长、人力资源耗费大等现实问题。为此，MLexT 不断探索解决的办法。比如，应用“电脑语义分配模式”(Distributional Semantics Model)，它依靠统计来归纳词语共现的情况及词语搭配的模式。(Baroni *et al*. 2013)众所周知，目前依靠纯粹统计的研究方法难以达到很准确的结果，但是与 MLexT 的研究方法相结合时，可以更快地建立问卷，避免人为因素导致重要信息的疏漏，希望这一方法将来有助于解决调查过程耗时耗力的问题。

1.4.3　水中运动动词①

1.4.3.1　水中运动动词的基础义

一、研究对象的确定

所谓水中运动动词，即表示在水中运动或静止存在、不依靠地面的一价动词，如英语中的 swim、sail、drift、float，或汉语的“游泳、漂浮”等动词。为限定研究范围、提高跨语言的可比性，该项目未将“趟过河”“洗澡”“玩水”等词或词组纳入讨论范围，因为这类词或词组虽然与水中运动相关，但只是与水接触，并不是在水中运动或保持静止

---

① 本节内容主要参看 Maisak & Rakhilina(2007)。该书的电子版(包括英文版概述)见于 http://aquamotion.narod.ru

状态。另外,需要说明的是,该项目的研究重点是表示物体在水中发生水平位移的动词,而不是表示上下位移的动词(如,“沉没”“潜水”)。多数情况下,如果同一个动词能够同时表示上下位移和平行位移(如汉语的“水上浮着”和“浮起来了”),才纳入考察范围。同样,如果有的语言采用相同的词来表示主体在水中的位移和水本身的位移,这些词有时也会纳入考察的范围。

MLexT 之所以选择水中运动动词作为研究对象,主要基于两点考虑:一,运动动词属于词汇系统中的核心词汇,历来在语言学界很受重视;二,以往对运动动词的研究,重点主要放在了路径成分(path component)上(如 Talmy 1975, 1985; Fillmore 1983)。MLexT 主要关注的是方式成分(manner component)。因此选取水中运动动词这个比较封闭,且方式成分占据重要地位的语义场。

二、参数与语义框架

MLexT 考察了不同语系的四十多种语言①,发现能够用来区别该语义场成员的参数有:

1. 主体的性质(有生/无生;水中运动方式的特征,如没入水中的部分等)

如:人、鸟、鱼、船、原木、油。

2. 主动位移(如“人在游泳”)与被动位移(如“原木跟着水流漂走了”)

3. 定向位移(如俄语的 plyt',表示定向地游泳)与不定向移动(如

---

① 分别是阿迪格语(Adyghe)、阿古尔语(Aghul)、古希腊语(Ancient Greek)、阿拉伯语(Arabic)、亚美尼亚语(Armenian)、阿瓦尔语(Avar)、印度尼西亚语(Bahasa Indonesia)、巴尔卡尔语(Balkar)、孟加拉语(Bengali)、保加利亚语(Bulgarian)、捷克语(Czech)、丹麦语(Danish)、荷兰语(Dutch)、英语(English)、芬兰语(Finnish)、法语(French)、格鲁吉亚语(Georgian)、德语(German)、希伯来语(Hebrew)、印地语(Hindi)、日语(Japanese)、卡巴尔达语(Kabardian)、哈卡斯语(Khakass)、科米语(Komi)、韩语(Korean)、拉克语(Lak)、拉丁语(Latin)、莱兹金语(Lezgian)、立陶宛语(Lithuanian)、汉语(普通话)(Mandarin Chinese)、曼丁卡语(Mandinka)、嘎纳桑语(Nganassan)、波斯语(Persian)、波兰语(Polish)、葡萄牙语(Portuguese)、俄语(Russian)、塞尔库普语(Selkup)、塞尔维亚语(Serbian)、瑞典语(Swedish)、塔米尔语(Tamil)、土耳其语(Turkish)。

俄语的 plavat'，表示不定向地游泳）

4. 有位移（如英语的 drift 表示依靠水流位移）与静态漂浮（如英语的 float 表示在水里静态漂浮）

这些参数所区分的最凸显的框架如下：

1. 游泳 SWIMMING

有生命的主体主动地在水里位移

2. 航行 SAILING

船只和船上的人可控地位移

3. 漂浮（位移）DRIFTING

无生命的主体依靠水流位移

4. 漂浮（静止）FLOATING

无生命的主体相对静态存在于液体中

参数与语义框架之间的对应关系可用图表的形式来展现，见表 1－1：

表 1－1　水中运动语义场的参数与语义框架

	有　生	主　动	定　向	位　移
SWIMMING	＋	＋	＋	＋
SAILING	0	＋	0	＋
DRIFTING	－	－	0	＋
FLOATING	－	－	－	－

表 1－1 中的“0”表示其对应水中运动方式对该项参数不敏感，即可为“＋”，亦可为“－”。

最后，在参数与语义框架的基础上构建语义地图，如图 1－1：

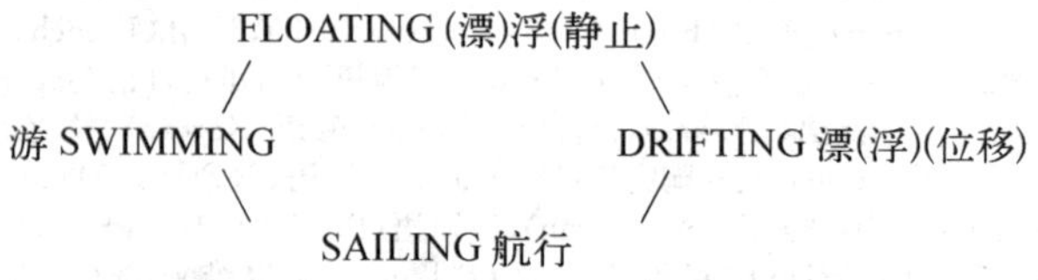

图 1－1　水中运动语义场的语义地图

语义地图上有关联的框架可以用同一个词覆盖。例如,芬兰语(Finnish)的 uida 可以覆盖游泳(SWIMMING)、静止的漂浮(FLOATING)和有位移的漂浮(DRIFTING)三个框架。在航行(SAILING)框架里,uida 只能表示船本身的位移,人在船上进行位移应该用 purjehtia(purje“帆”)或 seilata(与英文 to sail 相关),uida 分布情况见下图 1-2。又如,格鲁吉亚语(Georgian)的 curva 可以覆盖游泳(SWIMMING)、有位移的漂浮(DRIFTING)和航行(SAILING)三个表示移动的框架,而静止的漂浮(FLOATING)则由 t'ivt'ivi 一词描述,情况如下图 1-3。

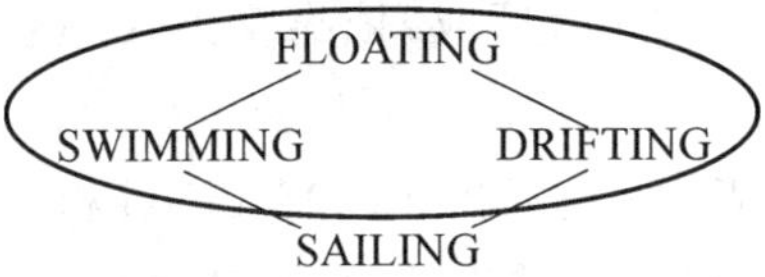

图 1-2 芬兰语水中运动动词语义地图

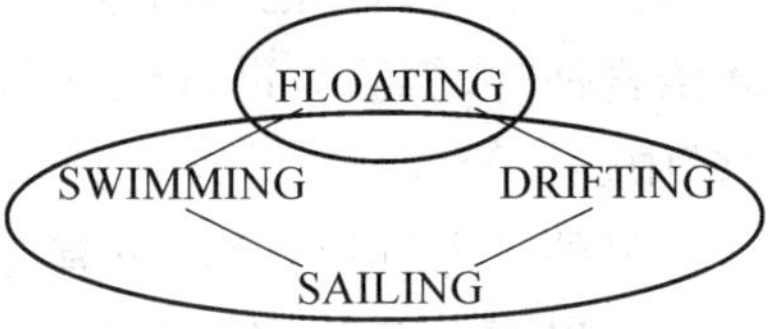

图 1-3 格鲁吉亚语水中运动动词语义地图

需要强调的是,语义地图中没有关联的框架不能用一个词表示:

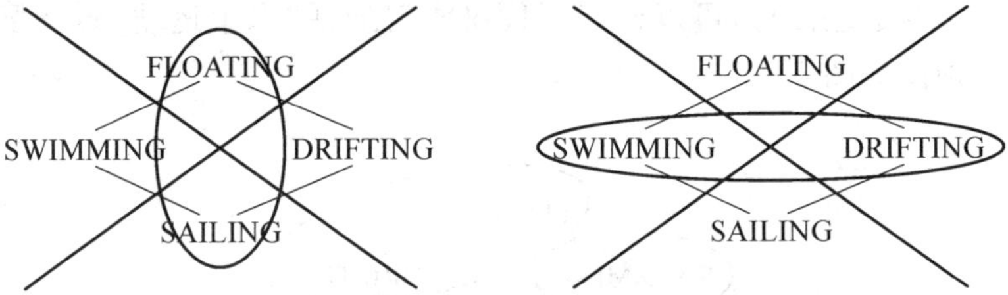

图 1-4 水中运动动词语义地图不允许的框架组合

框架不能用一个词覆盖的情况也很容易理解。如,静止的漂浮(FLOATING)和航行(SAILING)没有发生直接关联,因为前者没有位移,而后者以位移为目的,所以在跨语言中没有用一个词表达 FLOATING 和 SAILING 的情况(除非这个词也表示 SWIMMING 或

DRIFTING)。又如，游泳(SWIMMING)和有位移的漂浮(DRIFTING)无法直接关联。前者的主体是有生命的(往往是人)，运动是可控的；而后者的主体是无生命的，运动是不可控的。以人为中心是人类语言词化策略的显著特点。(参看 Wierzbicka 1985)

三、汉语普通话水中运动动词

现代汉语普通话的水中运动动词有："游""游泳"；"漂""漂浮"；"浮"。凸显的框架为：SWIMMING、FLOATING 和 DRIFTING。尽管普通话也有专门的水中运动动词"航行""航海"，但二者书面语色彩较浓，一般不在口语中使用。SAILING 框架经常采用一般的位移动词表示。如："把船划过来/船开过来了"，这种情况并不罕见，很多语言把"依靠船只进行位移"归入"一般位移"或"依靠交通工具位移"中。

另外，"漂"既可表示没有位移的静止漂浮，即 FLOATING 框架(如"汤里漂着几个煮熟的饺子")，又可表示有位移的被动漂流，即 DRIFTING 框架(如"河上的原木漂走了")。因此，在现代汉语里 FLOATING 和 DRIFTING 两个框架可以合并。对于汉语普通话水中运动动词系统及其历时演变详见墙斯(2019)。

综合这些信息，可以构建现代汉语普通话"水中运动"语义场的语义地图如图 1-5：

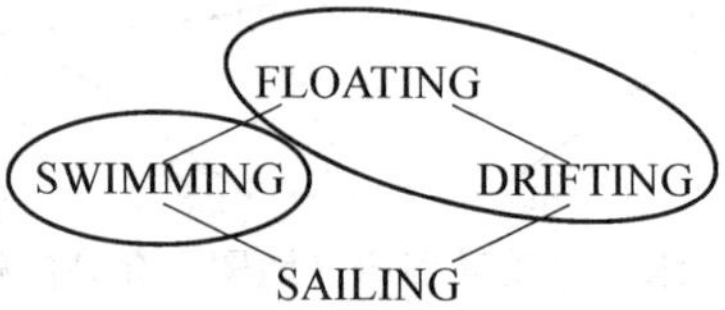

图 1-5 汉语水中运动动词语义地图

按照词的数量，不同语言对水中运动语义场的词化可以分为以下三种类型：

1. 丰富词汇系统(≥4 动词)：在基本框架里还可以进行细分，区别更多子框架，并用不同的编码（即不同的词）来表示它们，如英语、日语。

2. 中等词汇系统：区别三个基本框架，如波斯语（Persian）、印地语（Hindi）。

3. 贫乏词汇系统（≤2动词）：不区分基本对立，三个基本框架里有的由一个动词表示，如保加利亚语（Bulgarian）、格鲁吉亚语。

由于 FLOATING 和 DRIFTING 两个框架经常用一个词表示，是中等词汇系统的特点之一，因此在框架等级序列里这两个框架合并表达，下面用 FLOATING 标示这一合并框架。按照这个标准划分出来的三个主要框架正好是汉语能区分出来的框架，分别是：

表 1-2 水中运动动词框架等级序列

SWIMMING 游泳	SAILING 航行	FLOATING 漂浮
人/鱼/鸟	船只和船上的人	河里的原木/大海里的碎片/汤里的胡萝卜

用这个语义等级序列我们可以通过动词的数量来预测哪些框架可能有单独的词来表达。表格上方一行是词汇系统中最凸显的三个框架，也就是中等系统的词化的框架。表格下方列出来的子框架在这三个大框架下面进行细分，是丰富型词汇系统的表现。

比如，SWIMMING（游泳）框架内部，有的语言要用不同的词表示人和其他运动主体的区别。如科米语 warčč-与 uj-/ujal-的对立。还有语言用不同的词表示鸟和其他运动主体的区别。如希伯来语（Hebrew）sxh（有生命的主体）与 šwt（船只、跟着水流漂浮的主体和鸟）的对立。

第一种词化策略的认知依据是我们在上文提到过以人为中心的特征。第二种策略也比较容易理解，因为船、跟着水流漂浮的主体和鸟在进行位移的时候，身体的主要部分常常可以看到，不在水里。

SAILING（航行）框架内部，有的语言可以按照船的驱动方式（帆、桨、马达）或航行的水域（如大海、河流、湖泊等）进行细分。如，葡萄牙语在 SAILING（航行）框架里区分 navegar（无标记）、velejar (vela“帆”)、singrar(用帆,借词,罕见)与 marear(在大海里:mar“海”,罕见)。

FLOATING(漂浮)框架内部,很多语言要区分跟着水流位移和静止漂浮在水面上这两种情况(如法语的 flotter VS. surnager)。需要注意的是,水中运动的语义地图区分这两个框架。

综上所述,不同语言在词化策略上起作用的参数是可以把握的,并且词汇层面的不同表现在某种程度是可以预测的。此外,MLexT 对该项目的研究,还证明了建立实词语义地图来展示语义场组织的研究方法是可行的。

1.4.3.2 水中运动动词的引申义

从已收集到的跨语言数据来看,不同语言有相同的引申义,也有比较独特的引申义。换句话说,既有共性,又有个性,而这正好是进行类型学研究的基础。下面我们介绍具有一定普遍性的引申义并说明其引申依据。

需要说明的是,由于很多语言用一个词表示几个基础义框架,因此有时候我们难以确定这些词的引申义是由哪个框架发展出来的,只能参考其他语言的引申情况。另外,有的引申只基于基础义的某个特征(如“主动”),而不同框架的动词(如 SWIMMING 和 SAILING)都可能有这个特征,MLexT 只能按照最典型的情况在不同的框架下面列出其引申义。

A. SWIMMING(主动的游泳)

这一类动词主要的引申义如下:

1. 处于大量的物质中(包括心理状态)

由于游泳的环境(水)对人来说是特殊的,密度较大,所以变得比较凸显,而“游泳”的主体往往是有生命的,所以能够对这种量多的,很特殊的环境做出评价。

这类引申义有:“出了很多汗或血”(字面义“在汗水、血里游泳”),“哭得很厉害”(字面义“脸在眼泪里游泳”),“人沉迷(字面义‘游泳’)在奢侈品中”，“人沉浸(字面义‘游泳’)在自己的白日梦里”，等等。

在较近的引申义里，游泳的环境仍然是一种液体，只是其数量不足以在里面游泳，是一种夸张的说法。进一步引申，环境变成非液体，最后引申到抽象物。

这种引申义很常见，英语的 swim、保加利亚语的 плувам、格鲁吉亚语的 curva、葡萄牙语的 adar、芬兰语的 uida、阿拉伯语(Arabic)的 sabaħa 等都存在类似的现象。

2. 克服环境中的阻碍而前进

游泳这种行为基础义包含“克服水的阻碍而前进”的含义，引申义里论元语义特征发生了变化，“水”由别的物质来代替，如“在雪里、泥泞中、人群中游泳”。

只有基础义用法上具有“主动”这个语义成分的动词，才会发展出这一类的引申，如楚瓦什语(Chuvash)的 иш、科米语的 уявны、日语的 oyogu 都有这一类引申义。

3. 对某种信息或技巧有把握(如鱼得水)

游泳本来是一种技巧，会游泳的人就懂这个技巧，对环境比较有把握，不会沉没。以此为基础，有些语言中表示 SWIMMING 的动词会出现“对某种信息或技巧有把握”的引申义。阿拉伯语的 sabaħa、印地语的 tairnaa 都有这一类的用法。

经过多种语言数据的统计、处理，MLexT 构拟出语义发展途径如图 1－6：

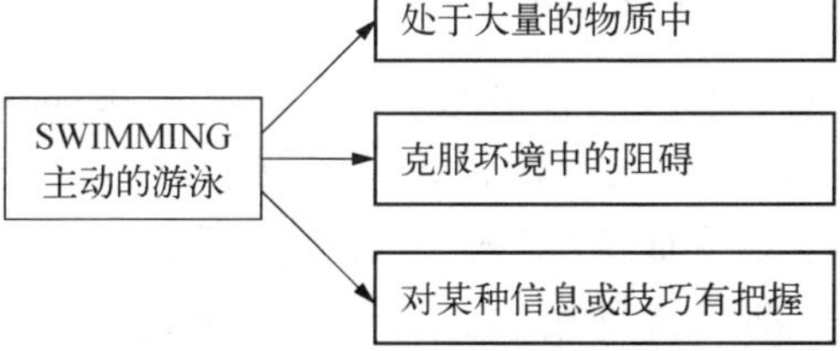

图 1－6　SWIMMING 框架的引申义

B. DRIFTING(有位移的漂浮)

这一类动词的主要引申依据是没有障碍、不可控,下文例举的前四种引申义主要用第一个引申依据,而引申义"失控后进行位移(具体、抽象)"和"丢失、失踪"主要以"不可控"这一特征为引申依据。

1. 具体物紧贴地面无障碍地位移,滑行

在这类引申义中,位移的主体保留基础义用法里的与平面的接触,并沿着这个平面无障碍地位移,但是支撑物由液体变为固体。这类引申义有"高速公路上的车开(字面义'漂移')""跳舞的双方位移(字面义'漂移')"。英语里的 drift、立陶宛语的 plaukti、科米语的 кылтны、保加利亚语的 плувам 都有类似的引申义。

2. 在空中位移(AERO-motion)(云彩、鸟、声音、味道)

与空中位移相关的引申义比较复杂,可以分为以下七种:

(1) 鸟的飞行:主动,方向确定;

(2) 云彩及其他轻的东西:被动,方向确定;

(3) 球:被投出去或扔了的东西在空中的位移;

(4) 蜜蜂和有的鸟:主动,方向不确定;

(5) 灰尘、火星:被动,方向不确定;

(6) 鸟:飞翔;

(7) 云彩、雾、烟、味道:悬在空中,没有明显地位移。

以上 7 种与空中位移相关的引申义可以从不同的基本框架发展出来,尤其以 DRIFTING 框架居多。其中第(2)种引申义极其普遍,几乎所有的语言里都有这类说法,如汉语中的"碧空中漂浮着朵朵白云"。

3. 无障碍地进入某个容器

在这类引申义中,动词的论元结构发生了变化,即增加了一个表示处所(位移终点)的论元。比较典型的例子是"人走进(字面义'漂进')房间""刀刺入(字面义'漂入')人的身体"等。印地语的 bahnaa、波兰语的 płynąć 都有这种用法。芬兰语的 purjehtia(SAILING)和 uida(语义最广,包括主动的和被动的位移和静止存在在水中)也发展出了这类用法。

4. 失去原来的形状

在这类引申义中，物体的一个部分以该物体的另一个部分为参照而无障碍地位移。比如："蜡烛融化了（字面义'漂了'）""水洗后的画变得不清晰（字面义'漂了'）""由于头晕眼前的风景看不清了（字面义'漂起来了'）"等。

波斯语的 šenāvar budan、葡萄牙语的 flutuar、韩语的 heyyem chita、孟加拉语（Bengali）bhasa、保加利亚语的 плувам、拉丁语的 nare/natare、德语的 schwimmen、俄语的 plyt'等许多语言里的这一类动词都有这种用法。

5. 失控后进行位移（具体、抽象）

这一类引申义主要是描述某个物体获得 DRIFTING 不可控的特征，比如："路上很滑，车失去控制了（字面义'漂起来了'）""讨论的话题不可控地改变了（字面义'漂了'）"等。

德语的 driften 和 schwimmen（语义最广，包括主动的和被动的位移和静止存在在水中）、日语的 nagareru、印地语的 bahnaa、芬兰语的 lipua 都可以这么用。

6. 丢失、失踪

丢失某物是对它失控的自然结果，所以这个引申义可以看成上文"失控后进行位移"的进一步发展。这类用法有"手表、金钱不见了（字面义'漂了'）""某人失踪了（字面义'漂了'）"等。

韩语的 ttuta、旁遮普语（Punjabi）的 vah-、科米语的 кылавны、日语的 nagareru 都有这一类的用法。

这些引申义的关联可以用图 1-7 的语义网络来表示：

C. FLOATING（静止地浮在水面上）

这一框架的主要引申义如下：

1. 不稳定（具体、抽象）

这种用法的引申依据是浮在水面的物体往往会晃动，给人不稳

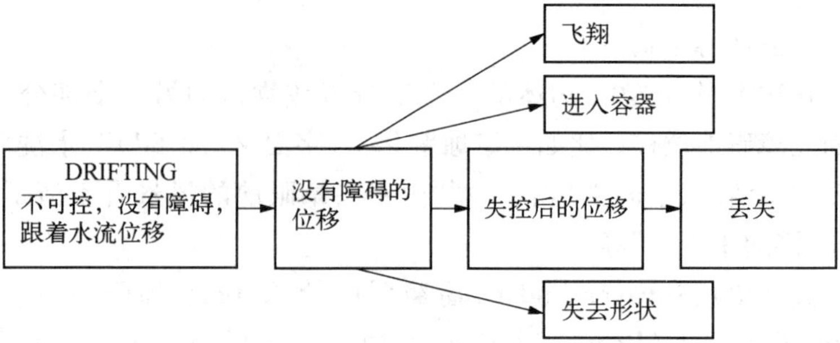

图 1-7　DRIFTING 框架的引申义语义网络

定的感觉。例如："木质地板容易晃动，上下起伏（字面义'漂浮'）""经济不稳定（字面义'在漂浮'）""两国之间的关系不稳定（字面义'在漂浮'）"。

英语的 float、葡萄牙语的 flutuar、波斯语的šenāvar budan、芬兰语的 uida、拉丁语的 fluctuare、韩语的 phyolyu hata 都有这一类的引申义。汉语普通话的"浮""漂"也有这类用法，如"人心浮动""四处漂泊""汇率浮动"等说法。

2. 某种精神表现在脸上或在眼里（状态作主语，一定指出状态的范围）

使用这种引申义的比较典型的例句有："脸上浮着微笑""她的脸上浮泛着天真的表情""痛苦漂在眼里"（痛苦一会儿呈现在目光中，一会儿又消失了）等。这里脸或眼睛被想象成里面包含某种液体的容器，而这种液体就是精神状态。液体的表面不太平静与目标域里不稳定的特点相关。

日语的 ukabu 和印地语的 tairnaa 都有类似的用法。

3. 运动不规律，没有明确目标的位移

这一类的引申要求考察的动词在基础义用法上能够表示水中不定向的位移（主动的、被动的皆可），如："漂泊""漂荡""漂洋过海"等。

英语的 drift、印地语的 bahnaa、孟加拉语的 bhasa、日语的 tadayou 和 nagareru、芬兰语的 ajelehtia 都有这一类的用法。

这些引申义的关联可以用图 1－8 的语义网络来表示：

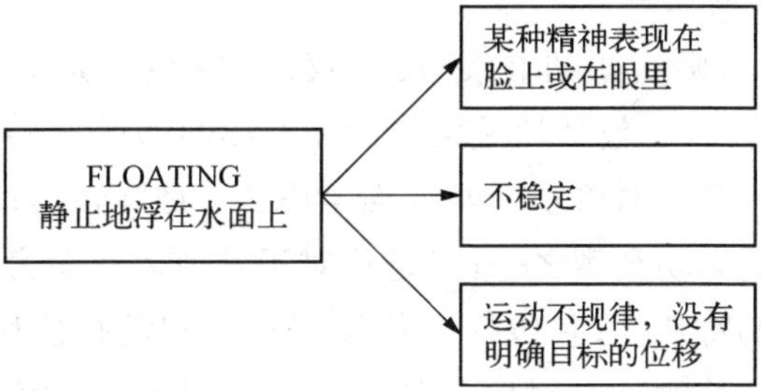

图 1－8 FLOATING 框架的引申义语义网络

另外，还有一种引申义与水中上下位移相关，及“浮起来＝＞进入观察者的视线”。这种引申义的典型例句是：“从雾中或从黑暗中浮现的物体”“被假象掩盖起来的矛盾逐渐浮出水面”“脑海中浮现出的记忆”等。

孟加拉语的 bhasa、印地语的 utraa-、阿拉伯语的 Tafa、格鲁吉亚语的 a-mo-t'ivt'ivi 等等都有这种用法。

SAILING(航行)框架的引申义一致性不是很强。可能的原因是它们与其他三类动词不一样，没有很明确的在脑海里跟它们联系在一起的意象图式(image schema)，(Johnson 1987)不同船只的类型发展出的引申义不一样。

对这些引申义进行考察后，最直观也最重要的发现是，虽然以往的观点认为引申义是很特殊，个性很强的，但是语料显示，即使在一些没有亲属关系的语言中它们也经常重复出现。

另外，我们也可以看到，引申义始终保留与基础义的关联，并经常保留基础义用法最凸显的语义特征。正因为这个原因，不同的基础义框架发展出来的引申义也不同，所以我们可以通过研究引申义来考察语义场的组织。

1.4.4　旋转动词的研究①

1.4.4.1　旋转动词基础义

一、研究对象的确定

MLexT对旋转事件的定义比较广，既包括运动轨迹为圆周（≥360°）的情况，还包括轨迹为圆弧形（＜360°）的旋转。MLexT选择旋转动词为考察对象基于两方面考虑：一是旋转运动属于客观世界中最基本的运动类型之一；二是相对于其他运动而言，旋转运动自身具有一定的特殊性：它包括有位移（公转）和没有位移（自转）的情景。涉及有位移的运动时由于其轨迹是圆周形，一般没有位移的起点和终点，这与其他运动事件有明显的差别。此外，由于旋转事件有时候包含两个参与者（如"月亮绕着地球转"），动词的论元结构相比水中运动动词更复杂，控制该语义场的参数也更多②。可以说，旋转动词的研究是对MLexT研究方法的一个挑战。

二、参数及语义框架

MLexT共考察了15种语言的旋转动词③，所发现的参数如下：

1. 内轴线与外轴线

所谓内轴线旋转就是旋转物以自身为中心旋转（比较典型的是陀螺），而外轴线旋转指的是物体以参照物为中心旋转（如"月亮绕着地球转"）。这两个框架因参与者的数量往往不同，故很容易区分。从已调查的语言来看，绝大多数语言都会设立不同的词来区分这两种情景。内轴线与外轴线的对立，是旋转运动中最凸显的参数。

---

①　本节内容主要参看Kruglyakova(2010)。

②　论元的增加，会相应增加控制该论元语义特征及论元间的互动关系的参数。比如，论元是有生物还是无生物，两个论元是否在同一平面上等。

③　分别是：阿古尔语(Aghul)、英语(English)、印地语(Hindi)、日语(Japanese)、科米语(Komi)、卡尔梅克语(Kalmyk)、汉语(普通话)(Mandarin Chinese)、挪威语(Norwegian)、波兰语(Polish)、俄语(Russian)、塞尔维亚语(Serbian)、西班牙语(Spanish)、鞑靼语(Tatar)、土耳其语(Turkish)、威尔士语(Welsh)。

2. 旋转物的不同部位是否轮流与地面接触

在旋转过程中，旋转物表面的不同部位是否要求轮流接触到地面，比如足球在地上滚动①。

3. 外轴线旋转是否有参照物

外轴线旋转又可以区分为两种情况。比较典型的是物体以参照物为中心旋转(如“月亮绕着地球转”)，但是也有可能语境中没有明确的参照物，只是物体做圆形轨迹的位移(如“环线公共汽车”)。汉语里第二种情况经常用“绕/转＋圈/周”来表达(如“绕操场三圈”)。

4. 旋转物和参照物是否在一个平面上

跨语言调查的证据显示，很多语言会用不同的词来区别旋转物与参照物是否在一个平面上。比如人绕房子转(在人与房子在同一平面)和老鹰在猎物上空盘旋(老鹰与猎物在不同平面)。

5. 旋转物是否有生命

有生物(如人)与无生物的旋转(如机器)在运动方向和运动轨迹方面往往存在明显的差异。比如人的旋转轨迹很难达到规则的正圆，且方向可以改变。但机器旋转，像风车、涡轮等，则可以持续不断地做规则的圆形旋转。

6. 旋转物的数量

单个的旋转物其运动轨迹相对明显，较易观察和记录，如老鹰盘旋；而当旋转物数量较多时(如一群苍蝇回旋地飞)，则旋转轨迹不易观察。

7. 运动速度

钟表盘上秒针和时针的旋转，运动轨迹同为圆周形，但秒针转速

---

① 值得注意的是，车轮在旋转过程中，车轮的不同部位同样会轮流接触到地面。但多数语言表达车轮旋转时并不选用“滚”类框架的词。这是因为车轮作为车子的一部分，并不是独立的旋转物。以现代汉语普通话为例，车子在行进过中，车轮旋转用“转”来表达。如果脱离车身的一个独立的车轮在地上旋转，则使用“滚”。

快，时针转速慢。时针旋转一周需要12小时，使人们不易在短时间内觉察到它在旋转，故有些语言不选用旋转动词来表达时针的旋转。

受旋转物旋转速度的影响，如果旋转物运动速度过快（如风扇旋转），则无法将每次完成的圆周形旋转人为地切分开来。

8. 一次性转动与多次转动

一次性转动和多次转动的区别在于：旋转物是通过一次性转动来达到目的（如钥匙转动一次便可打开或关闭房门），还是需要持续不断地转动来发挥其功用（比如风车需要持续转动来发电）。

9. 全转次（360°）与非全转次

全转次是指旋转物可以完成≥360°的旋转，而非全转次是指<360°的旋转或运动轨迹为圆弧形的旋转。以人的旋转为例，花样滑冰运动员一次可原地旋转一周以上，属于全转次旋转，而人睡觉时翻身则属于非全转次旋转。

10. 旋转是否均衡，有没有停顿

环线公共汽车在运行时，受实时路况和经停车站的影响，运行过程中会发生停顿的情况，且运行速度也会不断变化。而像血液在血管中的循环，是匀速且不停顿地运动。机械性旋转（如涡轮）通常也是均匀无停顿的。

11. 旋转方向是否有变化

受惯性和旋转目的影响，大多数旋转物的旋转方向都是固定的，如风车、电风扇。少数旋转物，如风向标，受风向影响改变方向。

12. 旋转轨迹的差异：规则的圆形、不规则的圆形；螺旋形、漩涡形等

运动轨迹是规则正圆的旋转物多为机器或工具，如圆规画圆，有些语言有专门的动词表示正圆轨迹的运动，如威尔士语（Welsh）的cylchu。但大多数旋转物的运动轨迹则是不规则的圆形。螺旋形（落叶）和漩涡形（旋风）的运动轨迹在跨语言中也有用专门的旋转动词来表达的情况，如俄语的kruzhit'sya和挪威语的virvler。

13. 运动是否有目的、可控

车轮作为车不可分割的一部分，当车在行驶中，车轮的旋转是有目的且受控制的。但如果车发生事故使得车无法正常行驶，这时车轮的转动则表现为无目的且不受控制。有的语言会选择不同的词语来表示这两种情况，如俄语 kolesa krutyatsya"车轮转(正常情况下)"和 kolesa vertyatsya"车轮转(无目的，不受控制)")。

下面我们介绍 MLexT 如何按照这些参数建立旋转动词的语义地图。跨语言数据显示，旋转语义场中可以区分出来三个基本框架，即外轴线旋转("绕")，内轴线旋转("转")及旋转物的不同部位轮流接触地面的旋转("滚")。如图 1-9：

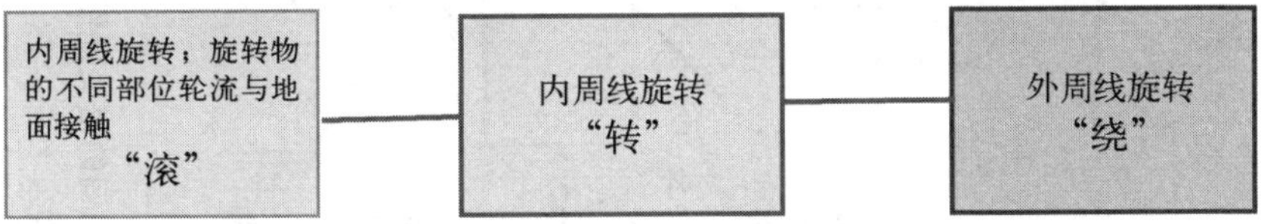

图 1-9 旋转动词三个基本框架

跨语言数据显示，每种语言的旋转动词都不少于 2 个。如果某种语言只有三个旋转动词，则分别覆盖这 3 个基本框架，多于 3 个旋转动词的语言，可以依靠更多的参数细分框架。

每个基本框架下面可以区分一些子框架。比如，外轴线旋转可以区分旋转物和参照物是否在同一平面上。有很多语言用专门的旋转动词来表示旋转物在参照物(或观察者)上空，如英语的 wheel，俄语的 кружить，汉语的"盘旋"等。

综合所收集到的跨语言数据，MLexT 绘制出旋转动词完整的语义地图(参看下图 1-10)。我们可以看到旋转语义场内存在哪些框架，以及这些框架在概念空间中是如何关联的。

三、汉语中的旋转动词

下面对汉语旋转动词做简要介绍。现代汉语普通话属于三个基本框架都有专门的旋转动词表达的语言。汉语采用不同的词区分旋

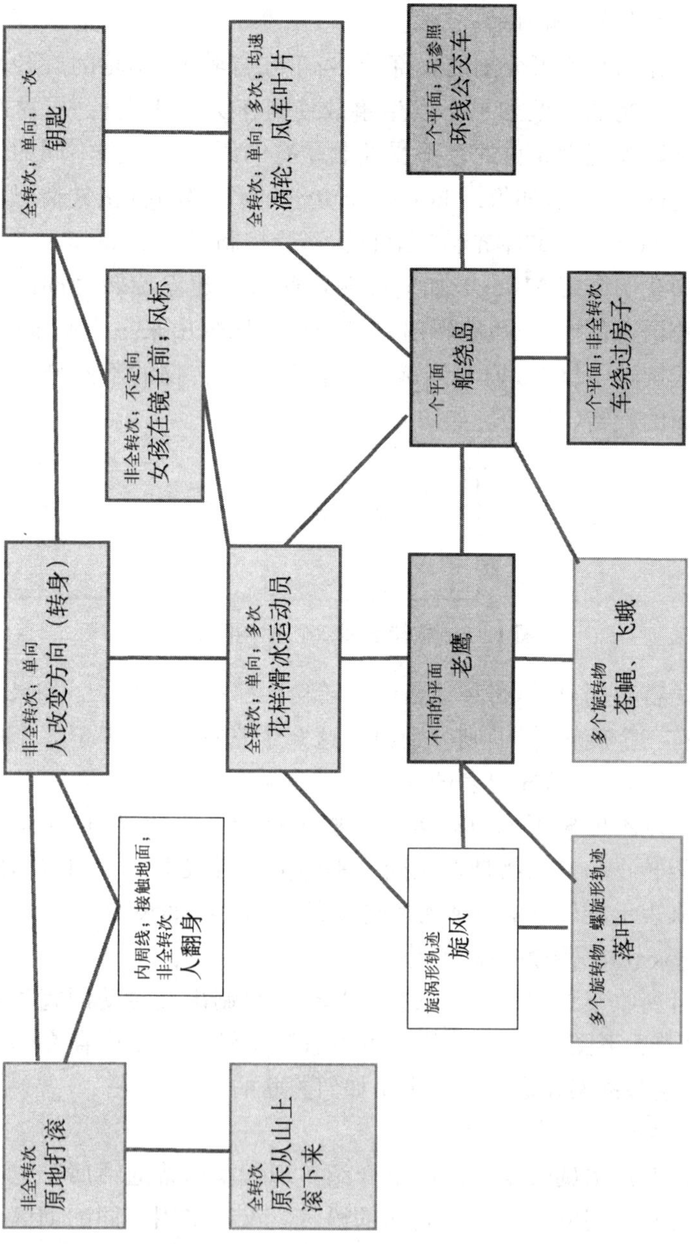

图 1－10　旋转动词的语义地图

转物的不同部位是否轮流与地面接触。旋转过程中物体表面的不同部位不轮流接触地面时，用“转”（如“电风扇一直转”），与地面接触时用“滚”（如“足球在地上滚”）。

汉语对参数“内轴线和外轴线”也敏感。虽然在表达内、外轴线旋转时，主要动词都可以用“转”，但是我们认为外轴线旋转主要由“绕”来表达，以下面的句子为例，“转”可以替换为普通的位移动词，而保留旋转意义，如：

(3) a. 他绕着房子转。（可能是骑着自行车，也可能是开着车）

b. 他绕着房子跑步。

这两个例子中，尽管例(3)a用的是旋转动词，例(3)b用的是普通位移动词，所描写的轨迹却是一样的。汉语表达外轴线旋转时需要使用“围/绕”等词来引入明确的参照物。

同时，“绕”也可以跟没有位移意义动词搭配，而表示外轴线的旋转，如

(4) 离开前他在楼下站了一会儿，然后绕房子看了看，确认一切都正常才走。

另外，“绕”可以单独做动词表示旋转意义。跟“周”或“圈儿”组合时，它可以表示完整的一圈，如：

(5) 又过两小时，我们就绕了小岛一周。

跟“过”搭配时“绕”表示路径为不完整的圈儿，常常是因为路径上遇到了某种障碍需要改变轨迹，如：

(6) 他从椅子上站起来，绕过餐桌，拥抱了我。

当语境中没有明确的参照物出现，外轴线旋转仅表示物体做圆形轨迹的位移时，则可用“绕＋数词＋圈/周①”来表达，如：

---

① “圈/周”表示圆环形，物体作外轴线旋转时的圆形轨迹较内轴线的圆形轨迹大，且很容易观察到。可以说，“圈”的使用，凸显了外轴线的旋转特征。

（7）他绕操场三圈。

在例(7)里“绕”的后接成分表示的不是参照物而是运动处所。

汉语普通话的“转”既可出现在内轴线框架中，同时也不排斥在外轴线旋转情景中出现。但“转”必须与“圈、周”等量词组合时才能表达外轴线旋转，如：

（8）他转了三圈。

但这样的例句也不排斥内轴线旋转的理解(“原地转三圈”)，而单独的“转”，只能表示内轴线旋转，如：

（9）他一直转个不停。

综上所述，我们认为“绕”是汉语中专门表达外轴线旋转的词。考虑到“绕”在旋转语义场中的突出地位，汉语也可视作对“内轴线与外轴线”参数敏感的语言。

在外轴线旋转框架内部，旋转物跟参照物不在一个平面的情景主要由“盘旋”①一词表达。因此，汉语也属于对参数“参照物与旋转物是否在一个平面”敏感的语言。

有趣的是，汉语历史上旋转语义场的词化策略与现代汉语及大多数其他语言都不同。上古汉语和中古汉语时期，滚动框架和内轴线旋转框架经常用一个词(“转”)表示，而有参照物出现的外轴线旋转则用不同的词表达。专门表示滚动框架的旋转动词“滚”在近代汉语以后才出现，从而把滚动框架与内轴线旋转框架区分开来了。由此可见，汉语旋转概念域的结构组织从古至今发生了显著变化。(墙斯 2017)

1.4.4.2 旋转动词引申义

旋转动词的引申义很丰富，且在跨语言中表现出较强的一致性。

---

① 除了“盘旋”以外，“飞旋”“回旋”“周旋”等词也可以表达旋转物与参照物不在一个平面上的意思。如，“清晨，海鸥围着高楼大厦飞旋”(此例句来自北京大学中国语言学研究中心现代汉语语料库，以下简称 CCL)。有趣的是，我们发现这些词都有“旋”这个成分。

故本节重点介绍旋转动词中几个基本框架常见的引申义，以此印证词汇的引申义也存在跨语言的共性。

下面我们结合具体例子分别介绍内轴线旋转、转向（一次性 180°旋转）、外轴线旋转（有参照物）、外轴线旋转（无参照物）、经过圆形轨迹上的一系列点的运动和接触地面地旋转（滚）六个框架发展出来的主要引申义。

一、内轴线旋转

A. 运转正常

当内轴线旋转的主体为无生物时，这类旋转运动通常没有运动的起点和终点，即旋转主体不中断地转动下去。在日常生活中，能够持续进行内轴线旋转的物体多为机器（电风扇），而机器旋转的具体目的即为其功用。这类旋转运动的语义特征可概括为："[主体]$_{\text{无生命}}$ [+旋转运动]$_{\text{内轴线,单向,均衡}}$"。机器能够持续地旋转，表明机器在正常地运转。所以，内轴线旋转动词通常会引申出机器运转正常的用法。

进一步引申：

1. 当旋转的轨迹为圆形这一特征不凸显甚至丢失时，则只强调运动的功用。如日语的例子：

(10) shita ga mawaru

舌头转

意思是说一个人很会说话，善于表达。换句话说，他的舌头能很好地完成自己的任务。因为舌头旋转并不是舌头常见的运动，所以该用法视为引申义。

2. 抽象事物运行正常。不是任何运行都可以用旋转动词描写。这种运行应该是按照某种预期或计划而进行的，而且是正面的、符合标准的。这个引申义的发展应该首先经过对一个具体的机器的旋转进行描写，描绘出它运转正常的阶段，之后通过隐喻再引申为某个抽象的现象的正常发展。挪威语的例子（旋转正常⇒转喻⇒运行正常，小齿轮旋转⇒隐喻⇒法庭运行)：

(11) Greve roser også domstolens arbeidsinnsats，og mener hjulene i Haag nå snurrer imponerende fort.

伯爵还表扬了法庭的工作，他认为在海牙小齿轮旋转正常。

进一步的发展就不需要用修辞手段，主体的特征直接变为抽象、非物体，旋转也开始形容抽象义的运行。如俄语的例子：

(12) Деньги нам уже выделили，но работа еще не закрутилась.

Den' gi nam uzhe vydelili，no rabota eshche ne zakrutilas'.

资金已经到位，但项目还没有开始运转。

(13) при всех трудностях система как-то крутилась

pri vsekh trudnostyakh sistema kak-to krutilas'

尽管有种种困难，整个系统还在运转。

西班牙语的 dar vueltas 也有类似的用法。正常运行经常带来的结果是进步、发展，所以这一类旋转动词还有可能引申出这个意义。比如，挪威语的 snurrer 可以用在“我的人生发展(运转)得越来越快”的一类例句。

B. 安定不下来

这类旋转运动的语义特征可概括为：“[主体]$_{有生命}$[＋旋转运动]$_{内轴线,不定向,不均衡}$”。由于这种旋转的特征是方向不确定，运行不均衡，所以它能引申出“做一系列没有目标、不可控制的动作”这个意义。像“孩子在椅子上转”“因为睡不着而在床上辗转反侧”都是属于这一类用法。俄语里的 vertet'sya、鞑靼语(Tatar)的 әйләнергә、挪威语的 snurrer、塞尔维亚语的 vrteti se、科米语的 бергооны 都有这一类用法。

还有一种可能的引申义，就是有目标的、能控制的，但是顺序不对或者同时做几个事情会导致其失去条理性，不能够有条不紊地进行。在这种用法上往往会给出一个动作所发生的位置，一般为封闭空间。试比较俄语的例子：

(14) Хозяйка весь день крутится на кухне.
Khozyaika ves' den' krutitsya na kukhne.
家庭主妇一天到晚在厨房里转。

塞尔维亚语的 vrteti se、科米语的 бергооны 也有这一类用法。

进一步引申：

这样的一系列行动可以进一步抽象化，来形容一个人在一个相对长的时间段内实施一些行为。这些行为有可能发生在不同的地方，中间可能会做一些其他事情，但是目的是不变的，一般是要改善自己的物质生活条件。试比较英语里类似的用法：

(15) Mr. Trump likes to wheel and deal everywhere he goes.
特朗普先生不论到哪儿都喜欢钻营谋取。（字面义为‘旋转与处理’，固定用法，这里暗指其赚钱的手段不一定是光明正大的）

内轴线旋转的引申义语义网络见图 1－11：

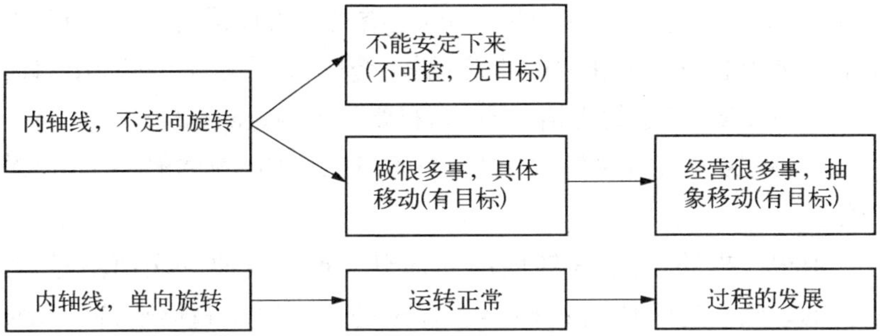

图 1－11　内轴线旋转的引申义语义网络

这些引申义的来源域有可能是只能表示内轴线旋转的动词，也有可能是覆盖了内轴线和外轴线旋转这两个区域，但是在目前考察的语言中，没有发现由只能描写外轴线旋转的动词发展出这类引申义的情况。

二、转向(一次性 180°旋转)

一次性旋转的词义引申是比较特殊的，它发展出来的引申义往往是其他内轴线旋转动词不会发展出来的。这个框架引申义的核心语义是变化。

A. 转变

这类旋转运动的语义特征可概括为:“[主体]$_{\text{有/无生命}}$[+旋转运动]$_{\text{内轴线,一次性,180°}}$”。如果旋转物进行了 180°的旋转(转向)，观察者就可以看到它的另外一方面，所以这一类用法经常发展出主体状态变化或发生转变的意思：如“水变成冰”“青蛙变成公主了”。鞑靼语的 əйлəнергə，威尔士语的 troi 都有这一类用法，试比较英语的 turn black 或西班牙语的 volverse negro(变黑)。

汉语里的“农转非”“普通兵转志愿兵”及“事情的好转①”“转正”都属于这一类用法。

B. 形状的变化

这类旋转运动的语义特征可概括为:“[主体]$_{\text{无生命,条形,二维}}$[+旋转运动]$_{\text{内轴线,一次性,}<180°}$”。在引申义上，这类动词可以形容一些条形的二维的主体形状发生变化，如“小路/溪流蜿蜒”。威尔士语的 troi，印地语的 ghūmnā，卡尔梅克语的 эргх，科米语的 бергедчыны 都有这一类用法。不同于上文介绍的“转变”A 类，B 类只有物体的一部分发生变化。

值得一提的是，描写转向的动词只能形容弯曲一次而不是连续曲折的形状。连续曲折这种形状有时是用描述漩涡形轨迹的动词，有时用描述是自反类旋转(像盘、卷类，以自身为参照点而卷曲变形)的动词，有时是用其他语义场的词语来描写的。汉语中存在后两种情况，可以用“盘”及由“盘”组成的双音词表示，如“山路盘曲而上”“公路盘山而上”，或者用“弯曲”“曲折”等形容词。

---

① “转”在这里是语素。

进一步引申：

从“一条路改变方向”这一类用法，进一步引申出“事态的变化”义，如故事、情节或者某种情况先是顺着一个方向发展，后来发生转变，发展的方向变得不一样。如挪威语的 roterer：

(16) Hvilken vei roterer drama?
戏剧的情节会有什么样的转变呢？

C. 精神状态上的变化

第三种引申方向是精神上发生的变化，如观点或态度的转变。下面以英语为例：

(17) After having spoken with Marjorie he wheeled towards her side of the story.
跟 Marjorie 谈完之后，他转向了她的说法。（支持她）

还有另一种变化的可能，是从正常状态进入不正常状态，如发疯。如阿古尔语的 hudarkas，土耳其语的 deliye döndü 都有这类用法。

转向（一次性 180°旋转）的引申义语义网络见图 1-12：

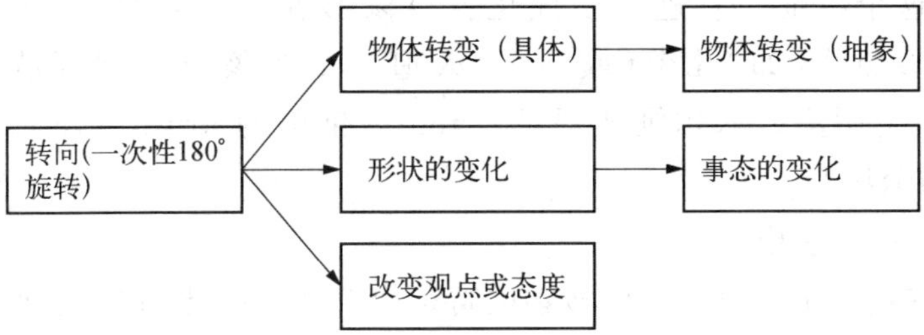

图 1-12 转向(一次性 180°旋转)的引申义语义网络

三、外轴线旋转

此类引申义最为常见且丰富多样，在我们考察的所有语言中都会出现。这类引申义的共同基础是参照物。

A. 追逐参照物

在基础义用法上，这类旋转运动的语义特征是“[主体]$_{有生命}$[＋旋转运动]$_{外轴线}$[＋参照物]$_{无生命、静止}$”。旋转主体按照一定的轨迹围绕参照物旋转，如“行星绕着太阳转”。在引申义层面，参照物可以是一个人，而人的位置一般来说难以固定下来，他自己也会按不确定的轨迹移动。结果，旋转物的轨迹也不能固定下来，所以轨迹的形状这一参数变得不凸显，而附着于参照物这个特征就变得很重要。下面是俄语的例子：

(18) Собаки крутились вокруг меня, пока я готовил им еду.
Sobaki krutilis' vokrug menya, poka ya gotovil im edu.
我给狗儿们弄吃的时候它们围着我转。

汉语也有这一类用法：

(19) 小朋友围绕着老师又唱又跳。

威尔士语的 troi 和 ymdroi、鞑靼语的 урарга 和 бөтерелергә、挪威语的 svirrer 都有这一类用法。

在这些例句里旋转物的动作还比较具象，只是失去了圆形轨迹这个特征。它进一步虚化就可以形容纯粹的跟随，不愿意离开参照物，如“几个（或一个）人追一个女孩子”“狗仔队追明星”这类用法。塞尔维亚语的 vrtetise，俄语的 krutit' sya 都有类似的用法。

进一步引申：

在进一步的引申中旋转物的特征也会发生变化，它一般形容抽象事物的移动，如想法、回忆或说话内容围绕一个话题或信息来源进行抽象的位移：

(20) 学习者围绕要解决的问题进行独立探索，展开行动。(CCL)

西班牙语的 girar 也有这种用法。

B. 寻找参照物

这类旋转运动的语义特征可概括为："[主体]$_{有生命}$[+旋转运动]$_{外轴线}$[+参照物]$_{可不出现}$"。为了围绕参照物进行旋转，旋转物需要对参照物的位置有把握。如果参照物的位置是固定的，但是旋转物不知道其位置，它的运行就会脱离圆形轨迹，变得不太规律。由于在这类用法里旋转物有明确目标，即要找到参照物，它一般是有生命的，而因为参照物的位置不确定，句子里经常不提到参照物而只给出更广泛的动作的范围，但是旋转物的位移是有目标的，而这个目标就是参照物。如：

(21) 我们摸黑绕了老半天，最后又回到了那个天井院子。

跟上文所介绍的"追逐参照物"A 用法比起，重要的不同在于，在引申义 B 中寻找参照物的这种行为是有时间界限的，动作会进行到发现参照物为止；而引申义 A 的行为往往没有时间界限，可以长期持续下去。

C. 位于参照物附近

这类旋转运动的语义特征是"[主体]$_{有生命}$[+旋转运动]$_{外轴线}$[+参照物]$_{无生命、背景}$"。如果旋转物的位移变得不凸显，而旋转物还保持跟参照物的紧密关联，这一类旋转还能发展出"旋转物特意停留在参照物附近"的这一引申义。在这一类用法里旋转物一定是有生命的，而参照物就成为一种背景，不能进行位移，经常是一些建筑物。

比如俄语里的 krutit' sya okolo magazina"在商店附近转"意指施事者是有一种目的，比如说要等人，所以要长期待在某个地方，虽然可以有移位，但是不能离开。土耳其语的 dolanmak 也有类似的用法。

由于这一类的用法比较特殊，一方面句子里出现了一个参照物(外轴线旋转的特点)，但另一方面旋转主体不移位而只是进行一些不规律的动作(内轴线旋转的典型引申义)，所以在所有考察过的语言里只有同时覆盖内轴线旋转和外轴线旋转的动词才有可能发展出这一种引申义。下面以汉语的“转”为例：

(22) 他深深地爱上了一位姑娘，所以每个晚上都在自己心上人的房子周围转来转去。

进一步引申：

位于参照物附近这一引申义也可以进一步发展，从而用来形容一些抽象的主体。这种用法里主体为某种参数(价钱、大小、容量)，而参照物是固定的参数值。产生的意义是主体参数在参照参数值附近摆动，会时大时小。如西班牙语的 rondar：

(23) Las ensaladas rondan los U $ S 4 y una hamburguesa U $ S 3.50.
沙拉的价钱大概是(字面义“绕在”)四块美元，汉堡是三块五。

这种引申的基础是动作的重复性，因此摇摆动词或水中运动动词(像漂浮一类)也有类似的引申义(如英语的 floating rate “浮动汇率”)。不过，由于旋转动词在这类用法上包含一个参照物，所以在表示某些数据变动不稳定时，也需要给出一个参照，这一点跟摇摆动词和水中运动动词类似的引申不一样。

D. 回避参照物

这类旋转运动的语义特征是：“[主体]$_{\text{有生命}}$[+旋转运动]$_{\text{外轴线,一次性}}$[+参照物]$_{\text{具体/抽象、不如意}}$”。在上述的引申义里，参照物具有一定的吸引力。而这一类用法里，主体能够洞悉参照物的位置，但由于参照物被视为不如意的现象，因此主体要回避参照物。

进一步引申可能是主体要避免与具体的障碍物发生接触，所以要绕过它，如：

(24) 过去，印度洋、太平洋西岸各国的船只要到西欧、北美各国去，必须绕过非洲大陆南端的好望角。

进一步引申：

参照物变得抽象，句子的意思是要回避某种抽象的现象(困难、问题)如：

(25) 困难想绕是绕不过去的。

最后引申出旋转物要避免的参照物可能不在句子里出现，而旋转动词用来形容那种含蓄的、需回避的间接行为。科米语、俄语都有类似的用法：

(26) Его вызывают，приказывают что-то писать，а он должен вертеться и оправдываться.

Ego vyzyvayut, prikazyvayut chto-to pisat', a on dolzhen vertet'sya i opravdyvat' sya.

他被传唤，要写点什么东西，他只好想办法(字面义“旋转”)和自解。

外轴线(有参照物)旋转的引申义语义网络见图 1-13：

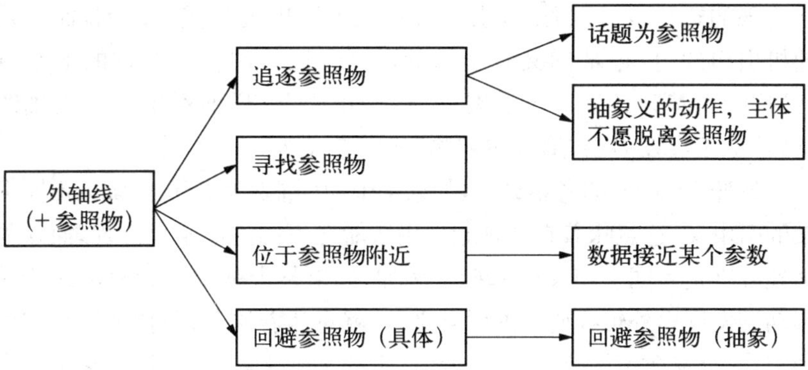

图 1-13 外轴线(有参照物)旋转的引申义语义网络

四、外轴线(无参照物)

这类旋转运动的语义特征是“[主体]$_{有/无生命}$[+旋转运动]$_{外轴线}$[—参照物]”。在基础义用法中，经常会出现用运动处所来限定活动范围(如“他绕操场三周”里“操场”通常被理解为运动处所)。在引申义用法中，处所一般保留自己相对于旋转物而言比较大的空间或容器这一特征，如：

(27) 戴着面具回旋于纽约的天空与那些不幸遇到他的坏人战斗。

进一步引申：

旋转物变得抽象。这类用法里旋转主体经常与信息流相关（谣言、新闻、猜测、故事）：

(28) kumours of his arrest circulated.
他被捕的谣言四处传播。

(29) 乐曲声在空中回旋。

第二种较为常见的引申义是“思维活动在有限空间里(头脑)运动”：

(31) 这些美好的回忆经常在我脑海里回旋。

(32) 这个想法在她脑子里转了有一两年的时间，她却迟迟没有行动。

虽然我们只是选择性地介绍了一些比较凸显的引申义，但从这些有限的资料也可以看出，引申义在很大程度上是成系统的，而不是随机引申的，且跟基础义有密切的联系。比如，“在参照物的上空盘旋”这一类基础义就不会发展出“运行正常”这样的引申义；“内轴线旋转”也不会发展出“追逐参照物”的引申义等。

按照 MLexT 的考察结果，如果一个动词能发展出几种属于不同框架的引申义，这意味着它的基础义用法能在不同的框架里出现，而这些框架分别是不同引申义的基础。例如，如果某个基础义为内轴线旋转的动词发展出外轴线旋转的引申义，这就意味着该动词对“内轴线与外轴线”这个参数不敏感。进一步考察它的基础义就可以发现，它可以出现在外轴线旋转的框架里。这样，我们可以通过引申义来确定基础义。

1.4.5 疼痛动词的研究①

疼痛概念最典型的特性在于它的主观性。疼痛取决于个人的感

① 参照 Reznikova *et al*.(2012)、Britsyn *et al*.(2009)的叙述。汉语疼痛动词的介绍请参考 Panova(2009)。

觉，即任何人都无法切实体会到别人感到的疼痛。（Wittgenstein 1953）这意味着，用来表达自己疼痛感觉的主要方式是用语言描述。

对疼痛概念的调查不适合用“刺激反应”的方法。其原因在于，即使研究员拿针刺或用蜡烛烧被试者，然后记录下他们的言语反应，也无法获得完全一致的反应结果。这是因为不同人对疼痛感受不一样，而且外部引起的疼痛只是全部疼痛感受的一个子类，不能达到全面调查疼痛谓词的目的。因此，MLexT 认为，疼痛概念调查唯一可行的方法是语言内部调查，即疼痛概念的研究人员只能依靠纯粹的语言数据，如词语的组合、结构及它们的搭配限制。

在研究过程中，考虑到疼痛的主观性特征，为避免在这方面做出随意的判断，MLexT 把所有和人身体相关的不舒服的感觉都纳入了研究范围。

疼痛概念的第二个特点在于，每一种语言中专门用来表示疼痛的谓词数量较少。通过跨语言调查发现，每种语言一般只包含 1—4 个疼痛谓词，如英语的 hurt、ache、pain（动词用法），德语的 schmerzen、wehtun，俄语的 bolet'，汉语的“疼”和“痛”，阿古尔语的 itaa、ʔur aq'as 等。这样直接表达疼痛的词语属于“一级疼痛术语”。

疼痛概念的成员常常是由其他语义场的词通过隐喻组成的，即“二级疼痛术语”。如英语：

(33) My eyes are burning.
我的眼睛火辣辣的疼。（字面义为‘燃烧’）

(34) My throat is scratching.
我的喉咙痒痒。（字面义为‘抓挠’）

丰富的词汇系统会有多达 50 个这样的“隐喻”疼痛谓词。由此可见，如果以词为出发点，对疼痛语义场的考察会忽略很多有价值的信息，甚至不能完整地描述该语义场的基本面貌。MLexT 对疼痛概念的考察，不仅展示了其研究方法同样适用于抽象语义场，也为其他类似研究提供了很好的借鉴，同时也对语言数据收集方法提出了新的挑战。这尚未引起研究人员足够的关注。

为了适应该领域的特殊性，MLexT 疼痛项目使用了以下几类问卷：

1. 身体部位问卷：列出身体部位名称并要求被试说出相关的疼痛类型。例如，询问被试者如何描述头部、侧身的疼痛等。

2. 隐喻来源问卷：列出依靠跨语言研究得到的二级疼痛谓词的原型来源。比如，许多语言中的疼痛动词隐喻来源于燃烧动词，因此问卷涉及燃烧动词是否能用在疼痛域："在你的语言中'烧'怎么表达？你可以用哪些动词指燃烧的火/木/火光等？"当谈到在某个身体部位的疼痛或不舒服的感觉时，如我的眼睛在燃烧，我的胃灼热等，是否可以应用这些动词来表示。

3. 情景问卷：一系列使参与者产生疼痛感觉的刺激性情况的描述。如："人被捆绑两个小时了。在这样的情况下，他会有什么感觉？松绑后，他有什么感觉？他的头部、胸部、背部、手臂、手都有什么样的感觉？"

4. 框架问卷：对疼痛感觉的初步分类（皮肤的感觉，内脏的感觉等）。每种类型按照刺激的不同（如明亮光线或蚊虫叮咬等不同刺激引起的疼痛）和受影响的身体部位分为两个子类。比如，"皮肤和黏膜"问卷有"由外部影响引起的感觉"的子类，其进一步的细分在表 1-3 中可以看到。

通过分析不同语言疼痛谓词项目的数据发现，疼痛谓词的语义来源在不同语言中具有较强的一致性。疼痛语义场可以分出两个子域：一是疼痛或不舒服的感觉本身（如肥皂在眼睛里造成灼烧的感觉），二是所谓"功能丧失"的感觉（像嘴被麻醉的感觉，或"我的耳朵被堵住了""我的腿麻了"等），下面两小节分别介绍。

1.4.5.1 二级疼痛动词来源域

二级疼痛术语有四组主要来源域，分别是燃烧、破坏或变形、声音和运动。

表 1-3 疼痛动词框架问卷(部分)

由外部影响引起的感觉

A. 外接触影响

- 洗发水/肥皂/盐水(受影响的身体部位：眼睛，受伤了的身体部位)
- 荨麻(受影响的身体部位：手，皮肤)
- 蜇伤和咬伤，蚊子，蜜蜂，蛇，海蜇(受影响的身体部位：皮肤)
- 针/干草(受影响的身体部位：脚)
- 羊毛服装(受影响的身体部位：背部，颈部等)
- ……

B. 外部空气的影响

- 洋葱，辣椒(受影响的身体部位：眼睛，鼻子)
- 烟雾，粉尘(受影响的身体部位：眼睛，鼻子，喉咙)
- ……

C. 内接触影响

- 碳酸饮料(受影响的身体部位：舌头，口腔，咽喉，鼻子)
- 辛辣食物(受影响的身体部位：舌头，口腔，咽喉)
- 酸味食物(受影响的身体部位：舌头，口腔)
- ……

D. 温度的影响

- 低、非触觉(受影响的身体部位：面部，鼻子，脸颊，耳朵，手，脚)
- 低、触觉(受影响的身体部位：手指)
- 高、非触觉(受影响的身体部位：头部，背部，肩膀，脸，鼻子，皮肤)
- 高、触觉(受影响的身体部位：手指，手，皮肤)

第一组包括描述火焰或木材燃烧的动词。在所考察的 22 种语言中，至少有 20 种语言可以用燃烧类动词表示各种不舒服的感觉。

第二组动词描述物体的破坏或变形。此组包括以下五类：

1. 工具影响(如针、刀、斧、钻等)，如表示“刺”“刺入”“切”等语义的动词。

2. “锋利”身体部位的影响(如牙齿、爪子、指甲等准工具)，如“咬”“啃”“刺”“划”等动词。

3. 手的影响，把物体打碎或破坏，如“破碎”“撕裂”等动词。

4. 手的影响，使物体变形(物体没有被摧毁)，如“按”“拉”等动词，如俄语中有：

（35）плащ жмет подмышками
plashch zhmet podmyshkami
雨衣太小所造成的不舒服的感觉（字面义为“雨衣压着腋窝”）

5. 物体的自我毁灭，如“爆炸”“分裂”等词语。

第三组是由描述声音的动词组成的。能用在疼痛语义场的声音动词非常多样：各种动物、鸟类和昆虫的声音（如“咆哮”“唧唧声”“嗡嗡声”“哼哼声”）、人类的声音（像“呜咽”）、自然界的声音（如风或水发出的声音）、工具或器物的声音（即铃铛，乐器等人工器具发出的声音）。在疼痛域里，表示声音的动词主要是指人耳或头的疼痛感，如英语中有：

（36）My ears are ringing/buzzing.
我的耳朵叮叮响/嗡嗡响。

（37）My head is ringing/buzzing.
我的头叮叮响/嗡嗡响。

声音动词通常表示耳鸣或高血压感觉，其他身体部位主要有“腿”和“牙齿”，如：

（38）ноги гудят
nogi gudyat
描述双腿疲劳，字面义为“咯咯响”

（39）dā ^{n}tpinpinā　rahā　hai（印地语）
描述低强度牙痛，字面义为“咯咯响”

第四组包括自发的和使动的两种运动动词。疼痛语义场里最为常见的是用旋转动词来表示，如英语中有：

（40）My stomach is churning.
我的胃在翻滚。

1.4.5.2　二级功能丧失动词来源域

功能丧失动词描述一个身体部位完全或部分地丧失其功能，如英语中有：

（41）My leg has gone to sleep.

我的腿麻木了。（字面义为“我的腿睡着了。”）

（42）His joints had stiffened.

他的关节已经僵了。

功能丧失动词的来源域也具有跨语言的一致性。有趣的是，这些来源域在某些方面与疼痛动词的来源域相反。例如，功能丧失动词中的“加固”类与疼痛中的“毁灭”类形成对立。比如，西班牙语中的 agarrotarse 字面义为“变得像一根棍子一样”，印地语的akar^{a} nā'字面义为“硬化”，都属于“加固”类，表示功能丧失。

“声音”作为一个标准的疼痛动词来源域，本身跟“发出或接受声音的功能丧失”形成对立，如俄语的 nemet'“成为哑巴”、德语的 ertauben“变聋”：

（43）руки/ноги немели от напряжения

ruki/nogi nemeli ot napryazheniya

手/腿因为紧张而麻木了（如拿着重物时），字面义为“哑巴了”

“运动”作为一个标准的疼痛谓词的隐喻源与上述情况也类似，与表示功能丧失的隐喻来源“被迫维持原态”形成对立，如英语中的 lock“锁”：

（44）One day at home, when I bent over to pick up a towel, my back locked and I couldn't stand up.

有一天，当我在家里弯腰捡一条毛巾时，我的背卡住了（字面义“锁上了”），我无法站起来了。

MLexT 观察到了伴随非疼痛动词进入疼痛语义场的各种变化。这些变化有几种不同类型，涉及语法意义、词类特征、论元结构、词汇语义等。通过数据分析，MLexT 得出的最重要的结论是所有这些变化并不是偶然发生的，而是遵循一个清晰的认知路线。具体来说，它们的目标是对来源域动词的意义和语法属性进行重组，使其与目标域的结构相匹配。因此，来源域和目标域之间的“距离”决定了词语需要经过的重组程度，距离越短，所需的变化也越少。

对于疼痛域而言，整个结构对词语最明显的影响是使其由动态性变为静态性。因此，向疼痛域的语义转变可以被视为谓词静态化的一个实例。其中最有特色的变化会出现在动态谓词上。从跨语言的角度来看，动态谓词是疼痛动词的重要来源（通常指一个强烈的内部的疼痛感觉）。MLexT 发现了来源结构形态、语法和语义的相互关联，为语言表达元素之间的紧密联系提供了强有力的证据。

汉语疼痛动词的特点

汉语疼痛动词系统比较典型。专门用来表示疼痛的谓词（一级疼痛术语）数量不多，只有“疼”和“痛”，且这两个词语基本呈南北互补分布状态：“疼”通用于长江以北，“痛”则多用于长江以南。从历时演变维度看：先秦至唐宋，“痛”是主导词。“疼”约始见于汉代，到唐代单用的频率才开始增加。元末明初，“疼”使用频率开始超越“痛”，同时其句法功能逐步完善，渐渐替代“痛”成为主导词。（曹志耘 2008：179；Gan 2014）

二级疼痛术语的四个来源域（燃烧、破坏或变形、声音和运动）汉语都存在，如：

燃烧：“灼痛”“发烧”“（皮肤、眼睛、喉咙）火辣辣的”。

破坏或变形：“刺痛”“刺骨”“胀痛”“绞痛”“刀绞”“刀割”“头昏脑涨”“头痛欲裂”；“腰酸了”“痛得钻心”“像是被针扎一样痛”“像是被刀割一样的痛”。

声音：“嗡嗡作响”“听 MP3 会引起耳鸣”。

运动：“翻腾”“翻滚”。

汉语中功能丧失动词主要有“麻木”“僵”“堵住”等词。

1.5 本书的研究对象和研究方法

1.5.1 本书的研究对象

物理属性形容词属于词汇的核心部分。斯瓦迪士核心词列表(Swadesh List)(207个词的版本)中包括28个物理属性形容词,分别是:big(大)、long(长)、wide(宽)、thick(厚)、small(小)、short(短)、narrow(窄)、thin(薄)、round(圆)、straight(直)、red(红)、green(绿)、yellow(黄)、white(白)、black(黑)、warm(暖)、cold(冷)、full(满)、new(新)、old(旧)、dirty(脏)、wet(湿)、dry(干)、rotten(腐)、heavy(重)、sharp(尖)、dull(钝)、smooth(滑)。

从词汇意义角度分析形容词的研究有 Goddard & Wierzbicka (2007,2014),但是这些著作的研究重点并没有放在系统区分不同语言中表示相近概念的形容词上面。

为了弥补这一空白,2010年 MLexT 展开了"物理属性形容词跨语言"研究项目。本书以 MLexT 的物理属性项目为背景,以下八个语义场作为研究对象:SHARP(锋利)与 BLUNT(钝)、SMOOTH(光滑)与 ROUGH(粗糙)、SOFT(软)与 HARD(硬)以及 LIGHT(轻)与 HEAVY(重)语义场①。

选择这些物理属性形容词作为研究对象的原因如下:

1. 比起评价或描写主观色彩较浓的词语(如"难""漂亮"),它们的意义比较客观,有利于设计问卷。

2. 这些语义场表达的概念较为普遍,几乎在所有的语言中都有单独的词来表达,但是具体的词汇数量和搭配情况不尽相同。正是因为这些概念在不同语言中的表达既有共性又有个性,因此它们具

① 为了叙述方便,所考察的语义场用英文命名,并无特殊含义,可视之为元语言的表达。为了将所分析的英语词汇与语义场和框架的名称区分开来,语义场的名称用大写的字体表示。

有较高的可比性。另外,表示这些属性特征的词在语言中比较常用,在我们所考察到的语言中(包括俄语、英语、西班牙语和葡萄牙语),这些词一般都能进入频率词典形容词的前 200。

需要强调一点,对于汉语语料,不能以词频作为主要的取舍依据,因为存在着双音节词和单音节词同时使用的情况。

3. 所选择的语义场基本上属于可以通过触觉获得相关信息的物理属性特征,具有一定的统一性,有利于共同考察比较。

4. 这些语义场中的成员很少被借用①。

5. 这些语义场的成员都进入了 MLexT 正在建立的跨语言物理属性数据库,该数据库针对每个语义场考察了 10 种到 30 种语言,可以利用相关数据作为本书的参考。

本书之所以没有考虑温度、维度和颜色等语义场,是因为这方面已有大量研究。在 MLexT 的分析框架里也有关于温度(Koptjevskaja-Tamm & Rakhilina 1999, 2006; Koptjevskaja-Tamm 2015)、颜色(Rakhilina & Paramei 2011)、维度(Nanii 2014a, 2014b, 2016)的研究。

维度与其他物理属性不同,人们接受这方面信息的主要来源是视觉,维度的许多语义场密切相关,乃至可以设计统一的维度语义场。因此 MLexT 里有专门的一组人负责收集这方面的资料,可参见 Olga Karpova、Alexey Kozlov、Maria Privizentseva、Daria Ryzhova、Liudmila Nanii 的著作。

另外,有个别语义场的研究已经包含汉语语料,如 OLD 与 NEW(旧与新)语义场(Kuzmina 2012)、WET 与 DRY(湿与干)语义场

① 参见 Haspelmath & Tadmor(2009)的"借词数据库"World Loanword Database http://wold.clld.org/。借词数据库考察了 41 种语言,所考察的核心词汇清单包含 1 814 个词(义项),其中有 120 个形容词,属于本书所关注的 Sense perception(感性知觉)语义类有 wrinkled、fragrant、stinking、sweet、salty、bitter、sour、brackish、loud、quiet、bright、light 2(亮)、dark、white、black、red、blue、green、yellow、hard、soft、rough 1(粗糙)、smooth、sharp、blunt、heavy、light 1(轻)、wet、dry、hot、warm、cold、clean、dirty。可见,除味觉、嗅觉、色彩及上文所提到的几个个别范畴外,其余的都是本书所考察的对象。

(Reznikova 2013; Reznikova *et al.*待刊)、DIRTY 与 CLEAN(脏与干净)语义场(Tagabileva *et al.* 2013)、FULL 与 EMPTY(空与满)语义场(Tagabileva 2011; Kholkina 2014)等,而本书所选择的八个语义场在汉语中的表现,还没有相关的研究,这也是本书选取以上八个语义场作为研究对象的考虑之一。

1.5.2 本书的研究方法

本书所采用的研究方法是莫斯科词汇类型学研究小组 MLexT 的基本研究方法(参见 1.4.2 节),即从词典、语料库中收集语料,并以专门设计的问卷作为扩展语料,通过考察词语的搭配限制来分析其语义上的差异,最后用语义地图展示分析结果。研究引申义时,我们对它们进行分类,试图发掘基础义和引申义之间的普遍联系。

从理论上讲,引申义来源于基础义,因此我们可以将引申路径图直接附于基础义语义地图上。然而,在词汇类型学研究中一般不会采用这种方式,而是将基础义语义地图与引申义分别对待。其主要原因在于语言中经常会出现同一个词覆盖几个基础义框架,这样就难以确定这个词的引申义具体是由哪个框架发展出来的。另外,本书的研究对象是物理属性形容词,其引申路径相对清晰、简明,不需要经过复杂的引申步骤实现。因此,本书没有设计引申网络语义图。

下面我们对本书的数据收集及处理做几条简要说明。

1. 例句来源

本研究的中文例句主要有四个来源,即辞书、语料库、问卷和百度搜索引擎。所考察辞书包括《现代汉语词典》第 6 版(以下简称《现汉》)、《新华字典》第 11 版及一些较权威的同义词词典(刘叔新 1987;佟慧君,梅立崇 2002;张志毅,张庆云 2005;朱景松 2009;程荣 2010)。语料库包括北京大学中国语言学研究中心语料库、利兹大学语料库及句酷双语语料库。考察百度例句主要是出于对口语化例句的需求,只采用了少量例句。以上所述三类来源的例句最后都会与汉语母语者进行讨论，确认其合法度，必要时进行一定的修改后纳入本书。考虑到汉语方言差异，笔者主要与中国北方地区方言的母语者确认语料。本书没有注明出处的例句均由母语者提供。

英语例句的来源与汉语类似，但限于条件，没有与母语者进行全面的确认。所使用的语料库包括美国当代英语语料库（Corpus of Contemporary American English），英国国家语料库（British National Corpus）等。所考察的词典有：*Oxford Dictionary of English*、*New Oxford American Dictionary*、*Collins Cobuild Advanced Learner's English Dictionary*（以下简称"*Collins* 词典"）、*Longman Dictionary of Contemporary English*（第 4 版）（以下简称 *Longman*）、《海词》（http://dict.cn，以下简称 haici）等。

俄文例句来源于俄语国家语料库 RusCorpora 及笔者自拟。笔者本人的母语是俄语。

另有部分母语者提供的例句，我们用"inf"标注（inf 为 informant 的缩写）。

所使用的语料库的网址如下：

1）北京大学中国语言学研究中心语料库（以下简称 CCL）
http://CCL.pku.edu.cn：8080/CCL_corpus/index.jsp?dir=xiandai

2）利兹大学语料库（以下简称 Leeds）
http://corpus.leeds.ac.uk/query-zh.html

3）句酷双语语料库（以下简称 Jukuu）
www.jukuu.com

4）美国当代英语语料库（以下简称 COCA）
http://corpus.byu.edu/coca/

5）英国国家语料库（以下简称 BNC）
http://corpus.byu.edu/bnc/

6）俄语国家语料库（以下简称 Ruscorpora）
www.ruscorpora.ru

2. 语言样本

本书除了详细介绍俄、英、汉三种语言所考察词语的使用情况以外，还大量参考了 MLexT 物理属性数据库里其他语言的用词情况。不同语义场所考察的语言数量和样本有所不同，下面分别介绍不同语义场的情况。

SHARP 和 BLUNT 语义场考察了 20 种语言，分别是俄语、塞尔维亚语、英语、德语、法语、意大利语、威尔士语、科米语、芬兰语、匈牙利语（Hungarian）、莫克沙语（Moksha）、日语、韩语、阿古尔语、卡巴尔达语、巴斯克语（Basque）、马来西亚语、卡拉丹语（Kla-dan）、汉语、俄国手语。

SMOOTH 和 ROUGH 语义场考察了 15 种语言，分别是俄语、英语、西班牙语、韩语、汉语、芬兰语、爱沙尼亚语（Estonian）、厄尔茨亚语（Erzya）、马里语（Mari）、科米语、乌德穆尔特语（Udmurt）、匈牙利语、汉特语（Khanty）、涅涅茨语（Nenets）和莫克沙语（Moksha）①。

HARD 和 SOFT 语义场考察了 10 种语言，分别是俄语、英语、法语、芬兰语、科米语、聂聂次语、莫克沙语、土耳其语、尼日尔-刚果语系多贡亚语支的 Tomo-kan 语和汉语。

HEAVY 和 LIGHT 语义场考察了 12 种语言，分别是俄语、俄国手语、塞尔维亚语、亚美尼亚语、卡巴尔达语、英语、法语、西班牙语、德语、阿拉伯语、日语和汉语。

3. 收词标准

在具体语义场成员的选取上，本书设立了以下几条收词标准：

a) 尽量排除受外来语影响的用法

各种直译术语和固定搭配词语（如“软水”“软饮料”“软包装”）不

---

① 这两个语义场语言样本中有 10 种语言属于乌拉尔语系。原因在于 MLexT 研究员希望通过考察一个语系的语言用词情况确认语言样本之间的亲属关系是否会影响到所区分出来的参数。得出的结果可以证明之前的观念，即由于词汇变化速度较快，词汇类型学研究在这方面不必像语法类型学那样受严格限制。（Kashkin & Vinogradova 待刊）

适合作为词汇类型学的研究对象。因为交流需要，它们经常会被借用到其他语言中，容易让人误以为是词化策略普遍性的体现，但其本质只是借用其他语言中某种固定表达的现象，而不是该语言自身独立发展出来的搭配形式，因此不具可比性，也不能建立类型。

从其他语言借用的固定搭配中某个词语的用法并不一定代表它自身具有进入这个搭配的必要条件。这一搭配有可能是偶然的，与这个词的其他用法不相关，不具有系统性。在实际操作中，我们可以比较容易地将外来的固定搭配和专业词汇排除在外，但是日常语言中的外来词影响有时难以发现。另外，Zalizniak *et al*.(2012：648)指出，借用某种引申义的翻译可以体现出该引申义符合人的普遍认知。因此，在分析日常语言中的引申义时，如果母语者不能明确指出该引申义是否源于借用时，我们仍然把它纳入考察范围内。

b) 尽量考察共时层面的词汇

本书的研究重点放在共时层面，希望所分析的词语在时间上属于同一个系统而不是该系统在不同时代的表现。因此，在词语择取的问题上，我们尽量选择现代汉语中(包括口语和书面语)使用得比较广泛的词语，对其进行重点考察；而古代汉语遗留的成分只作为旁证纳入考察范围，尽量区分开来进行分析。古代汉语中许多属于本书研究范围的单音节词，因其在现代汉语中不能单独成词(如 HARD 语义场的“坚”和“刚”等)，故本书不做重点考察。

c) 区分核心成员与边缘成员

本书的主要研究方法是通过考察词语搭配分析词汇意义。对于有些罕见或书面语色彩浓厚的词语(我们称之为边缘成员)，母语者的语感不强，难以确定其搭配范围，但如果能够通过词典和语料库找出其搭配特征，本书仍将其纳入考察范围。而通过母语者、词典及语料库都难以确定搭配特征的词语，本书不做重点考察。

有些词语虽然在语义上属于本书所要考察的八个语义场中的一个，但是使用范围较窄或使用频率较低且没有收录在《现汉》第 6 版中的词语本书不予考察。如“尖削”和“溜尖”，根据语义都属于本书的SHARP语义场，但是因为这两个词并不常用，也没有进入《现汉》第6版，所以我们不做考察。此外，词典中明确标明是方言词的亦不纳入考察范围，如“轻省”等。

d) 临时进入语义场的相近词语不纳入考察范围

为了提高可比性，本书试图在同一基础上筛选不同语言中的词语。若在某种语言中，极其罕见或与所考察语义场关系不十分密切的词语进入了考察范围，而在其他语言中类似的词语被排除，那么在评估不同词汇系统中词项的数量时就很容易出现偏差。由于本书所参考的MLexT物理属性数据库里排除了一些本来不属于该语义场的临时成员，本书也采取了同样的做法。比如，“烂”与SOFT语义场的含义比较接近（“煮得很烂”），但是其语义与破坏内部结构有关，“软”只是附带的语义特征，而不是必要的语义成分（例如，“废铜烂铁”里的“烂”并不表示“软”），因此“烂”被排除。又如，“扎手”的物体表面往往会是粗糙的，即这两个特征在客观世界密切相关①，但是“扎手”这个词本身并不表示“粗糙”的含义，因此“扎手”被排除。

在确定汉语中由两个相关概念组成的双音节词（如“柔软”“柔滑”“柔韧”）是否需要纳入考察范围时，我们主要通过考察它所能够修饰的主体及所产生的含义是否比较接近该语义场的核心成员来进行判断（收“柔软”，排除“柔滑”“柔韧”）。

本书在具体研究中发现，所考察的汉语语义场的单音词经常与邻近语义场的词组成双音节词，这些双音节词由于加入了异质成分，其语义特征和搭配已经超出了该语义场的范围。如，SMOOTH语义场不考察“平展”“平直”等词，HARD语义场不考察“粗硬”“干硬”等词。这类复合词体现了汉语独具的一种构词方式，在其他语言中很

① 如：“因为长期拔草，她的手指甲一次次地脱落，手上刻满了一道道深深的印痕，握起来粗糙得扎手。”（CCL）

少见，因此可比性不高。为了进行系统地比较，本书对这类词也不做考察。

另外，汉语中有些词语的某种语义只是语素义，仅在与其他成分构成的双音节词中体现，不能归入该词的词义。如“重”不能单独表示“不轻率”的意义，需要出现在“稳重、慎重”等词中。由于对其他语言只考察词义，为了研究的系统性，本书不对汉语中词语的语素义进行专门考察，仅在必要时做相应的补充。

e）基础义不属于语义场的词语不做考察

本书的研究需要建立基础义和引申义之间的关联，因此不收只表示与研究语义场相关的引申义，而不表示基础义的词语（如“犀利”）。若词的基础义属于所研究的语义场，它的引申义也纳入考察范围。不过，词的基础义有时与本义不一致，这时若词的引申义是由词的本义而非基础义发展而来的，经常代表更早的语言面貌。这些词的引申义往往与所考察的语义场无关，不纳入考察范围。但是由于这样的词能够帮助我们找出所考察语义场中的重要对立，在构建语义地图时起重要的作用，所以本书要对其基础义进行考察。如汉语“快”的本义不属于 SHARP 语义场，且其引申义与 SHARP 无关，所以我们只考察基础义。

f）状态词不做考察

本书的主要研究思路是通过搭配限制把握词的语义，因此需要保证所考察词的同质性，尽量排除纯粹语法性质带来的搭配上的限制。有鉴于此，汉语中的状态词不纳入考察范围。从语法特征的角度来看，状态词是剩余类，兼有动词和形容词的特征，而又不能够归入这两类。（郭锐 2002：199）从意义上看，有些状态词可以出现在本书关注的框架中（如“光溜溜”“皱巴巴”“疙疙瘩瘩”等），但是偶然性较大。郭锐（2002：200）指出，状态词一般都带有程度的意味，这一点与形容词不同。朱德熙（1956：5）也曾经指出过，复杂形式的形容词表示的属性“都跟一种量的观念或是说话的人对于这种属性的主观估价作用发生联系”。

但本书有时也把副词用法纳入考察范围，因为与形容词相比它们往往只是发生了语法功能的变化，而语义未发生变化。在某些语言的词类系统中，出现在状语位置上的形容词一律看作副词，不管其词义、词形有没有发生变化（比如英语中）。因此，在跨语言比较中，遇到这种情况时，我们也把副词纳入研究范围。

g）需要注意语义框架与词汇成员的对应情况

在考察某个词是否可以在特定的框架中出现时，本书遇到三种情况，分别是：

1. 所考察词语不能够在特定的框架中出现，如汉语中的“*柔软的柿子”。

2. 所考察词语可以在特定的框架中出现，并且词义符合框架典型的语义，如汉语中的“软柿子”。

3. 所考察词语可以在特定的框架中出现，但是词义不完全符合框架典型的语义，如汉语中的“山药吃起来很滑溜”表达的意思不只是山药有点很滑，还包含“口感好、喜欢吃”的信息。

在遇到第三种情况时，本书选择把相关的搭配记录下来并交代其语义上的特殊含义。

4. 例句及图片的序号

由于本书论述需要引用大量例句，就没有采用连续编号的方式，每个语义场例句的序号都是独立排序的。插图和表格的序号，如“1-2”，这里的“1”表示章节号，“2”表示在本章中插图或表格出现的顺序。

5. 本书结构及主要结论

本书论述分为三大部分。第一部分是绪论，即第一章。主要包括研究综述、词汇类型学的研究方法概述及本书的研究对象和研究方法。考虑到目前词汇类型学研究在中国语言学界讨论较少，故在介绍词汇类型学研究方法时以三组 MLexT 经典项目为案例，详细介绍了具体操作与相关问题。第二部分，即第二章到第五章，逐个分析所考察的八个语义场，重点讨论英语、俄语和汉语的基础义和引申义用法，以及其所采取的词化策略和相关语义地图。其中，对各语义场的考察工作主要分为三部分：首先介绍 MLexT 通过跨语言调查发现的基础义语义地图；其次重点介绍汉语基础义的词化情况，并以英语、俄语的表现为参照；最后分析该语义场成员的引申义用法。第三部分为结论，即第六章。论述所发现的跨语言共性、个性和蕴含关系，对汉语的单音节和双音节词语语义上的关系做出归纳总结。

通过研究，本书的结论主要涉及以下几方面内容：

一、词化策略的普遍与制约问题。自然语言的词汇具有内在的规律，词化策略不是随机的，而受到一系列的参数制约。这些参数具有普遍性，可以通过系统地比较不同语言的数据来把握，用语义地图模型展示。我们所分析的语料显示，在考察物理属性语义场时，汉语的数据基本上符合词汇类型学的预测，可以通过普遍参数来描写所研究词语的词汇义区别。

二、相反概念的语义场存在不对称的现象。不同语言的数据证明了反义词义项不对称的现象，主要体现在两方面，即覆盖反义语义场词语的数量和区别参数(即反义语义场内部组织)不同。反义语义场基础义项不对称的现象导致其引申义同样表现出不对称的特点。

三、语义场内部基础义与引申义的关系问题。词语的基础义和引申义具有稳定的普遍关联，这些联系在不同语言中都有体现。汉语语料也证明了在其他语言中发现的关联共性。词语基础义之间的对立会直接影响到其引申义的发展。基础义中的不同框架会发展出不同的引申义，在基础义中对区别框架起作用的参数，在引申义中往往也会得到保留；若基础用法对某个普遍参数不敏感，则引申义也就不受该参数的制约，并可能会出现多义现象。

此外，在语料的搜集过程中，我们发现，古代汉语语料与现代汉语方言语料中保存了很多在现代汉语词汇系统中没有涉及的现象。

比如很多词语在口语表达中已经消失，但它们被载入文献中，作为书面语言而保留下来。另外，来自不同方言的同义词共存于普通话系统时，并不构成完全的等义词关系。尽管这些词在某些基础义用法上很接近，但在引申义、复合词和固定搭配层面表现出明显的区别。

第二章

SHARP(锋利)与BLUNT(钝)语义场

SHARP 与 BLUNT 语义场的特点在于其内部组织相对简单，凸显的基本框架数量比较少（不超过三个）。汉语 SHARP 语义场成员数量很丰富，本章将要分析其中的六个成员，论证汉语语料是否符合词汇类型学的预测，汉语数据能否在语义地图上得到体现。此外，本章也可以为反义语义场内部组织不对称的研究带来一些启发。例如，汉语 BLUNT 语义场只包含“钝”一个词，与 SHARP 语义场在成员数量上表现出显著差异。

2.1 SHARP 语义场的分析

2.1.1 相关参数①

在具体意义上 SHARP 语义场的形容词可以描写以下三种不同类型的物体：

1. 具有薄刃的起切割作用的工具（菜刀、剪刀、锯、刮刀、镰刀等），以下称之为“菜刀”类；

---

① 本节的 2.1.1 相关参数、2.1.2 基础义语义地图的构建、2.1.2.1 英语 SHARP 语义场语义地图、2.1.3.1 引申依据及 2.1.3.2 SHARP 语义场引申用法的特点、2.1.3.3 英语 SHARP 语义场的引申义参照 Kyuseva(2012)叙述。Kyuseva，Parina，Ryzhova(待刊)细分出第四个框架“带刺儿的表面”，因为在塞尔维亚语和芬兰语的核心形容词 oštar 和 terävä 能用来描述这个框架，不过这个框架相对其他框架而言比较边缘。

2. 具有锋利的尖儿用来刺或扎的工具(矛、针、箭、锥子、钉子等),以下称之为“矛”类;

3. 形状从宽到窄、从粗到细过渡的物体(鼻子、鞋头、帽子、山头、树梢、建筑物的尖儿等),以下称之为“鼻子”类。

区别这些物体有两个主要参数,即薄刃和锋利的尖儿(“线”与“点”)之间的对立,功能特征和形状特征之间的对立。下面我们分别阐述这两个参数的具体含义。

2.1.1.1 “线”与“点”

区别薄刃和锋利的尖儿是这个语义场的关键参数,这个参数在很多语言里都起作用。由于薄刃可以被想象成一条线,而锋利的尖儿可以被想象成一个点,因此我们把这两个框架分别称为“线”和“点”。

很多语言用不同的词语描述用来切的(“菜刀”类)和用来刺或扎的(“矛”类)工具。例如,意大利语的 affilato 和 tagliente 形容用来切的工具,而 appuntito 和 aguzzo 形容用来刺的工具。科米语的 lečyd(线)和 jues'(点),法语的 tranchant(线)和 aigu(点)、pointu(本义上属于“点”),英语的 razor-sharp(线)和 pointed(点)、acute(点)也都是这个参数在起作用。德语里的 spitz、巴斯克语的 ziztatzaile、日语里的 togatta、马来西亚语的 runcing 都形容用来刺的工具,而塞尔维亚语的 britak 形容用来切的工具。

2.1.1.2 “功能”与“形状”

“功能”与“形状”这个参数从功能角度分为锋利的工具(因为锋利所以好使)和一些功能性不强或跟锋利程度无关的物体。后者,SHARP 语义场的形容词只描写这些物体具有从宽到窄、从粗到细过渡的形状。“鼻子”类的物体都有尖形的末端,都属于“点”这一类。例如,法语里 pointu 的特征是“点+形状”,只用以表示尖形的物体;英语的 pointed、马来西亚语的 runcing 和汉语的“尖形”“尖头”也属于此类。

控制 SHARP 语义场的这两个参数不是独立的,两者之间存在相关性。首先,“线”状物体仅用来表示具有薄刃的工具。虽然从理论上我们可以想象用具有“线”这一特征的形容词来描写一个物体的形状，即物体的边儿具有从宽到窄的过渡（如一些屋顶、桌子边、山脉、建筑物的角），但是在目前考察的语言中，我们没发现专门表达这个意思的词，可见“线＋形状”这样的组合不凸显，而“线”与“功能”和“点”与“形状”联系得更紧密。

图 2－1　SHARP 语义场的组织

“点”与“功能”的组合（即“矛”类）处于中间，在中等词汇系统里，如果“功能”的参数比较重要，会和“菜刀”类用一个词来指称，如果“点”的参数更重要，就会和“鼻子”类用一个词来指称。

2.1.2　基础义[1]语义地图的构建

由于参数不独立，我们的框架中会产生一些过渡类。爪子、指甲等物体从形状上看属于“点”的框架，有时却可能会用“线”框架内的形容词来表示。例如，意大利语的 affilato（“菜刀”类）和 appuntito（“矛”类）都可以形容爪子：artigli affilati、artigli appuntiti（锋利的爪子）。我们认为，产生这一现象的原因在于功能的重要性：爪子和指甲一般不是用来刺穿某物，而是用来抓、划的，作用于物体时留下线形痕迹，因此可看作切割作用。

第二个过渡类由一些身体部位（肘、膝盖、肩膀等）组成。这些物体接近“鼻子”类框架，因为它们实际上并不锋利，而是形状上具有从宽到窄的过渡，但是有时候它们也可以被当做工具来用（如，用肘顶对方），凸显出其与“功能”相关的方面。在有的语言中，当上下文不

---

①　基础义指在所讨论的语义场中表达的物理属性意义，与引申义相对。引申义指由基础义引申出的非物理属性意义。

同时,“肘”类可以用不同的词来描述,如法语里的 pointu(来源于名词 pointe“尖儿、点”)形容“肘”时(un coude pointu,“尖的肘”),描述的是非常瘦的女孩子的肘;而强调肘的功能(如“顶人”)时,要用 aigu 形容(un coude aigu,尖的肘,来源于拉丁语动词 acuere“削”)。

上述情况如图 2-2 所示:

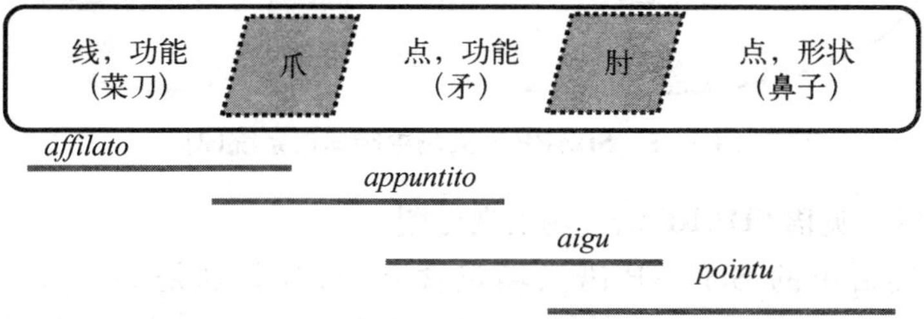

图 2-2　SHARP 语义场的过渡类

因此,我们总结出来的语义地图如图 2-3:

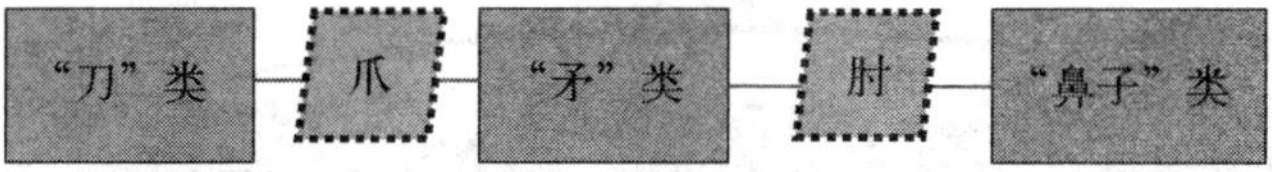

图 2-3　SHARP 语义场语义地图

在中等系统的语言中,主要可以看到两种词化策略:

1) “线”与“点”的对立

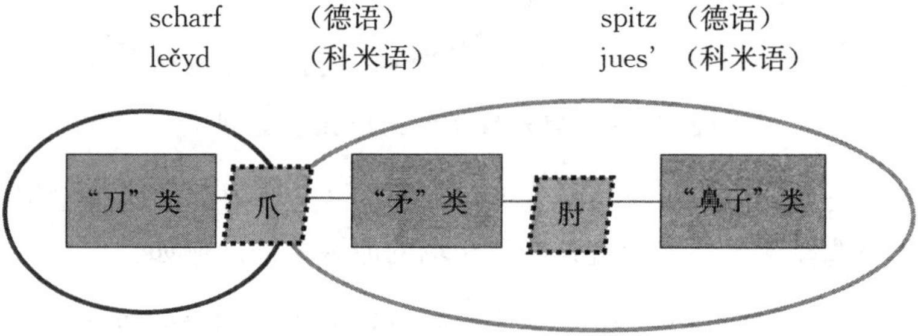

图 2-4　SHARP 语义场中等词汇系统(1)

2）“功能”与“形状”的对立

surudoi	（日语）	togatta	（日语）
miniog	（威尔士语）	pigog	（威尔士语）

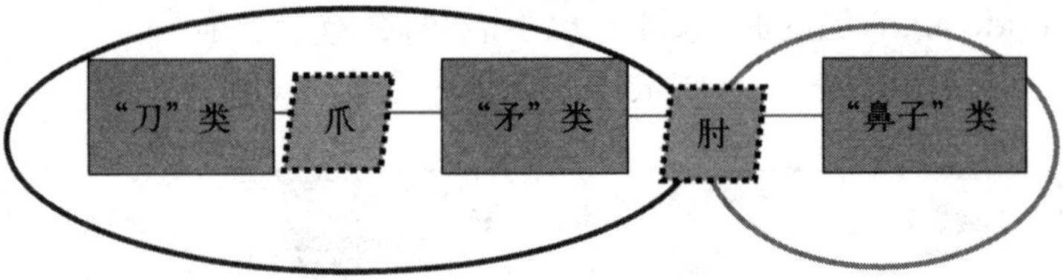

图 2-5 SHARP 语义场中等词汇系统(2)

2.1.2.1 英语 SHARP 语义场语义地图

英语中的 SHARP 语义场包含五个词，分别是 sharp、razor-sharp、pointed、keen 和 acute，其分布情况如下(参考图 2-6)。

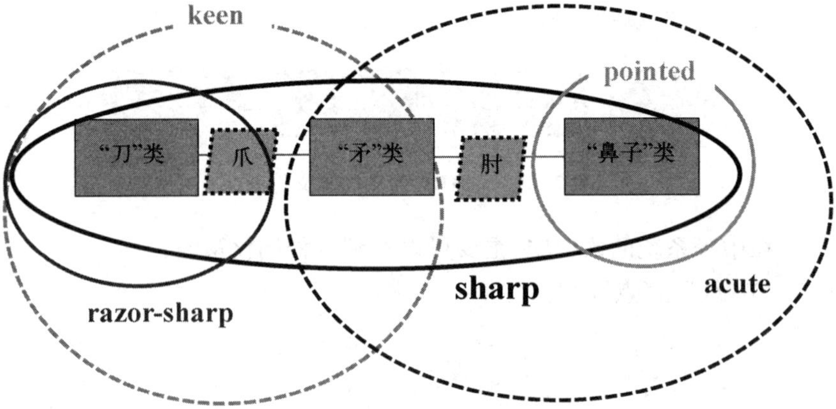

图 2-6 英语 SHARP 语义场语义地图

英语里的 sharp 可以覆盖我们所考察语义场内部的所有框架，这是我们选择这个词来覆盖整个语义场的原因之一。例如：

（1）Then with a sharp <u>knife</u> he or she cuts through watermelon, giving everyone a share.

然后他或她用一把锋利的刀切开西瓜，给每人分一块。

(2) Try to use a sterile, sharp needle for each injection.

每次注射时尽量使用无菌尖针。

(3) Wish I have Tina's sharp chin! Sharp chins always look small face and pretty in photos/on tv!

真希望我拥有蒂娜那样的尖下巴啊！在照片或电视上尖下巴总是使人看上去脸小并且漂亮！

第二个形容词 razor-sharp，字面义是“像刮刀一样锋利”，它只能形容切的工具。

(4) We're looking for a razor-sharp, single-edged knife, probably silverware.

我们正在寻找一把锋利的单刃刀，或许是一种银器。

第三个形容词 pointed 用来形容尖的形状：

(5) Below us is the town, with the harbour, the flat-roofed houses, the pointed minarets, from which blind men with stentorian voices are calling the faithful to come to prayer.

我们的下面是镇子，镇子里有港口，平房，尖塔，其中嗓音洪亮的盲人正在召唤信徒们前来祈祷。

第四个形容词 keen① 在基础义用法上比较少见，书面语色彩较浓。它一般不能形容日常生活中的工具，但与一些武器的名称相搭配时相对比较自由。

(6) Everyone was armed with a keen sabre, and a long sharply pointed lance.

每个人都手持一把锋利的马刀和一把尖锐的长矛。

(7) a sharp, keen spear with a haft crafted of pristine black ash

一把带原始黑灰雕刻的把手的尖利的矛

---

① Keen 最初的意思是“勇敢、有能力”，经常用来形容兵士和国王。

第五个形容词 acute 在基础义用法上也很少见，文学色彩较浓：

（8）Cupid hit me with an acute arrow.
丘比特用一把利箭射了我。

（9）If your lipstick has an acute shape, you are self-confident.
如果你的口红呈尖尖的形状，你就是自信的。

由于在现代英语中 keen 和 acute 两个词不经常用以表达基础义，表基础义时会让人感觉有些文雅，因此我们在语义地图上用虚线表示了它们所覆盖的范围。

2.1.2.2 俄语 SHARP 语义场语义地图

基础义用法上，俄语中的整个 SHARP 语义场都可以用一个词 ostryi 来表示，是典型的贫乏词汇系统。

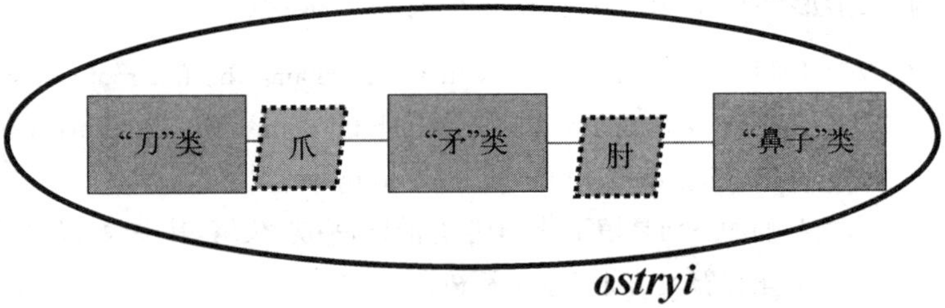

图 2－7 俄语 SHARP 语义场语义地图

举例如下：

（10）ostryinozh（刀） 锋利的刀
（11）ostrayaigla（针） 尖的针
（12）ostryipodborodok（下巴） 尖下巴

2.1.2.3 汉语 SHARP 语义场语义地图

基础义用法上，汉语中 SHARP 语义场包含六个形容词：尖、尖锐、尖利、快、锐利、锋利，它们的分布情况如下：

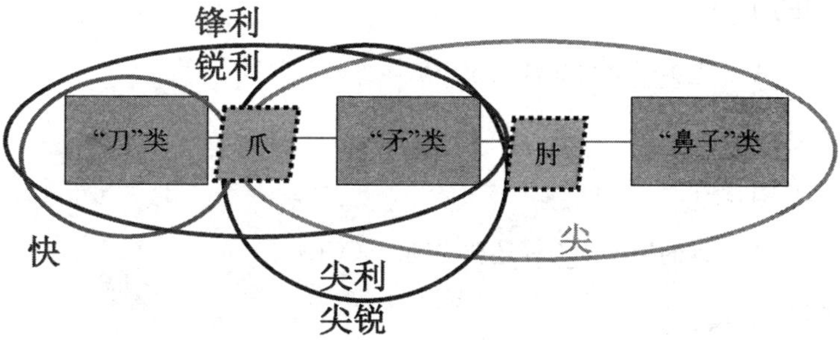

图 2-8　汉语 SHARP 语义场语义地图

举例如下：

"尖"

刺的工具：

(13) 这个针很尖。(inf)

(14) 娇小而半透明的小虫飞进你的房间，把它那尖尖的嘴刺进你的血管里，猛抽你的血。(CCL)

形状：

(15) 中国也有尖的屋顶啊！(inf)

"快"

切的工具：

(16) 这把刀很快。(inf)

"尖锐"

切的工具：

(17) 出了一个比刀锋更尖锐的问题①。(CCL)

---

① 例(17)和例(19)例句中 SHARP 语义场的形容词修饰抽象的概念(问题、挖苦)，而相关的锋利物体只作比较的对象，这是一种修辞用法。我们不将这种情况在语义地图上表现出来。

刺的工具：

(18) 把锥子磨得非常尖锐。

"尖利"

切的工具：

(19) 她的挖苦比刀锋还要尖利。(CCL)

刺的工具：

(20) 细长尖利的针头扎入我的肌肉。(CCL)

(21) 尖利的石头、棘针、草茬，碰刺得姑娘的脚疼得要命，但她咬着牙忍住，只顾往下快跑。(CCL)

"锐利"

切的工具：

(22) 抓起一把锐利的剃刀将自己的右耳割下。(CCL)

(23) 我的脸、手、小腿上被锐利的芦苇叶划开了无数道血口。(CCL)

刺的工具：

(24) 最锐利的长矛也刺不穿。(CCL)

"锋利"

切的工具：

(25) 这把刀很锋利。(inf)

刺的工具：

(26) 他手持锋利的标枪。(CCL)

(27) (榴莲)花形大，带白色，聚伞花序。果实近于球形，果长约 25 厘米，每个重三四千克，果皮黄绿色，长满锋利的木质刺，很像一只大刺猬。(CCL)

如果将汉语的基础义用法系统与俄语、英语比较，我们可以发现汉语的一些形容词的基础义用法难以确定，形容词用法重合的情况较多。我们认为其中的原因主要有两个方面,即口语和书面语用法的区别及方言差异。许多双音节词的基础义用法不是很自然,具有浓重的文学色彩(如“尖锐”“尖利”“锐利”),在口语中不常用,倾向于使用引申义。甚至有的双音节词,如“犀利”在现代汉语中只保留了引申义。因此,虽然汉语SHARP语义场的词汇系统比较丰富,但我们很难通过分析它得到新的区别参数。

实际上,普通话是某种程度上的混合体,包括各种方言和不同时代保留下来的说法。尽管如此,汉语SHARP语义场基础义用法的语义地图并不违背关联性原则,六个形容词的基础义用法都可以在语义地图中展示。这一点可以说明,即便是像汉语这样复杂的词汇系统也具有自己的内部组织原则,符合词汇类型学规律。从语义地图可以看出,汉语中“点”“线”对立起着重要作用,这两个框架分别由两个单音词描写,即“尖”和“快”。强调形状的“鼻子”类也可以有单独的表达,如“尖形”“尖头”①等。

在SHARP语义场中,汉语的单音节形容词和双音节形容词之间的关系表现得十分复杂。首先,从构词角度看,同一个语素在意义比较接近的词中重复出现,构成同义并列式复合词。如“尖”—“尖利”“尖锐”、“利”—“锋利”“锐利”“尖利”。这与SHARP语义场的历时演变有关。一些历史成员到了现代汉语普通话中降级为语素而不能单独使用,其锋利义保留在复合词中,如“利”(关于SHARP语义场的历时演变,请参看6.2节);其次,单双音节词在语体上存在分工:单音节形容词多见于口语语体,而双音节词多见于书面语;最后,单双音节词存在基础义与引申义的分工:双音节词倾向于表示引申义,如“尖锐”“尖利”等。

2.1.3 引申义

2.1.3.1 引申依据

SHARP语义场中的形容词功能性很强,它们最基本的意思是用

① 由于“尖形”“尖头”都属于名词,本书为了保持研究对象的统一性没有重点考察。

来形容某种工具是否好用。它的引申义也保留同工具概念的关联，可以从三个方面考察引申依据：

1. 从使用者的角度，描写人使用工具的感受；

2. 从接受者的角度，描写人受到某种工具影响的感受；

3. 从视觉接受者的角度，描写与这个工具或其使用过程相关的意象图式(image schema)。

这三个方面都以人为中心，第一方面从使用者的角度，第二方面从接受者的角度，第三方面从视觉接受者的角度来形容人与物的互动。它们发展出来的引申义的褒贬色彩也不同。如果某种工具很锋利，用起来很方便，那么以使用者的角度为依据的话，引申义一般是积极的。反之，以接受者的角度为依据，锋利的工具会使接受者受损害、不舒服，因而引申义一般是消极的。而从视觉接受的角度发展出来的引申义一般是中性的，因为这种情况不直接影响到人的身体。

需要说明的是，"鼻子"类框架中发展出的引申义不多，在我们考察的语言中很少有只用在这个框架里的形容词，所以目前讨论这个框架的引申义的资料还不够。

汉语的"尖"用于固定搭配时的一些引申义与它的形状义相关，如"尖兵""尖端""尖子"。我们认为这些用法的引申依据如下：物体的尖端部分一般在前边，由此会发展出"先进，前锋"义。

下面我们分别介绍在上述三个引申依据的基础上发展出来的引申义。

（一）使用者的角度

以此为依据发展出的引申义主要有以下五种：

1. (眼睛、耳朵、视觉、听觉、记忆力)好；

2. (目光)分析能力高；

3. (头脑)灵活敏锐；

4. (言词)正确、具有针对性；

5. (人)聪明，说话很直接。

这一类的引申义都与使用起来很方便的工具有关。人的感知器官经常被看作是一种分析工具。穿刺类工具的特点是能够深入进去,引申义也与这个特点保留关联。如,SHARP的目光往往表示可以觉察到别人看不到的现象,分析能力高。用原本形容刀很锋利的形容词描写某人头脑时,我们可以把头脑想象成一种分析、解剖的工具①,这种隐喻在多种语言中都很普遍。

在形容一个人说话很直接或者很具针对性、一下子说到点子上时,我们也可以想象他使用词语就像我们平常使用工具一样,很冷静、不受感情因素干扰。

通过转喻机制,描述人的表现的形容词("犀利的言辞")也可以用来描写人本身聪明敏锐,或说话很直接的特点("犀利的人")。

(二) 接受者的角度

以此为依据发展出的引申义主要有以下几种:

1.(人、性格)粗鲁、暴躁;

2.(言词)使对方难受,粗鲁;

3.(目光)使对方难受,敌对;

4.(声音、光线、味道、口味儿)强烈,可能使接受者难受;

5.(风)凛冽;

6.(冷、寒冷)程度深/强度高;

7.(疼痛)突然、剧烈;

8.(疾病)严重,急性;

9.(感受)强烈;

10.(人际矛盾:冲突,争论,战斗)激烈;

11.(问题)急迫。

这一类引申义都描述人受到刺激或伤害的经验,在修饰一个人

---

① 汉语里"脑子快"这一说法情况不太一样,因为"快"最初不属于SHARP语义场。"脑子快"应该是从"速度快""反应快"这个意思发展出来的。不过这一说法的存在对我们的研究也很有价值,因为它可以证明"速度快"与"切的动作"这两个概念之间的关联。

或他的行为（性格、言词、目光、声音）时，形容给别人带来的消极感受。修饰人时，强调其粗鲁或过于严格的特点。

描述味道、声音、光线这类影响人身体的现象时，SHARP 经常产生“强烈”这个引申义。以声音为例，它不一定使人难受，有可能只是音强比较大，频率高（如法语的 aigu、汉语的“尖”、科米语的 jues' 等）。但 SHARP 的味道、声音或光线也有可能由于强烈而给人带来消极感受。

SHARP 的“风”给人带来的感觉是切割或刺他的皮肤①，这样的寒冷也直接影响到人的身体。

SHARP 的“疼痛”是很强烈并且很突然的生理感受，也可以引申为突然的、程度很深的心理感受。进一步抽象化后，SHARP 可以描写紧张、剧烈的人际矛盾或急迫的问题。

有趣的是，“点”和“线”框架的形容词在描写“疼痛”时，强调的方面不太一样：“点”框架强调疼痛剧烈，而“线”框架更强调“突然”的方面。这一区别在俄语里比较明显，因为俄语里这两个框架的形容词②都可以描述疼痛。试比较下面两个例子：

（28）Он хотел встать, но резкая боль в низу живота помешала ему.
On khotel vstat', no rezkaya（本义上描述“菜刀”类）bol'（疼痛）v nizu zhivota pomeshala emu.
他想站起来，但是腹部突然剧烈的疼痛阻止了他。

（29）Привезли больную с острыми болями в животе.
Privezli bol'nuyu s ostrymi（锋利）bolyami（疼痛）v zhivote
送来了肚子剧烈疼痛的女病人

这两个例句里 ostryi（“点”）和 rezkii（“线”）形容词不能替换。

---

① 汉语里“风”可以用“刺骨”来形容，跟“风”相关的动作“刮”也可以跟“菜刀”类的工具搭配。

② 俄语里 SHARP 语义场基础义上描写工具的只有一个形容词，但是在引申义上还使用一个形容词 rezkii。这个形容词来源于动词 rezat'（切），它已经失去的基础义应该属于“线”这个框架。

（三）视觉接受者的角度

以此为依据产生的引申义有以下几种，主要和速度快与界线清楚相关：

1.（动作、吸气）快、突然；

2.（跑步、节奏）快；

3.（拐弯）急；

4.（山坡）陡；

5.（转变、下降）快、突然；

6.（线、界线、照片）清晰；

7.（结论、解释、命令）明白清楚。

以视觉接受者为依据的引申义主要有与“线”框架相关的“速度快”。如果一把刀很锋利，用它来切东西就很利索，切东西的人动作看起来也比较迅速，所以在有的语言中“动作锋利”就意味着“动作快”。与动作快相关的引申义有很急的拐弯、很陡的山坡等，进一步引申可以描写快速突然的转变。

一把锋利的刀所留下的痕迹（即线条）一般是很清楚的，因此“锋利”又引申出清晰的界线或线条义。清晰的线条又是清晰照片的重要部分，所以通过部分—整体转喻，“锋利”也可以指称清晰的照片。清晰的照片给人带来一目了然的感觉，因此“锋利”通过引申的机制进一步引申出清楚明白的说法或命令义。

2.1.3.2　SHARP 语义场引申义的界定

SHARP 语义场引申义的界定标准如下：

1. 有的词语在共时层面已经失去了基础义用法。虽然通过考察历史资料、探讨这些词语的来源，我们可以把其基础义用法构拟出来，但是在这样假设时，我们应该保持谨慎的态度。

当我们能够通过词典和语料库确定所研究词语的搭配限制时，在语义地图上用虚线表示（如英文的 keen 和 acute）。如果在现代语言中所研究词语的基础义用法无法确定，本书将不做重点介绍（如俄文的 rezkii)。

2. 本义不属于该语义场而后来进入的成员(如汉语的“快”),其引申义往往与所考察的语义场无关。其原因在于引申义并不是在共时层面上产生的,常常代表更早的语言面貌。(Maisak & Rakhilina 2007)为了排除这方面的干扰,本书考察引申义时不考虑本义不属于该语义场的词。

3. 有的语言用一个词来表示几个基础义框架,这种情况下不易确定引申义的来源。为了建立基础义和引申义之间的关联,我们需要参考有专门的词来表达基础义框架的语言。

4. 不同框架(尤其是“菜刀”类和“矛”类)发展出来的引申义有时候很接近。其原因在于这两个框架里的形容词基础义都可用来形容锋利的工具,功能比较相近,都具有“使用者的角度”和“接受者的角度”这两个引申依据,所以很自然地就会发展出相同的引申义。

2.1.3.3 英语 SHARP 语义场的引申义

本节讨论英语 SHARP 语义场的引申义,下面分别介绍以使用者的角度、接受者的角度以及视觉接受者为依据的引申义。

(一) 使用者的角度

以使用者的角度为引申依据,英语的 SHARP 语义场的引申义可以分为以下几种:

1. (眼睛、耳朵、视觉、听觉、记忆力)好

(30) Owl is a hunter, the eagle of the night, with silent flight and sharp sight.

猫头鹰是猎手,是夜之鹰,飞行无声,视觉敏锐。

(31) Some people suffer from exactly the opposite, an extremely acute sense of smell, and find certain smells — and not just bad smells — quite disturbing.

有些人恰恰相反,因为拥有敏锐的嗅觉会觉得某些特定的气味

(不仅仅是难闻的气味)令人相当烦恼。

(32) Vultures are known for their extremely keen eyesight.
秃鹰以其极为敏锐的视力而闻名。

(33) I have a very keen sense of smell.
我嗅觉非常敏锐。

2.(目光)分析能力高

(34) Possessing a sharp eye for capturing a genuine nature that brings out the honesty in his subjects, Mark was an ideal director.
马克拥有捕捉呈现其主题真正本质的敏锐的眼光,他是一个理想的导演。

(35) The Agency keeps a sharp eye on sales of arms abroad.
该机构对海外武器销售保持敏锐的关注。

3.(头脑)灵活敏锐

(36) Even at the age of 12 Hertzel had a sharp brain and a ready answer to all emergencies.
甚至在12岁时,赫茨尔就拥有敏锐的头脑,对所有紧急情况能给出现成答案。

(37) Some of these kids are pretty sharp when it comes to maths.
当涉及数学时,有些孩子表现得相当聪明。

(38) 100 years old, but Dora still has a razor-sharp wit.
尽管已经100岁,多拉仍旧拥有敏锐的智慧。

(39) His relaxed exterior hides an extremely acute mind.
他轻松的外表下隐藏着极其敏锐的头脑。

(40) Joseph Wilson will later describe him as having a keen mind and a profound understanding of the issues.
约瑟夫·威尔逊随后将描述他具有敏锐的头脑以及对问题的深刻认识。

(41) He is a keen boy.
他是一个聪明的(敏锐的,头脑灵活)男孩。

（二）接受者的角度

以接受者的角度为引申依据，英语的 SHARP 语义场的引申义可以分为以下几种：

1.（人、性格）粗鲁、暴躁

(42) How do I improve my sharp temper?
怎样才能改掉我急躁的脾气？

2.（言词）使对方难受，粗鲁

(43) Sharp words were exchanged.
双方交换了犀利的言语。

(44) Human attacks can be very personal and pointed.
人类的攻击可能是非常针对个人的、尖锐的。

3.（声音、光线、味道、口味儿）强烈的，可能使接受者难受

(45) I heard a sharp crack of gunfire.
我听到一声尖锐的枪响。

(46) How to make a sharp note on a guitar?
怎样在吉他上弹出高音符(带升记号的音符，较高)？

(47) What makes sharp cheddar cheese sharp?
什么使得切达奶酪味道辛辣？

(48) Acute sound is coming from my headphones.
我的耳机里正传来尖锐的声音。

(49) Second, I've seen Emir Hot and others guitarists do an acute note on a "grave" cord.
第二，我看到埃米尔·号特和其他吉他手用低音弦演奏了高音符。

4.（风）凛冽

(50) The keen wind gave me chapped lips.
刺骨的风吹得我嘴唇干裂。

5. (冷、寒冷)程度深/强度高

(51) Dry, clear and cold across most areas with a widespread and sharp frost tonight.
大部分地区干燥、晴朗、寒冷,今晚将出现大范围的严寒。

6. (疼痛)突然、剧烈

(52) My jaw gets sharp pains, usually at night.
我的下巴通常在晚上会出现剧烈的疼痛。

(53) Safe and effective management of acute dental pain can be accomplished with nonopioid analgesics.
处理剧烈牙痛安全有效的办法是吃非阿片类镇痛药。

(54) Currently both patients are hospitalized with acute disease.
目前两位患者皆因急性病住院。

7. (感受)强烈

(55) There was just nothing to do and the choristers suffered from acute boredom.
没有什么事情可做,唱诗班感到非常无聊。

在现代英语中,keen 的主要用法是"很积极的""热心的""渴望的",这个引申义与"强烈的感受"关系密切:

(56) Ben has a keen interest in the social and cultural consequences of technology and their use in contemporary society.
本对技术及其在当代社会的使用产生的社会和文化影响有强烈的兴趣。

(57) He's a keen chess player.
他是一个狂热的棋手。

在表"渴望"时 keen 可以带宾语:

(58) The government is keen to avoid further conflict with Russia.
政府渴望避免与俄国的进一步冲突。

(59) The captain wasn't keen on having him in the team.
队长不是很热衷让他在队中。

8.(人际矛盾:矛盾、争论、战斗)剧烈

(60) Moreover, there is as yet no evidence of total collapse or sharp conflicts among communities.
另外,目前还没有完全崩溃和群体之间存在尖锐矛盾的证据。

最后要提到 sharp 的一个比较特殊的引申义,即"时髦"义:

(61) Russell Crowe looks svelte in this sharp suit — and shaves 10 years off his age!
罗素克洛穿着这件时髦的西服看起来很苗条——好像年轻了10岁!

我们认为,这个引申义的依据可能跟使用者的角度相关:时髦的衣服更容易使人产生深刻的印象,可以想象成有效的工具。

(三)视觉接受者的角度

以视觉接受的角度为引申依据,英语的 SHARP 语义场的引申义可以分为以下几种:

1.(动作、吸气)快、突然

(62) With a sense of trepidation Harry reached out to pick it up, his feeling was not helped by Hermione who took a sharp breath as he placed his fingers around it.
哈利提心吊胆地伸手把它捡起来,当他的手指触到它时,因赫敏突然的吸气而感到更加紧张。

2.(拐弯)急

(63) The obvious solution, of course, would be a sharp turn to the left.
当然,明显的解决办法是向左边急转弯。

3. (转变、下降)快、突然

(64) I hope we aren't gonna see a sharp rise in malaria mortality in the coming months.

我希望在未来几个月内我们不会看到疟疾死亡率的急剧增加。

4. (线、界线、照片)清晰

(65) The transmitter is equipped with a cylindrical lens that enables sharp-line beams.

发射器配备一个能够产生锐线光源的柱面透镜。

(66) Of course, it's sometimes hard to draw a sharp line between form and function.

当然,在形式和功能之间画一条清晰的界限有时是有困难的。

(67) A nice sharp picture and good colors, with very good sound that is always distinguishable, makes for a great view of these classic TV programs.

一个优质清晰的画面及靓丽的色彩,加上能够清晰分辨的声音,促成了这些经典电视节目的极好视点。

(68) One of the hardest things in photography is to get razor-sharp images.

摄影中最难的事情之一就是获得清晰的图像。

2.1.3.4 俄语 SHARP 语义场的引申义

在讨论俄语引申义时,我们会分析 ostryi 和 rezkii 两个词。虽然 rezkii 来源于动词 rezat'"切",但在现代俄语中,它已经失去跟"菜刀"框架相关的基础义用法。因此,下面我们只阐述它的引申义。

(一) 使用者角度

以使用者的角度为引申依据,俄语的 SHARP 语义场的引申义可以分为以下几种:

1. (眼睛、耳朵、视觉、听觉、记忆力)好

(69) Обладая чутким слухом и острым зрением, жираф замечает

врагов на большом расстоянии... (Ruscorpora)

Obladaya chutkim slukhom i ostrym(锋利) zreniem(视觉), zhiraf zamechaet vragov na bol' shom rasstoyanii...

因为具有灵敏的听觉和敏锐的视觉,长颈鹿会发现距离很远的敌人。

2.(头脑)灵活敏锐

(70) Лучше всех это удалось одному физику, известному своим острым умом и своеобразностью мышления. (Ruscorpora)

Luchshe vsekh eto udalos' odnomu fiziku, izvestnomu svoim ostrym(锋利) umom(头脑) i svoeobraznost' yu myshleniya.

最成功的是一个以灵活的头脑和思维的独特性而闻名的物理学家。

3.(目光)分析能力高

(71) Его настроение не укрылось от острого взгляда старухи Спасовой. (Ruscorpora)

Ego nastroenie ne ukrylos' ot ostrogo(锋利) vzglyada(目光) starukhi Spasovoi.

他的情绪没有逃过斯巴索娃老太太的犀利目光。

4.(言词)正确、具有针对性

(72) Острыми высказываниями, своеобразным (нередко черным) юмором он по сей день озадачивает одних и навсегда влюбляет в себя других. (Ruscorpora)

Ostrymi(锋利) vyskazyvaniyami(言语), svoeobraznym (neredko chernym) yumorom on po sei den' ozadachivaet odnikh i navsegda vlyublyaet v sebya drugikh.

因为犀利的言语、独特的幽默(常常是黑色幽默),他到现在还使一些人感到困惑,但另一些人永远喜欢他。

5.(人)聪明,说话很直接

(73) Неожиданная и довольно загадочная смерть пятидесятитрехлетнего заместителя председателя комитета Госдумы России по безопасности, руководителя отдела «Новой газеты», известного правозащитника, одного из самых смелых и острых журналистов. (Ruscorpora)

Neozhidannaya i dovol' no zagadochnaya smert' pyatidesyatitre-khletnego zamestitelya predsedatelya komiteta Gosdumy Rossii po bezopasnosti, rukovoditelya otdela « Novoi gazety », izvestnogo pravozashchitnika, odnogo iz samykh smelykh i ostrykh(锋利) zhurnalistov(记者).

53 岁的俄罗斯杜马安全委员会副主席,《新报》支部部长,著名人权捍卫者,最勇敢和敏锐的记者之一的突然且神秘的死亡。

(二)接受者的角度

以接受者的角度为引申依据,俄语的 SHARP 语义场的引申义可以分为以下几种:

1.(人、性格)粗鲁、暴躁

(74) Великий философ Аристотель в жизни был малоприятным и резким человеком.

Velikii filosof Aristotel' v zhizni byl malopriyatnym i rezkim(本义上描述"菜刀"类)chelovekom(人).(Ruscorpora)

伟大的哲学家亚里士多德在日常生活中是不好相处、暴躁的人。

2.(言词)使对方难受,粗鲁

(75) Когда резкие слова произносят громко, это значит, что их говорят сгоряча. (Ruscorpora)

Kogda rezkie(本义上描述"菜刀"类)slova(话)proiznosyat gromko, eto znachit, chto ikh govoryat sgoryacha.

当尖刻的话是大声说出来时,这意味着是情急而说的气话。

3.(声音、光线、味道、口味儿)强烈的,使接受者难受

(76) Там не смолкали крики, ругань, острые вопли, звериный вой.

(Ruscorpora)

Tam ne smolkali kriki, rugan', ostrye(锋利)vopli(号叫声), zverinyi voi.

那里的叫喊声、责骂声、刺耳的号叫声和动物嗥叫声不绝于耳。

(77) Воздух здесь совсем иной, и тишина стоит замечательная, никаких посторонних, резких звуков: не шумят машины, не орут дети, не пристают бомжи...(Ruscorpora)

Vozdukh zdes' sovsem inoi, i tishina stoit zamechatel' naya, nikakikh postoronnikh, rezkikh(本义上描述"菜刀"类)zvukov(声音): ne shumyat mashiny, ne orut deti, ne pristayut bomzhi...

这里完全是另一种空气,并且很安静,没有不相干的刺耳的声音:没有汽车的嘈杂、孩子的喊叫、乞丐的纠缠……

(78) Кроме того, нектар делают из плодов и ягод, чей сок обладает таким невозможно резким вкусом (гранат, вишня, черная смородина, ананас), что приходится разбавлять и подслащивать его. (Ruscorpora)

Krome togo, nektar delayut iz plodov i yagod, chei sok obladaet takim nevozmozhno rezkim(本义上描述"菜刀"类)vkusom(味道)(granat, vishnya, chernaya smorodina, ananas), chto prikhoditsya razbavlyat' i podslashchivat' ego.

除此之外,味道很重的果实和野果(如石榴、樱桃、黑茶藨和菠萝)不得不加水加糖做果汁饮料。

4. (风)凛冽

(79) Резкий ветер налетал то с одной стороны, то с другой, швырялся пучками опавших листьев и каплями дождя. (Ruscorpora)

Rezkii(本义上描述"菜刀"类)veter(风)naletal to s odnoi storony, to s drugoi, shvyryalsya puchkami opavshikh list' ev i kaplyami dozhdya.

凛冽的风有时候从这边吹来,有时候从那边吹来,吹动了一堆一堆的落叶和一滴一滴的雨。

5.(疼痛)突然、剧烈

(80) Королев съежился и, мотнув мешком, ускорил шаг, предвкушая острую боль в лодыжке.(Ruscorpora)

Korolev s"ezhilsya i, motnuv meshkom, uskoril shag, predvkushaya ostruyu(锋利)bol'(疼痛)v lodyzhke.

卡洛廖夫佝偻着身子,晃了一下编织袋,加快了脚步,预感到脚踝上将产生剧烈的疼痛。

(81) Он хотел встать, но резкая боль в низу живота помешала ему.(Ruscorpora)

On khotel vstat', no rezkaya(本义上描述"菜刀"类)bol'(疼痛)v nizu zhivota pomeshala emu.

他想站起来,但是腹部突然剧烈的疼痛阻止了他。

6.(疾病)严重、急性

(82) Возникший острый бронхит с легкостью мог перерасти в воспаление легких...(Ruscorpora)

Voznikshii ostryi(锋利)bronkhit(支气管炎)s legkost' yu mog pererasti v vospalenie legkikh...

急性支气管炎很容易发展成肺炎……

7.(感受)强烈

(83) Бенуа Мажимель монотонен, его попытки танцевать вызывают острую жалость.(Ruscorpora)

Benua Mazhimel' monotonen, ego popytki tantsevat' vyzyvayut ostruyu(锋利) zhalost'(可怜).

别努阿·马日梅里呆板无趣,他跳舞的尝试显得极其可怜。

(84) Резкое раздражение реклама вызывает у 26% мужчин и лишь у 16% женщин.(Ruscorpora)

Rezkoe(本义上描述"菜刀"类)razdrazhenie(反感)reklama

vyzyvaet u 26% muzhchin i lish' u 16% zhenshchin.

广告引起26%的男性的强烈反感，而只引起16%的女性的反感。

8.（人际矛盾：矛盾、争论、战斗）剧烈

（85）Началась острая дискуссия между сторонниками и противниками гипотезы о выделении меди из алюминия при естественном старении.（Ruscorpora）

Nachalas' ostraya（锋利）diskussiya（辩论）mezhdu storonnikami i protivnikami gipotezy o vydelenii medi iz alyuminiya pri estestvennom starenii.

支持者和反对者就自然老化过程中从铝分解出铜的假说展开了激烈的辩论。

（三）视觉接受者的角度

以视觉接受者的角度为引申依据，俄语的SHARP语义场的引申义可以分为以下几种：

1.（动作、吸气）快、突然

（86）А твоё тело тем временем постепенно будет становиться пластичным и гибким. И никаких резких движений!（Ruscorpora）

A tvoe telo tem vremenem postepenno budet stanovit' sya plastichnym i gibkim. I nikakikh rezkikh（本义上描述"菜刀"类）dvizhenii（动作）!

这时你的身体会逐渐变得柔软和灵活。不要做剧烈动作！

2.（拐弯）急

（87）Только эффектные столбы снега вздымались в воздух при резком повороте.

Tol' ko effektnye stolby snega vzdymalis' v vozdukh pri rezkom（本义上描述"菜刀"类）povorote（转弯）.（Ruscorpora）

在急转弯时只见雪花飞扬到空中，形成宏丽的雪柱。

3. (山坡)陡

(88) Обрыв резкий, под ним протекает бурная река. (Ruscorpora)
Obryv(断崖)rezkii(本义上描述"菜刀"类), pod nim protekaet burnaya reka.
断崖陡峭,下面是一条水流湍急的河流。

4. (转变、下降)快、突然

(89) Высокие цены спровоцировали резкий рост экспорта так называемых светлых нефтепродуктов. (Ruscorpora)
Vysokie tseny sprovotsirovali rezkii(本义上描述"菜刀"类)rost(增长)eksporta tak nazyvaemykh svetlykh nefteproduktov.
高价格引起所谓精炼油产品出口的急剧增长。

5. (线、界线、照片)清晰

(90) А это что? Какая странная извилистая резкая линия! Очертания берега Балтийского моря...(Ruscorpora)
A eto chto? Kakaya strannaya izvilistaya rezkaya(本义上描述"菜刀"类)liniya(线条)! Ochertaniya berega Baltiiskogo morya...
这是什么呢? 多么奇特弯曲而清晰的线条啊! 波罗的海海岸线的线条……

(91) Теряется резкая граница между сознанием и подсознанием, исчезают ограничения, наложенные на личность ее «заезженной» ролью. (Ruscorpora)
Teryaetsya rezkaya(本义上描述"菜刀"类)granitsa(界线) mezhdu soznaniem i podsoznaniem, ischezayut ogranicheniya, nalozhennye na lichnost' ee «zaezzhennoi» rol' yu.
意识和下意识之间的清晰界线会消失,经常扮演的角色对个性的限制也会消失。

2.1.3.5　汉语 SHARP 语义场的引申义

本节讨论汉语 SHARP 语义场的引申义,下面分别介绍以使用者的角度、接受者的角度以及视觉接受者为依据的引申义。

（一）使用者的角度

以使用者的角度为引申依据，汉语 SHARP 语义场的引申义可以分为以下几种：

1.（眼睛、耳朵、视觉、听觉、记忆力）好

（92）眼睛很尖，什么都看得很清楚。（inf）

（93）耳朵很尖，这么细微的声音都听到了。（inf）

（94）妹妹的鼻子好尖，在很远的地方就能闻到妈妈做的饭。（inf）

2.（目光）分析能力高

（95）毛泽东生前评价陈云：公道、能干，比较稳当，看问题有眼光、尖锐，能抓到要点。（CCL）

（96）他的眼光非常尖利，一眼就看出对方的畏怯。（《现汉》）

（97）这要感谢有见地的老师的锐利眼光，那眼光能穿透璞石，看到里面的宝玉。（Leeds）

3.（头脑）灵活敏锐

汉语北方方言中，“尖”还常常用来表示一个人“狡猾、精明”。与英语和俄语的例子不同的是，这个用法略带贬义。如东北官话说“这个人待人处世很尖”（李荣 2002：1872）意思是说这个人很处世很圆滑。

4.（言词）正确、具有针对性

（98）他的话冷静而尖锐，一下子就刺入了问题的中心。（CCL）

（99）我觉得杂文是可以谑而不谑，是可以尖锐而不刻薄，是可以同时针砭现实，但是又有历史的纵深，这是我自己对最好的杂文的要求。（CCL）

（二）接受者的角度

以接受者的角度为引申依据，汉语 SHARP 语义场的引申义可以分为以下几种：

1.(言词)使对方难受,粗鲁

(100) 他嘴尖,说话不留情面。(《现汉》)
(101) 他说话很尖锐。(说话直接,可能伤害到对方,不顾及情面)(inf)
(102) 这几句话说得冷峻尖利,蕴蓄着怒火。(CCL)

2.(目光)使对方难受、敌对的

(103) 他被他的尖锐、凶狠、明察的目光震慑住了。(CCL)
(104) 走进这个地方的时候,他们也会射来刺人的尖利目光,对于他们来说,刑警是决不能和睦相处的敌人。(CCL)
(105) 王华欣看着呼国庆,那目光像刀刃一样,十分锋利。(CCL)

3.(声音、光线、味道、口味儿)强烈的,可能使接受者难受

(106) 女孩子声音比较尖。(inf)
(107) 他不理我,却用刺耳的尖嗓门对他姐姐说……(Leeds)
(108) 卖猪的场上,他们把小猪崽的耳朵提起来给买主看时,那种尖锐的嘶喊声,使人听来不愉快至于牙齿根也发酸。(CCL)
(109) 她说的话比她的冷笑声更尖锐、更刺耳,她甚至还在拍手。(CCL)
(110) 寒风尖利地呼啸着。(CCL)

4.(疼痛)突然、剧烈

(111) 尖锐、剧烈的疼痛刺进她的指甲。(CCL)

5.(人际矛盾:矛盾、争论、战斗)剧烈

(112) 我国的意识形态领域必将面临着长期尖锐、艰巨的斗争。(百度)
(113) 随着其统治地区的扩大,由于社会政治制度和经济制度的差异,不能不发生尖锐的社会矛盾。(CCL)
(114) 就恰恰在这一个问题上,发生了尖锐的分歧。(CCL)

(三)视觉接受者的角度

汉语里以“视觉接受的角度”为引申依据的用法不太发达。有意

思的是，虽然汉语中没有“（线条）清晰”这样的引申义，但是在中文版的 Photoshop 软件中，“使图片的线条更清晰”这个功能仍然采用“锐化”这一术语，这种英译借词并不是汉语的自然表达方式。

“快”这个词本义上不属于 SHARP 语义场。从严格意义上来讲，它的引申义也不能算作该语义场的引申义。但是由于后来“快”进入了 SHARP 语义场并与“尖”形成了非常符合词汇类型学预测的对立，我们认为“快”这个词对我们的研究也很有价值，可以作为“速度快”与“切的动作”具有相关性的旁证。

“快”原指一种心理活动，《说文·心部》：“快，喜也。”大约在西汉，“快”除沿用旧义外，开始有了“急速”的意思，又写作“駃”。（汪维辉，2000：358－359）根据《汉语大词典》给出的最早例证（杜甫《戏题王宰画山水图歌》：“焉得并州快剪刀，剪取吴松半江水。”），“快”的锋利义在唐代已产生。我们认为，“快”的锋利义来源于它的急速义。理由如下：

1）平行例证。古汉语词汇系统中，SHARP 语义场的词大多有急速义。如“锐”，既有锋利义，如“长其尾而锐其剽者邪”（《荀子·赋》）；又有快速义，如“其进锐者，其退速”（《孟子·尽心上》）。“利”也如此，有锋利义，如“木受绳则直，金就砺则利”（《荀子·劝学》）；疾、迅猛义，如“轻土多利，重土多迟”（《淮南子·地形训》）。

2）类型学证据。根据世界语言同词化在线数据库（以下简称 CLICS）提供的数据，“速度快”与“锋利”两个义项经常会用一个词表示，共发现 4 种语言发生这种同词化，即汉语的“快”、汉特语的 pasti、Tuamotuan 语（南岛语系）的 koi、旁遮普语的 tēza。

跨语言数据显示，“切”的动作是发展出“速度快”义的重要来源域之一。（Rakhilina & Plungian 2012）除此之外，“跑”“骑马”“抓”“坠落”义也属于“速度快”的来源域。

2.1.4　小结

对 SHARP 语义场的考察揭示了形容词的基础义可以分为不同

的框架，这些框架具有跨语言的普遍性，在英语、汉语、俄语及本节提到的其他语言中都有体现。由此可以看出，即使不同语言会采取不同的词化策略，但背后存在着相同的控制参数，具有较强的规律性。

通过对大量语料的分析，我们试图解释 SHARP 语义场中形容词引申义的发展机制，并揭示其跨语言的普遍性。这种普遍性主要与两方面因素相关：一是基础义和引申义的关联，不同基础义框架的引申义不尽相同；二是由人类思维方式决定的引申依据的普遍性。且由于 SHARP 语义场中多数的基础义框架都与人所使用的工具相关，第二方面的因素显得比较突出。

本节分析的三种引申依据都与人和工具的互动相关，分别是从使用者的角度、接受者的角度及视觉接受者(旁观者)的角度来分析的。使用者角度产生的引申义往往是积极的，原因在于锋利的工具给使用者提供便利，达到了使用目的，对使用工具的主体而言，心情是愉悦的，由此会产生积极的联想。接受者的角度与此相反，描述的是人因为不小心或者别的原因在自己身上感受到锋利工具的作用。这种经历往往是很痛苦的，与此相关的联想必然会具有消极的色彩。事实上，形容工具的词语都有可能从使用者或接受者这两个的角度产生不同方向的引申义。

旁观者角度发展出的引申义比较特殊，与使用锋利工具过程的意象图式相关，主要有“速度快”和“线条清晰”两个引申方向。前者与工具切东西这一动作看上去利索、迅速的特点相关，后者则与工具切割时留下的痕迹(即清楚的线条)相关。由于这种情况不直接影响到人的身体，所以从旁观者的角度发展出来的引申义是中性的。

2.2 BLUNT 语义场的分析

2.2.1 相关参数

BLUNT 和 SHARP 语义场的词属于反义词，可能会给人带来二者内部结构对称的错觉，但跨语言数据显示，它们的内部结构并不对称，BLUNT 语义场的内部组织相对来说要简单很多(Kyuseva 2012：49)。这种不对称现象表现在几个方面。

首先，覆盖 BLUNT 语义场的词数量少于 SHARP 语义场。如，德语中 SHARP 语义场有 scharf 和 spitz 两个词，而 BLUNT 语义场只有 stumpf 一个词。这种 2∶1 比例也出现在马来西亚语(tajam，runcing-tumpul)、卡拉丹语(lĭ̋ë̋ë，zű̆ɛ̋ɛ̈ —së̀sü̆)、日语(surudoi，togatta-nibui)中。意大利语有五个词属于 SHARP 语义场(affilato、tagliente、appuntito、pungente、aguzzo)，而它们的反义词只有两个(smussato、spuntato)，法语很少用“钝”这个词(通常说“这把刀不切”)，而属于 SHARP 语义场的词有三个常用词(aigu、pointu、tranchant)。

其次，在我们所调查的语言中，BLUNT 语义场的词的数量皆不超过两个。科米语的 ныж、тупш 和芬兰语的 tylsä、tylppa 都可以用参数“点与线”来区分。Ныж 和 tylsä 描述“钝的”切割工具，而 тупш 和 tylppa 描写“钝的”刺穿工具。因此，BLUNT 语义场的语义地图只包含两个框架，分别是“菜刀”类和“矛”类。

虽然我们语言样本中的部分形容词可以描述物体的形状，但与 SHARP 语义场不同，此框架(“鼻子”类)不能看作是 BLUNT 语义场的基础义用法。其主要的原因在于 SHARP 语义场有许多形容词专门描写“尖形的”物体(例如，法语的形容词 pointu“尖头的”来源于名词 pointe“尖儿、点”，汉语的“尖”词义特征也可以从“尖”字的造字理据中得到反映①)，而 BLUNT 语义场没有一个形容词专门表示非尖形的形状。与“尖形”相对的往往是“圆形”或者“方形”，但是这些词语不能进入 BLUNT 语义场，因为它们所表示的语义形成了另外的一套系统，和 SHARP 与 BLUNT 无关。(Kyuseva 2012)

---

① 下大上小为“尖”(“尖”本用“鑯”字表示，“尖”字后起)。(裘锡圭 1988：130)

此外还有搭配能力的不对称性。在描述自然物时，SHARP 和 BLUNT 的用法也是不对称的：很多可以用 SHARP 描述的自然物不能被 BLUNT 修饰。如表 2－1：

表 2－1　俄语 SHARP 与 BLUNT 语义场词语搭配限制的对比

ostrye bivni	锋利的象牙	?tupye bivni	？钝的象牙
ostrye kleshni	锋利的蟹钳	?tupye kleshni	？钝的蟹钳
ostrye kogti	锋利的爪子	?tupye kogti	？钝的爪子
ostrye igolki	锋利的刺儿	?tupye igolki	？钝的刺儿

原因在于 BLUNT 的次级性[①]：SHARP 的基础义是描述使用起来方便的刺穿或切割的工具，而工具的钝性是使用后导致的后果，属于非正常状态。因此，人造工具可以用 BLUNT 语义场的形容词描述，而那些锋利的自然物(牙齿、叶子、鱼刺)一般不受 BLUNT 语义场的形容词修饰。

2.2.2　基础义语义地图的构建

通过分析语言数据，我们总结出来的语义地图包含两个框架，分别是“菜刀”类和“矛”类，如图 2－9：

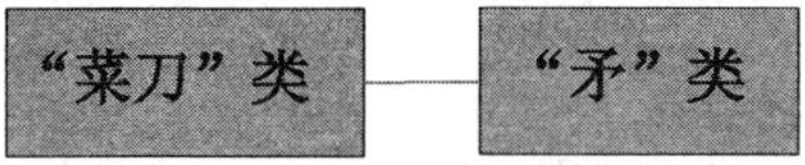

图 2－9　BLUNT 语义场语义地图

2.2.2.1　英语 BLUNT 语义场语义地图

英语 BLUNT 语义场包含两个词，分别是 dull 和 blunt。这两个词在英式英语和美式英语中用法不同。美式英语使用两个词，由

① 意即该特征不是绝对的，工具“锋利”的特征是初始的，锋利的工具变钝了之后才出现“钝”的现象。

“点”和“线”的参数区分：dull 描述用来切割的工具，而 blunt 只能形容用来穿刺的工具。英式英语中 dull 不具有基础义用法，两个框架由 blunt 覆盖(详见图 2-10)。

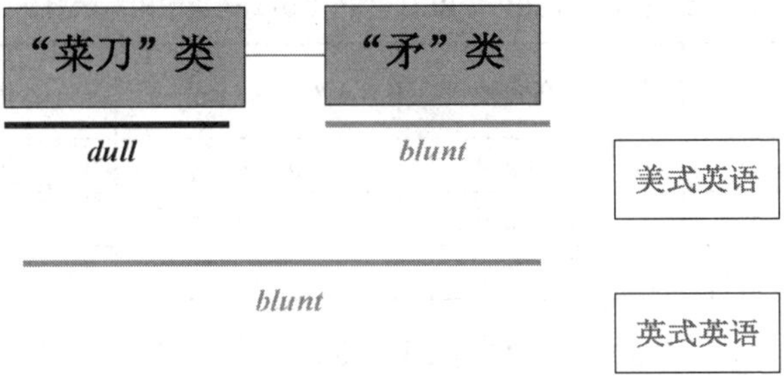

图 2-10 英语 BLUNT 语义场语义地图

广义上(英式英语用法)blunt 可以形容不锋利的、钝的切割和刺穿工具：

(115) a blunt pencil
一支秃头铅笔

(116) The sword is blunt.
这剑钝了。

Blunt 也有使动用法，表示“使变钝”的意思：

(117) If you cut a frozen meat with a knife, you'll blunt its edge.
用刀砍冻肉，会使刀锋变钝的。

Dull 只能形容不锋利的用来切割的工具(美式英语)：

(118) This pair of scissors is too dull.
这把剪刀太钝了。

2.2.2.2 俄语 BLUNT 语义场语义地图

俄语中 ostryi 的反义词是 tupoi，它能够覆盖语义地图上的所有框架。

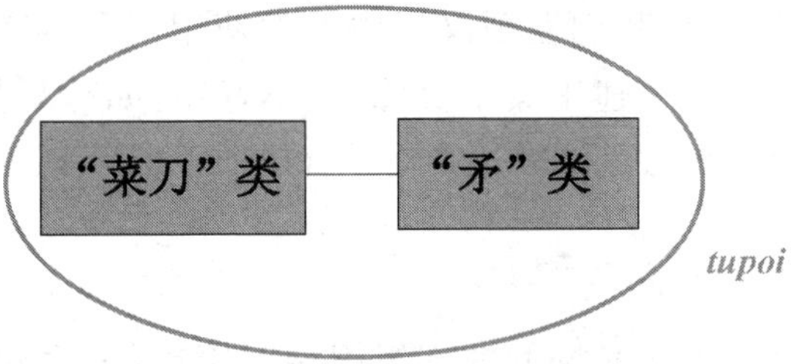

图 2-11　俄语 BLUNT 语义场语义地图

俄语具体例句如下：

(119) tupoi <u>nozh</u>(刀)　　　　钝<u>刀</u>

(120) tupoe <u>kop' e</u>(矛)　　　　钝<u>矛</u>

2.2.2.3　汉语 BLUNT 语义场语义地图

BLUNT 语义场相对于 SHARP 语义场的次级性可以通过汉语语料得到很好地证明。在描写 SHARP 语义场时，我们分析了六个词，而 BLUNT 语义场只包含“钝”一个词，如图 2-12。

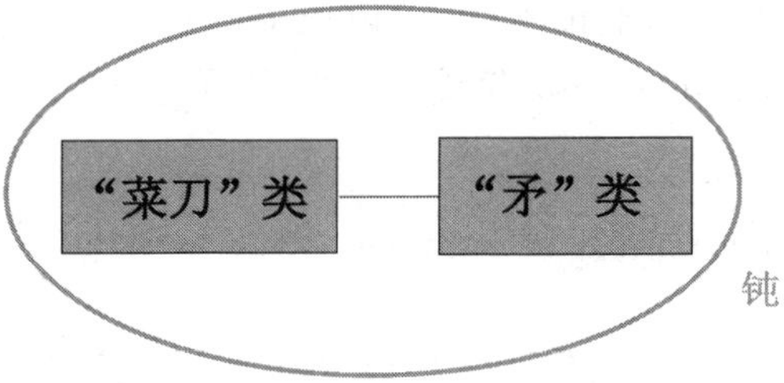

图 2-12　汉语 BLUNT 语义场语义地图

由于 BLUNT 语义场的形容词经常表示工具使用后导致的后果，所以汉语中“钝”常常处于谓语位置，后边常加上体标记“了”。

(121) 钝<u>刀</u>

(122) <u>针尖</u>很钝，针尾裂口，基本属于无用针。(百度)

(123) 我有一把<u>刀</u>钝了……(百度)

(124) <u>针灸针</u>钝了用什么磨啊？(百度)

值得指出的是，我们发现汉语中经常使用与BLUNT语义场不直接相关的词语来描述工具不够锋利、不好用，如“刀刃都锈了”“笔尖秃了”，等等。更常见的表达策略是直接加否定标记，如“不快”。

2.2.3 引申义

由于BLUNT语义场的内部组织相对简单，下面我们直接列出在跨语言中发现的常见引申义(Kyuseva 2012：51－53)：

1. (脑子、五官)不好使、迟钝、呆、傻

在基础义用法上，BLUNT语义场的词表示刺穿或切割工具不好使，而脑子和五官经常被当作分析工具，因此BLUNT语义场的自然的引申义是“脑子、五官不好使”。这个义项通过转喻机制又可以表示说话没有意义、眼光不敏锐、人没有能力等语义。

这个引申义与SHARP语义场的“(眼睛、耳朵、视觉、听觉、记忆力)好”“(目光)分析能力高”“(头脑)灵活敏锐”等引申义的重要区别在于其表示的属性往往不是永久的而是临时获得的。由于BLUNT语义场基础义上表示不正常的、可以改变的状态，因此“头脑或五官不好使”也经常表示因为疲劳或其他原因而造成的临时状态。如德语的例句：

(125) Der ständige Lärm hat uns stumpf gemacht, wir hören ihn nicht mehr.
持续的噪音使我们变聋了(字面义为“使我们变钝了”)，我们已经听不见它。

俄语和塞尔维亚语中，可以用与BLUNT相关的otupet'和otupeti动词(字面义为“变钝”)表示大脑的工作效率临时下降。

2. (物体)非尖形

因为描述形状的用法不能被看作是BLUNT语义场的基础义用法，所以我们把个别的例句看作是引申义的用法，即SHARP与BLUNT语义场引申义平行发展的结果。跨语言数据显示，在形状意

义上，BLUNT 形容词主要修饰身体部位（下巴、动物的嘴巴）或个别人造物（鞋头）。

3. (声音、颜色、光线、天气)沉闷、阴沉、不鲜明、暗

这一组都表达程度低、不强烈、给人带来不愉快感受的意思，可以看作是与 SHARP 语义场的（声音、光线、味道、口味儿）“强烈的，可能让接受者感到不舒服”相对应的义项。

4. 慢、迟钝

这个义项可以被看作 SHARP 语义场从视觉接受者角度引申出的“速度快”的反义义项。

5. (疼痛、感情)长期的、隐约的、不剧烈

这个义项可以被看作 SHARP 语义场的“(疼痛)突然、剧烈”的反义义项。

SHARP 与 BLUNT 语义场存在一些引申义上的对称，但也存在不对称的情况。试比较表 2－2 俄语的例子：

表 2－2　俄语 SHARP 与 BLUNT 语义场词语引申义的对比

俄语 SHARP		俄语 BLUNT	
ostraya nekhvatka	严重缺乏	* tupaya nekhvatka	* 轻微的缺乏
ostraya gorchitsa	辣的芥末	* tupaya gorchitsa	* 不辣的芥末
ostroe vospalenie	急性发炎	* tupoe vospalenie	* 慢性发炎
* ostryi chelovek	* 聪明的人	tupoi chelovek	脑筋迟钝的人
* ostroe razglyadyvanie vitrin	* 有意地盯着展示柜	tupoe razglyadyvanie vitrin	呆滞地盯着展示柜

2.2.3.1　英语 BLUNT 语义场的引申义

英语中 blunt 的引申义系统比较简单，只能表示以上所讨论的引申义中“(脑子、五官)不好使的”的意思：

(126) Too much alcohol makes your senses blunt.
喝酒太多会使你感觉迟钝。

Blunt 的使动用法“使变钝”也可以在引申义上使用，表示“减弱”

的意思：

(127) blunt sb.'s enthusiasm(Longman)
减弱某人的热情

(128) His indifference has made him blunt about the things around. (Longman)
他的无所谓使他对事物的感情漠然无知。

比较有趣的用法是 blunt 在英语里，既可以描述人直率，又可以描述一个人的说话方式直率、干脆：

(129) a blunt man (Longman)
一个直率的人

这个引申义上 blunt 也可以进入固定搭配 to speak bluntly/let's be blunt/to be blunt(直截了当地说)①：

(130) To speak bluntly, you are sure to fail. (Longman)
直截了当地说，你肯定会失败。

Dull 的引申义更丰富。这可能是因为这个词在英式英语只有引申义，不能在基础义用法上使用。Dull 的主要引申义有以下几种：

1. (脑子、五官)不好使、迟钝、呆、傻

(131) The old man is dull of hearing.
那位老人听力不佳。

(132) Here's a few tips to help you sharpen your dull wit.
这儿有一些小贴士有助于改善你迟钝的智慧(愚昧)。

脑子、五官与人的关系是"部分—整体"关系，通过转喻机制 dull 也可以描述人或他的表现：

---

① 在表达"明确、不含糊、不留情"这种说话方式时，汉语可以选择 SHARP 语义场的词，如"尖锐"；而英语可以选择 BLUNT 语义场的词，如 blunt。但是"尖锐"一般不能用于描述某人，即"*尖锐的人"。

(133) He couldn't teach such dull children.
他教不了这么迟钝的孩子。

这个义项可以引申出"乏味,无聊"的意思,可以用来描述一些活动(话剧、讲座)或者时间段(时刻、人生)没有意思,不能引起人的兴趣:

(134) I slept through his dull speech.
他讲话很乏味,我从头睡到尾。

(135) Life in a small town could be really dull.
小镇的生活可能真的会很无聊。

2. (声音、颜色、光线、天气)沉闷、阴沉、不鲜明、暗

(136) a dress of some uninteresting dull colour
一件颜色乏味而灰暗的连衣裙

(137) It's a dull day; it'll probably rain. (Longman)
天气阴沉,很可能要下雨。

(138) a dull knocking sound somewhere in the house (Longman)
房子里某处的低沉敲击声

(139) a dull thud of hooves (Oxford)
一阵沉闷的马蹄声

(140) His face glowed in the dull lamplight. (Oxford)
他的脸在黯淡的灯光下泛着红光。

3. (疼痛、感情)长期的、隐约的、不剧烈

(141) There was a dull pain in his lower jaw. (Oxford)
他的下巴隐隐作疼。

与 blunt 相同,dull 也有使动用法,表示"(使)变钝,减轻"的意思:

(142) eyes and ears dulled by age (Longman)
因年老而变得不灵的耳目

(143) Give me something to dull the pain. (Longman)

给我一些止疼药。

2.2.3.2 俄语 BLUNT 语义场的引申义

俄语中 tupoi 的主要引申义如下:

1. (脑子、五官)不好使、迟钝、呆、傻

(144) Глядя на нее，возникало чувство стыда за ее безжизненный，тупой ум，ходульность，неумение любить и быть любимой. (Ruscorpora)

Glyadya na nee，voznikalo chuvstvo styda za ee bezzhiznennyi，tupoi(钝) um(脑筋)，khodul' nost'，neumenie lyubit' i byt' lyubimoi.

望着她,为她不灵活的,愚钝的脑筋,为她的死板,以及不会爱和被爱而感到羞愧。

(145) Печально，что столько тупых людей вокруг и что они наши родственники. (Ruscorpora)

Pechal' no，chto stol' ko tupykh(钝)lyudei(人)vokrug i chto oni nashi rodstvenniki.

令人悲伤的是,周围有这么多愚昧的人并且他们是我们的亲人。

在现代俄语中,tupoi"傻、没有意义"的意思使用范围很广,如:tupoi vzglyad(发呆的目光)、tupaya ideya(笨的主意)、tupoi rasskaz(没有意义的小说)、tupaya kniga(没有意义的书)。最初这类用法是通过转喻机制发展出来的:

(146) Потому что，если бы ты не был тупым，ты бы давно уже отдал мне это лекарство и не приставал бы со своими тупыми вопросами. (Ruscorpora)

Potomu chto，esli by ty(你) ne byl tupym(钝)，ty by davno uzhe otdal mne eto lekarstvo i ne pristaval by so svoimi tupymi(钝) voprosami(问题).

因为如果你不愚蠢的话,你早就把药给我了,并且也不会提出这

些愚蠢的问题。

这个引申义的进一步虚化发展为现代俄语，尤其是青年人流行的口语中，极为常见的两个引申义，分别是“没经过思考的、机械性的”和“不好的”。第一个引申义经常在状语位置上作为副词出现：

(147) «Сидеть и тупо перебирать бумажки — это не моё». (Ruscorpora)
«Sidet' i tupo(钝)perebirat'(翻阅)bumazhki — eto ne moe».
坐下来机械性地逐一翻阅文件，这不是我想做的事儿。

Tupoi 作为形容词在一些搭配中可以表达这个意思：

(148) a. tupoi(钝)ispolnitel'　　机械的执行者
b. tupoi(钝)vintik sistemy　　体制中毫无创新的一份子
c. tupoe(钝)sledovanie zakonu　　机械的遵循法律

第二个引申义“不好的”可以看成是青年人俚语的用法，并没有进入标准语言：

(149) Что это за тупой магазин, нет ни колбасы, ни сыра! (inf)
Chto eto za tupoi(钝)magazin(商店), net ni kolbasy, ni syra!
这是什么破商店啊，没有香肠也没有奶酪！

(150) Эти тупые мягкие игрушки мне уже надоели! (inf)
Eti tupye(钝)myagkie igrushki(毛绒玩具)mne uzhe nadoeli!
我已经厌烦了这些呆板的毛绒玩具！

Tupoi 的其他引申义有以下几种：

2. (物体)非尖形

俄语中 tupoi 也可以描述形状，表示“不具有从小到大的过渡”，但其适用范围非常有限。如果 SHARP 语义场的 ostryi“锋利”修饰的词语换成 tupoi 则不能成立：* tupoi lokot'(* 钝肘)，* tupaya shlyapa(* 钝帽子)，* tupaya skala(* 钝磐石)。

(151) a. tupoi nos lodki　　小船的圆船头(字面义为“钝船头”)
b. tupoi podborodok　　宽下巴(字面义为“钝下巴”)

3.（声音、颜色、光线、天气）沉闷、阴沉、不鲜明、暗

（152） По ночам жителей двора будил непривычный звук—лязг, грохот, тупое гудение электромоторов.（Ruscorpora）
Po nocham zhitelei dvora budil neprivychnyi zvuk — lyazg, grokhot, tupoe(钝) gudenie(嗡嗡声)elektromotorov.
每天夜里院子里的人都会被不习惯的声音吵醒——叮当声，轰鸣声及电动机低沉冗长的嗡嗡声。

4.（疼痛、感情）长期的、隐约的、不剧烈

（153） Отмороженные в начале зимы пальцы рук давно уже ныли знакомой тупой болью.（Ruscorpora）
Otmorozhennye v nachale zimy pal' tsy ruk davno uzhe nyli znakomoi tupoi(钝)bol' yu(疼痛).
初冬冻过的手指现在重新又出现了熟悉的隐隐的疼痛。

（154） Вечная тупая ревность, которая ничего, кроме злости, не вызывала и ничего, кроме хитрости и изворотливости, не рождала.（Ruscorpora）
Vechnaya tupaya(钝) revnost'(嫉妒), kotoraya nichego, krome zlosti, ne vyzyvala i nichego, krome khitrosti i izvorotlivosti, ne rozhdala.
永久的隐隐嫉妒除了怨恨不会引起其他的感情，也不会产生狡猾和诡计之外的东西。

2.2.3.3 汉语 BLUNT 语义场的引申义

在现代汉语中，“钝”几乎没有固定的引申义。表示某人脑子不好使的例(153)可以看作是文学修辞用法，在现代口语中不常见。

与 BLUNT 语义场相关的引申义可以由双音词“迟钝”表示。“迟钝”可以描述动作速度慢[例(154)]、反应不敏捷[例(155)]、脑子不好使[例(156)]等引申义。

有趣的是，“迟钝”的“迟”在构词层面上反映了“速度慢”和“不锋

利”这两个概念的相关性。

(155) 我脑瓜子钝,这些谜语猜不出一条来。

(156) 动作迟钝

(157) 随着人体内酒精的增加,整个大脑受到抑制,人的反应就迟钝了。(CCL)

(158) 脑子这么迟钝,又怎么能当得了刑警队长?(CCL)

2.2.4 小结

本章分析了 SHARP 与 BLUNT 两个反义语义场的组织结构,描述了其基础义和引申义的跨语言共性,并试图揭示其背后的机制。

这两个语义场表示反义的概念,但我们可以看出它们的基础义和引申义并不都是一一对应的。

这种不对称表现在 BLUNT 语义场的内部组织相比 SHARP 来说要简单很多,成员数量也少于 SHARP 语义场。如,汉语 SHARP 语义场由六个形容词覆盖,而 BLUNT 语义场中只有一个“钝”。两个语义场中的词语在搭配限制上表现得也很不一致,即便两个语义场都有某种相对应的引申义,但是它们在这个意义上所修饰的主体不尽相同(参见表 2-1)。

不对称的特点也体现在引申义层面:BLUNT 语义场的引申义系统相对较为简单。以汉语为例,SHARP 语义场形容词的引申义很丰富,而“钝”没有发展出固定的引申义。

这两个语义场也存在一些反义的引申义义项,如表 2-3:

表 2-3　SHARP 与 BLUNT 语义场词语引申义的对比

SHARP 语义场	BLUNT 语义场
眼睛,耳朵,视觉、听觉、记忆力(好的); 目光(分析能力高); 头脑(灵活敏锐)	(脑子、五官)不好使的≥迟钝的、呆的、傻的

续　表

SHARP 语义场	BLUNT 语义场
声音、光线、味道、口味儿(强烈的,可能让接受者感到不舒服)	(声音、颜色、光线、天气)沉闷、阴沉、不鲜明、暗
速度快	慢、迟钝
疼痛(突然、剧烈)、感受(强烈)	(疼痛、感情)长期的、隐约的、不剧烈

但是这些引申义项所修饰词语的搭配限制不相同(参见表 2-2)。另外,语义上还会有许多细微的差异。如,BLUNT 语义场的“(脑子、五官)不好使的≥迟钝的、呆的、傻的”的引申义中,跟 SHARP 语义场的“(眼睛、耳朵、视觉、听觉、记忆力)好”“(目光)分析能力高”“(头脑)灵活敏锐”等引申义不同,经常会强调该特征是临时的。

第三章

SMOOTH(光滑)与ROUGH(粗糙)语义场

相比前一章所分析的语义场,SMOOTH与ROUGH语义场内部组织更复杂,所以分析这两个语义场可以帮助我们更明确地建立基础义和引申义之间的关联,并进一步研究单音词和双音词之间的语义关系。

3.1 SMOOTH语义场的分析

3.1.1 相关参数

SMOOTH语义场的形容词用于描述物体表面无凹凸物,区分这个语义场形容词的主要参数是视觉和触觉感受。

视觉上的感受可统归为一类,用来形容广而平的表面,如“平坦的草原”。

触觉上的感受指的是触摸后的感觉,可细分出“光滑”与“滑溜”两类:前者如“光滑的脸蛋”“光滑的地板”,后者如“滑溜的冰面”“滑溜的鱼”。这两类的共同点是形容词所描述的物体表面摩擦力很小。不同点在于“滑溜”强调的是摩擦力不足以使接触的物体难以保持静止(物体难以被握住或难以在接触面站稳),而“光滑”不强调这一特征。

因此，SMOOTH 语义场的形容词可以分为以下三个不同的类型：

1. 视觉上没有凹凸物的表面（草原、水面、地板、路面），以下称之为“平”类；

2. 触觉上没有凹凸物的表面，摸着没有突起（皮肤、封面、刨过的木板），以下称之为“光”类；

3. 触觉上给人感觉没有凹凸物的表面，摩擦力太小而容易打滑，使互相接触的两个物体之间难以保持相对静止（冰场、湿的路面、香皂、鱼），以下称之为“滑”类。

跨语言数据显示（Kashkin 2013：61），“平”“光”和“滑”三个基本框架共有三种词化模式：“滑”类和“光”类共用一个形容词来表达，“平”类和“光”类共用同一个形容词来表达，但是不存在“滑”和“平”两类用同一个词来表达的情况。

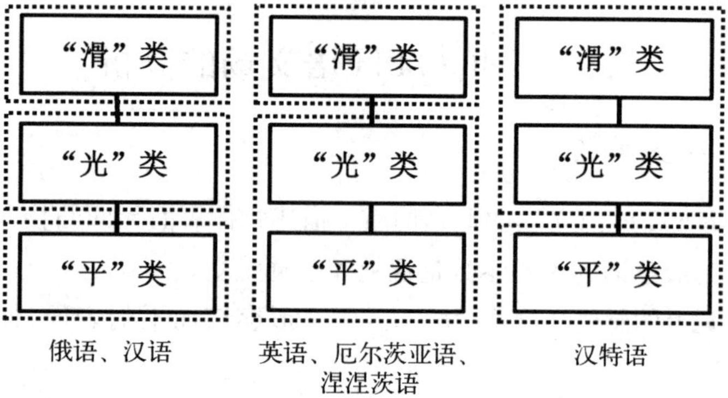

图 3-1　“平”“光”“滑”三类框架的可能组合

因此，在构建语义地图时，我们将“光”类框架安排在“平”类和“滑”类的框架之间。

下面我们参照 Kashkin（2013：64－75）的研究成果，分别阐述这三大类的具体框架。

3.1.1.1 “滑”类

“滑”类包括两个主要的框架，分别是：

1. 滑的支撑面

如：结了冰的路面、刚拖完的地板、表面光滑的石阶。

2. 手难以抓住握住的物体

如：鱼、香皂、铁锹的柄子。

这两个框架可以用一个词来指称如俄语的 skol' zkii、厄尔茨亚语的 нолажа、芬兰语的 liukas、爱沙尼亚语的 libe；也可以分别用两个不同的词语来指称，如乌德穆尔特语的 гылыт(形容支撑面)和гылӟыны(形容抓不住的物体)、科米语的 вольк 和 вольсъёоны、西班牙语的 resbaladizo 和 escurridizo 等。(Spesivtseva 2012：39－42)

第一个框架的重要特点是物体面积大，第二个框架则表示手能够抓握的东西，且这些东西体积通常较小。不过这两个框架之间还有一个过渡类，即“鞋底”或“鞋”(通过转喻机制部分代替整体)。一方面，鞋底起的作用是支撑面，但另一方面，鞋的大小和形状更接近第二个框架里的物体。

此外，在一些语言中，“滑”类的形容词还对“发亮与否”这一参数敏感，但是这个参数在“光”类框架中的作用更为显著。

3.1.1.2 “光”类

“光”类形容词与“发亮”的特点密切相关。比如，《新型俄语同义词解释词典》(NOSS 2004：984)认为：“光滑的表面在视觉上具有发亮(即反射光线)的附加特征”。

跨语言数据显示，“光”类框架可以按照是否具有“发亮”的附加特征来区分。比如，这一特点在区分英语的 smooth(摸着光滑)和 sleek(摸着光滑并且发亮)时起作用。COCA 中 sleek 最常见的搭配有以下几个(Vinogradova 2013)：

(1) a. sleek silver 光滑、发亮的银子 (18 次)

b. sleek hair 光滑、发亮的头发 (16 次)

c. sleek car	光滑、发亮的车	(13次)
d. sleek leather	光滑、发亮的皮革	(11次)
e. sleek glass	光滑、发亮的玻璃	(8次)
f. sleek metal	光滑、发亮的金属	(6次)

可见，sleek修饰的物体通常具有发亮的特点。

另外，人造物和自然物经常用不同的词语描述，[参看1.3.2.3节中Rakhilina(2000/2008)对korichnevyi的分析]。根据Kashkin(2013)的数据，这个对立在科米语和匈牙利语SMOOTH语义场中同样存在。

“发亮与否”和“人造物与自然物”这两个参数可以同时起作用，因此属于“光”类共有以下四个框架：“光滑＋发亮的身体部位”“光滑＋发亮的物体”“摸着很光滑的身体部位”“摸着很光滑的物体”。

3.1.1.3 “平”类

“平”类包括六个子框架，分别为：

1. 平坦的地区

“平坦的地区”这一框架单纯通过视觉来判断其平坦与否。跨语言中，平坦的地区可以用基础义为“扁形”的形容词来描写，如俄语的ploskii(Spiridonova 2004)或英语的flat。这两个形容词都既可以描述具体物体的形状(如a flat rectangular box一个扁的方盒子)，又可以用于描述广阔的、平坦的地区，如：

(2) The meadow is absolutely flat.
草原真是平坦啊。

2. 没有土堆或土埂的草场

这个框架也属于单纯视觉评价，经常与“平坦的地区”选择同样的词来描述，如匈牙利语的sík(平)都可以描述：sík rét(平坦的草原)、sík mező(平坦的草场)、sík terep(平坦地势)、sík terület(平坦的地区)。但是与“平坦的地区”框架不同的是，“平坦的地区”用于说明广阔的、一望无际的地形，而"没有土堆或土埂的草场"则多用来指称范围相对更小的地区。有些语言中，"没有土堆或土埂的草场"不能用表示"扁形"的词描述，如俄语可以说 ploskaya ravnina(平坦的平原，字面义为"扁形的平原")，但不能说 * ploskoe pole(平坦的草场，字面义为"扁形的草场")。

3. 平的路面

路面的特点是，其平滑的程度通常可通过视觉感知，但是在路面上进行位移时，其平滑程度也可以通过触觉感受到。这两种体验有时可用不同词语来描述，如俄语中的 rovnaya doroga(平坦的路面)强调的是视觉感受，而 gladkaya doroga(平滑的路面)强调的是开车时触觉上的感觉。英文的 smooth road 两种情况下都可以使用。

由于这个框架既可以表示视觉感受，也可以表示触觉感受，且所选择的指称方式可能存在不同，因此单独讨论。

4. 水面

判断水面是否平静一般基于视觉感受，但是跨语言数据显示，水面经常用形容触觉感受的词语来描述，如俄语的 gladkii(光滑)或涅涅茨语的 салмуй(光滑)。

5. 水平面(地板)与垂直面(围墙)

有些语言会选择不同词语描述水平面和垂直面的光滑程度。根据 Kashkin(2013)的调查，汉特语中存在这种对立。英语中的 level 只能用来描述水平的物体；而 even 对这一参数不敏感，既可以描述水平的物体，也可以描述垂直的物体。

3.1.2　基础义语义地图的构建

上述框架在(Kashkin 2013：76)语义地图上得以体现，参见图 3-2。图中可见，上述三类框架在语义地图上都有关联。

语义地图上方的"站不稳的表面""抓不住的物体"与"鞋子很滑"三个框架属于"滑"类；中间的"光滑+发亮的身体部位""光滑+发亮

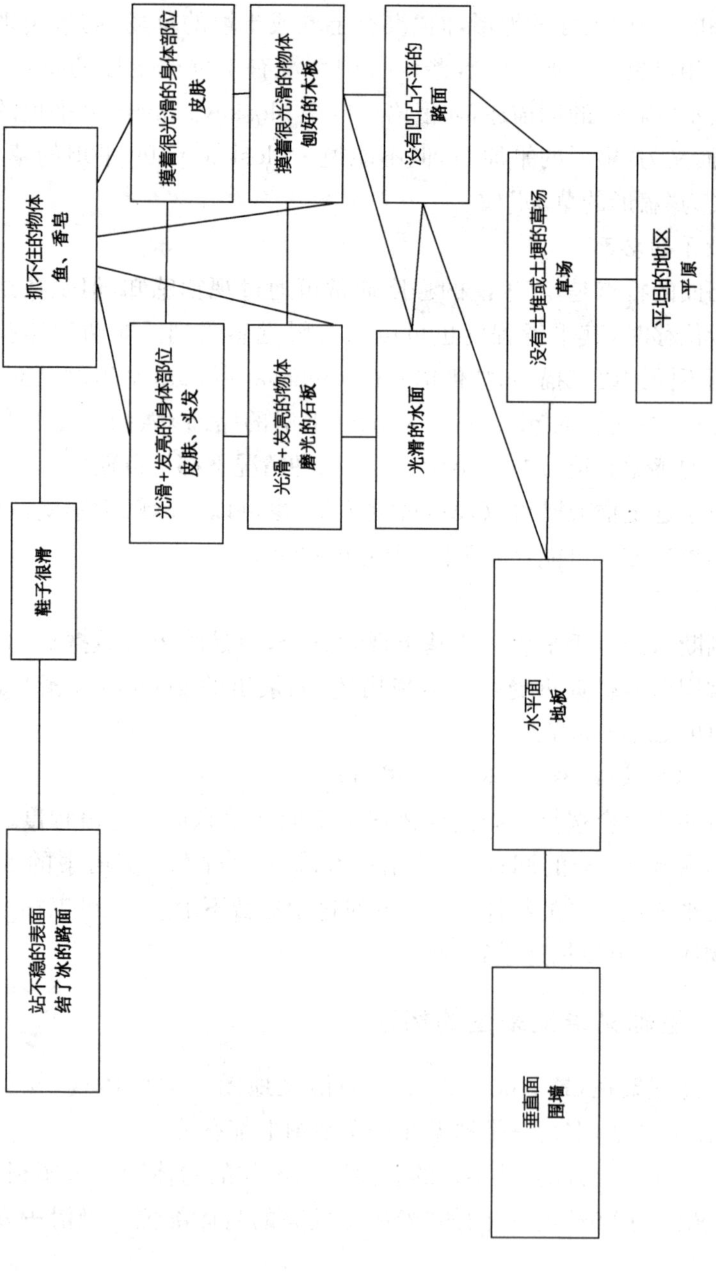

图 3-2　SMOOTH 语义场语义地图

的物体”“摸着很光滑的身体部位”“摸着很光滑的物体”四个框架属于“光”类，由“视觉感受(发亮)与触觉感受”及“自然物与人造物”两个参数控制；语义地图下方的“光滑的水面”“没有凹凸的路面”“没有土堆或土埂的草场”“平坦的地区”“垂直面”“水平面”六个框架属于“平”类。

上文已提到，水面经常用形容触觉感受的“光”类词语来描述，因此语义地图上安排在“平”类框架和“光”类框架之间。

3.1.2.1 英语 SMOOTH 语义场语义地图

英语中的 SMOOTH 语义场包含七个词，分别是 slippery、slick、sleek、smooth、even、flat 和 level，其分布情况请参见图 3-3。

(一)“滑”类框架

“滑”类框架用 slippery 和 slick 描述。这两个词语都表示“滑”的意思，经常可以互换或共同出现：

(3) The car skidded on the slick(=slippery)road。(inf)
汽车在滑溜的路面上打滑了。

(4) My shoes are slippery on the slick icy road. (inf)
我的鞋子在滑溜的结冰的路上打滑。(字面义为“我的鞋子在滑溜的结冰的路面很滑溜”)

Slippery 在基础义上使用频率更高，语义更广泛一些；而 slick 则强调“物体表面上有其他物质导致物体滑”：

(5) Slick means slippery because of extraneous substance on the surface. (inf)
slick 的意思是因为表面上有其他物质而滑溜。

(6) Cars were sliding off roads that were slick with rain. (COCA)
汽车从被雨淋得湿滑的路面上滑了出去。

(7) ...The glossy coating makes the paper slick to the touch. (COCA)
……光滑的涂层使得纸摸起来很滑。

(8) Glue can't bond to slick surfaces...(COCA)
胶水不能使滑溜的表面粘连……

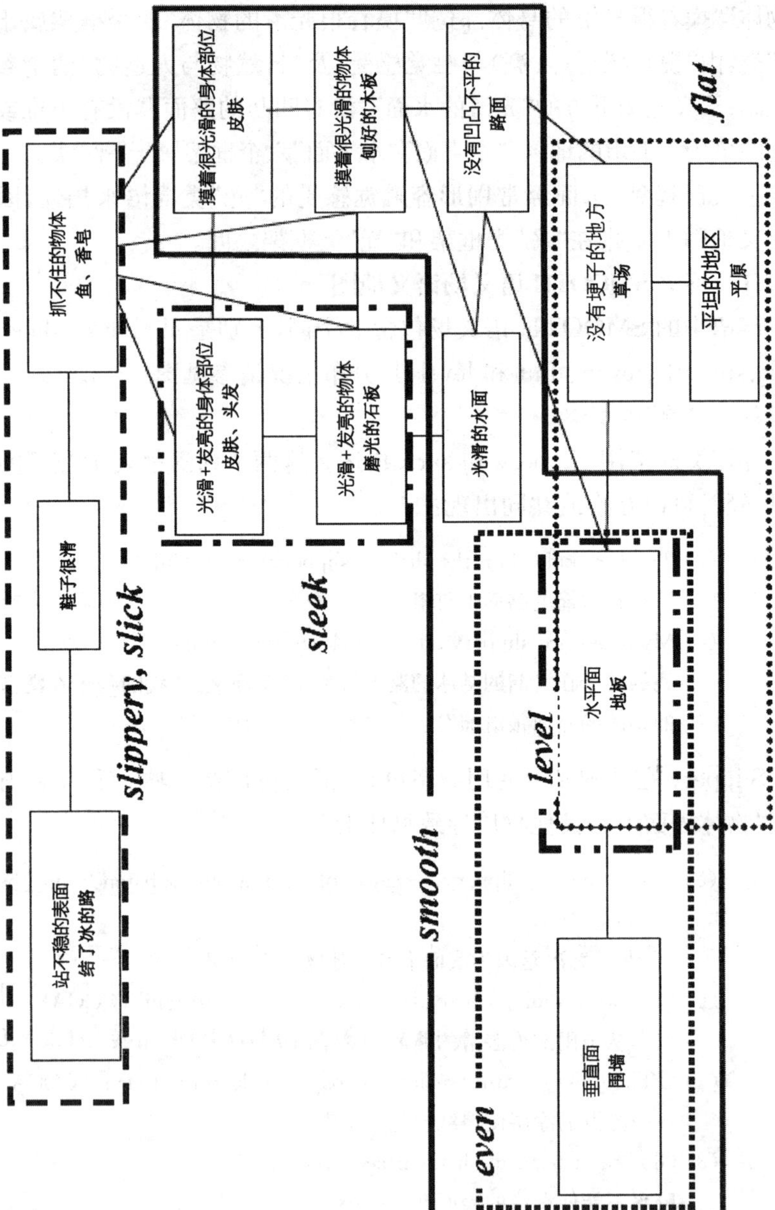

图 3-3　英语 SMOOTH 语义场语义地图

Slippery 不强调物体滑溜的原因,既可以描述其自身的特征[例(9)—例(10)],又可以描述因为表面上有其他物质而滑溜[例(11)—例(12)]两种情况:

(9) The slippery bar of soap seemed to jump from his hands. (COCA)
一块很滑的肥皂好像从他手中跳了出去似的。

(10) My hair isn't particularly fine, but it's so straight and slippery that things just fall out of it as soon as I shake my head, or slide out in about ten minutes. (COCA)
我的头发不是特别细,但它是如此直垂光滑,以至于当我摇头时,东西就会从头发上掉下来,或 10 分钟之后滑下来。

(11) Harry's palms were slippery with sweat. (Longman)
哈利手心冒汗,滑溜溜的。

(12) In places, the path can be wet and slippery. (Longman)
路上有些地方可能又湿又滑。

(二)"光"类框架

"光"类框架用 smooth 和 sleek 描述。在这些用法中,smooth 主要表示"光滑、平滑"的意思,不强调具有"发亮"的附加特点。

(13) Her skin felt smooth and cool.
她的皮肤摸上去又滑又凉。

(14) a smooth pebble
平滑的卵石

(15) The stone steps had been worn smooth.
台阶被磨得光溜溜的。

而 sleek 表示光滑并且发亮的意思,强调视觉上的感受:

(16) Seek hair or fur is straight, shiny, and healthy-looking.
光亮的头发、皮毛顺直、光泽,看上去很健康。

(17) ...Her sleek hair, smooth and shiny, reflected flashlights of the media people around. (COCA)

……她光亮的头发，柔顺发亮，反射了周围媒体人的闪光灯。

(18) Light glints off the glass tiles, drawing the eye to their sleek surfaces. (COCA)
光线在玻璃瓷砖上闪烁，把人们的目光吸引到它们光亮的表面上。

(19) ... Two sleek fish suspended, gliding in a shimmering deep-sea silence... (COCA)
……两条亮闪闪的鱼溜走了，游弋着消失在闪烁的深海寂静中……

（三）“平”类框架

“平”类框架有四个词，smooth、even、flat 和 level。Smooth 覆盖的框架最多，除了“平坦的地区”和“没有土堆或土埂的草场”两个框架外，在其他所有框架中均可使用：

(20) The smooth surface of the lake reflected the light of the house. (COCA)
平滑的湖面映射出房屋的灯光。

(21) A smooth surface or road would not be bumpy. (inf)
光滑的表面或路面不会凹凸不平。

(22) Punch down any loose nails so that the floor is quite smooth. (COCA)
把所有松动的钉子都钉进去，使地板平整。

(23) I eased myself down the smooth, nearly vertical wall on my back, pressing my aims and legs outward against the sides. (COCA)
我背贴着近乎垂直的光滑岩壁，四肢分开用力撑住两边，小心翼翼地慢慢向下移动。

平坦的地面经常用 flat 描述：

(24) a perfectly flat sandy beach
十分平坦的沙滩

(25) The countryside near there is flat as a pancake (= very flat).

(Longman)

那儿附近的乡间地势非常平坦。

除此之外，flat 还可以描述其他平的表面：

(26) Work on a clean, flat surface.

在干净、平整的表面上工作。

Even 强调表面平整、整齐，既可以用于水平面的，又可以用垂直面：

(27) The floor must be completely even before we lay the tiles. (Longman)

必须先把地面弄得十分平整我们才能铺地砖。

(28) You need a flat, even surface to work on.

你需要有个平的台面在上面工作。

(29) He had lovely white, even teeth.

他有一副洁白整齐的牙齿。

Level 则要求表面是水平的，不能用于垂直的表面。

(30) The floors in the old house were not completely level.

老房子的地面不是完全水平的。

(31) a level surface suitable for wheelchairs

适合轮椅的平坦表面

3.1.2.2　俄语 SMOOTH 语义场语义地图

俄语中的 SMOOTH 语义场的三类框架分别用 skol'zkii(“滑”类)，gladkii(“光”类)和 rovnyi(“平”类)三个词语来描述，其分布情况见图 3-4。

(一)“滑”类框架

“滑”类框架都用 скользкий 描述，具体例句如下：

(32) Но ведь налима очень трудно поймать, он такой скользкий. (Ruscorpora)

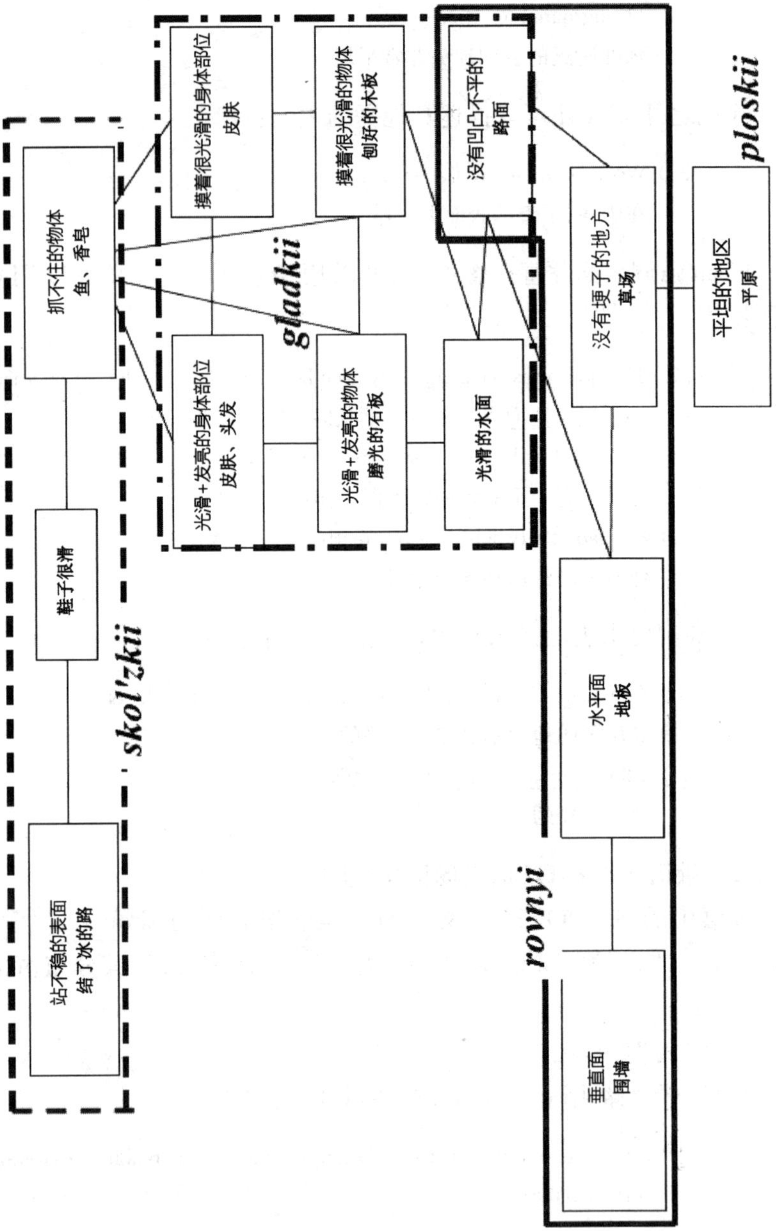

图 3－4　俄语 SMOOTH 语义场语义地图

No ved' nalima(江鳕)ochen' trudno poimat', on takoi skol' zkii(滑溜).
但是江鳕很难捕捉,它那么滑溜。

(33) Не тяните меня, я могу упасть, пол скользкий. (Ruscorpora)
Ne tyanite menya, ya mogu upast', pol (地板)skol' zkii(滑溜).
不要拉我,我会跌倒的,地板很滑。

(34) Как вернуть деньги, если ботинки очень скользкие? (inf)
Kak vernut' den' gi, esli botinki (鞋子) ochen' skol' zkie(滑溜)?
如果鞋子太滑了,怎样退钱呢?

(二)"光"类框架

"光"类框架用 gladkii 描述,具体例句如下:

(35) Черные гладкие волосы были скручены на темени в узел, в который были воткнуты одно, два или три орлиных пера. (Ruscorpora)
Chernye gladkie(光滑)volosy(头发)byli skrucheny na temeni v uzel, v kotoryi byli votknuty odno, dva ili tri orlinykh pera.
黑色的顺滑头发被扭成发结,一根、两根或者三根鹰的羽毛被插到发结里。

(36) Одним из недостатков этой плитки является гладкая поверхность, поэтому она может оказаться довольно скользкой на спусках.
Odnim iz nedostatkov etoi plitki yavlyaetsya gladkaya(光滑) poverkhnost'(表面), poetomu ona mozhet okazat' sya dovol' no skol' zkoi na spuskakh. (Ruscorpora)
这种瓷砖的不足之一是表面光滑,因此在倾斜的地方会相当地滑。

(37) Море, которое так долго бушевало, теперь отдыхало, и его гладкая поверхность медленно то приподнималась, то опускалась.
More, kotoroe tak dolgo bushevalo, teper' otdykhalo, i ego gladkaya(光滑) poverkhnost'(表面) medlenno to pripodnimalas', to opuskalas'. (Ruscorpora)
大海,波涛澎湃了很久,现在停息了,它平静的表面慢慢地升起然后落下。

(38) И положил на большой гладкий стол чертеж фрегата, сделанный иноземными мастерами. (Ruscorpora)

I polozhil na bol' shoi gladkii(光滑)stol(桌面)chertezh fregata, sdelannyi inozemnymi masterami.

他将外国专家制造的护航舰的图纸放到一张大的光滑的桌面上。

(39) Что касается самого журнала, он симпатичный и гладкий на ощупь. (Ruscorpora)

Chto kasaetsya samogo zhurnala(杂志), on simpatichnyi i gladkii (光滑)na oshchup'.

至于杂志本身,它很好看,摸起来很光滑。

(40) Цементный пол был новый, гладкий, без трещин. (Ruscorpora)

Tsementnyi pol(地板)byl novyi, gladkii(光滑), bez treshchin. (Ruscorpora)

水泥地板是新的,平整,没有裂纹。

(三)"平"类框架

"平"类框架用 rovnyi 描述,具体例句如下:

(41) Впереди ровный путь, чуть дальше наезженная машинами пыльная развилка, а там и воинская часть. (Ruscorpora)

Vperedi rovnyi (平) put'(道路), chut' dal' she naezzhennaya mashinami pyl' naya razvilka, a tam i voinskaya chast'.

前方是平坦的道路,再往远处车辆驶过的尘土飞扬的十字路口,那里就是军事单位。

(42) ...... а прямо перед ними зеленел спокойный, как в сказке, ровный лужок, поросший невысокой травкой. (Ruscorpora)

...... a pryamo pered nimi zelenel spokoinyi, kak v skazke, rovnyi (平)luzhok(草地), porosshii nevysokoi travkoi.

就在他们前方铺展了绿色平坦的草地,就像童话里那样,长着低矮的小草

(43) задние сиденья трансформируются, образуя ровный пол. (Ruscorpora)

zadnie siden' ya transformiruyutsya, obrazuya rovnyi (平) pol(地面). (Ruscorpora)

后面的座椅可以折叠,形成一个平的支撑面。

(44) На сотни километров тянется новый свежеокрашенный голубой ровный забор. (Ruscorpora)

Na sotni kilometrov tyanetsya novyi svezheokrashennyi goluboi rovnyi(平)zabor(围墙).

新的,刚涂完油的淡蓝色平整的围墙绵延了几百公里。

由于俄语中 rovnyi(平)与名词 ravnina(平原)同源,因此描述广阔平坦的地区通常会选择"扁形"一词,如 ploskaya ravnina(平坦的平原,字面义为"扁形的平原")。

3.1.2.3　汉语 SMOOTH 语义场语义地图

汉语 SMOOTH 语义场主要包括"滑""光""平""滑溜""光滑""光溜""平坦""平整""平滑"9 个词。其完整的分布情况请参见图 3-5。由于该语义场比较复杂,每类框架介绍完后先单独附上与之对应的语义地图局部图,以便阅读。

(一) "滑"类框架

"滑"类框架用"滑"和"滑溜"描述。这两个词语搭配上比较接近,但是"滑溜"经常在口语中使用,有时带有喜爱义。

"滑":

(45) 冰上很滑,大家手挽手慢慢往前走。(CCL)

(46) 小心地滑

"滑溜":

(47) 果冻吃起来香甜滑溜。(百度)

(48) 他的小手从滑溜的树枝上溜了开来,让他一个不稳,仰天摔倒在地上。(CCL)

(49) 木质地板假如缺乏保养,那木板几乎就像"溜冰场"一样滑溜。(百度)

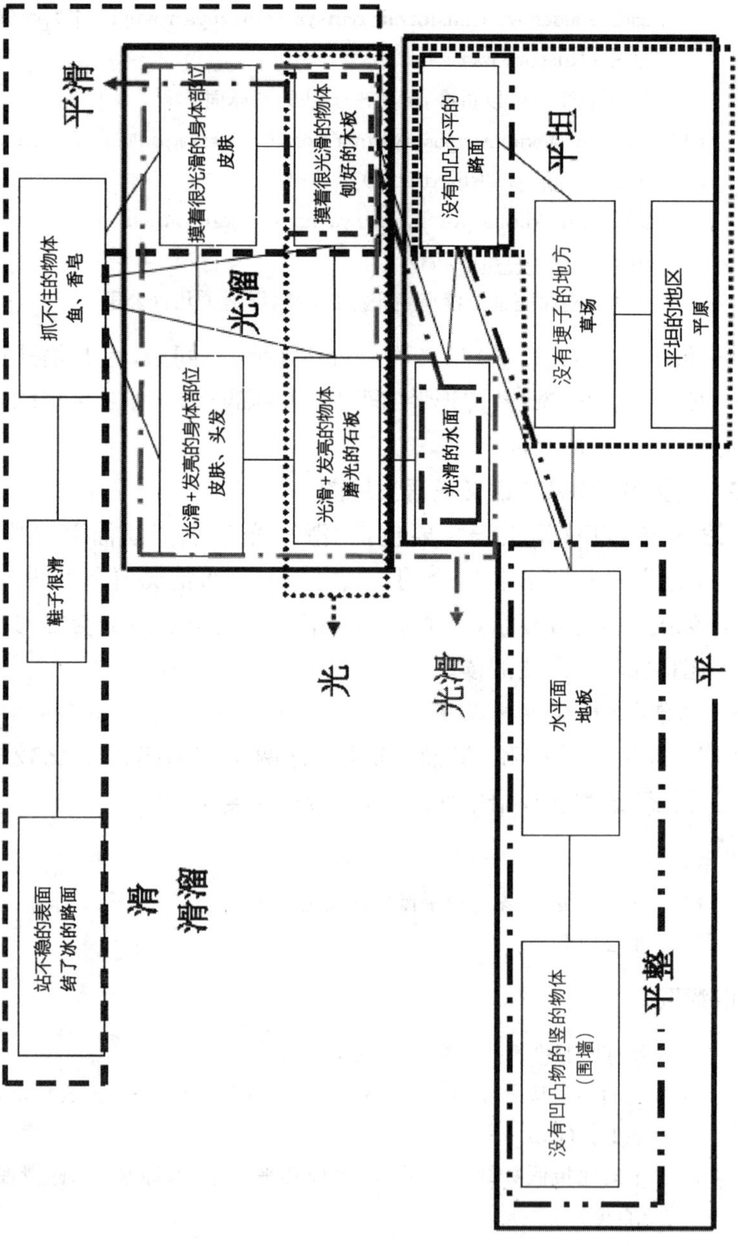

图 3－5　汉语 SMOOTH 语义场语义地图

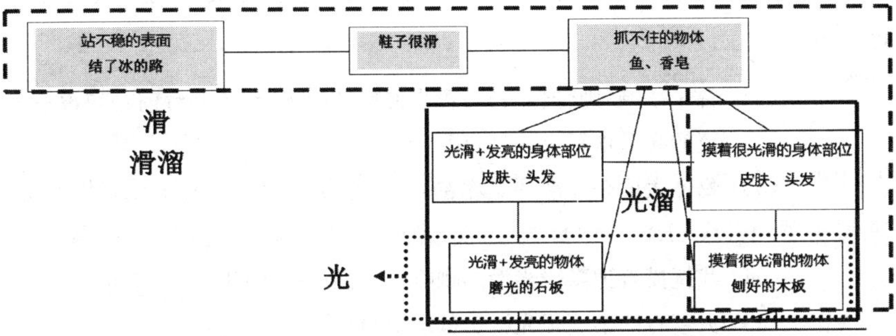

图 3－5a 汉语 SMOOTH 语义场局部语义地图(灰色为“滑”类框架)

(二)“光”类框架

平滑的物体表面通常会附带光亮的特征,如镜面、玉石表面等。汉语可以用“光滑”“光溜”来形容物体平滑发亮的特点。“平滑”“滑”及“滑溜”的部分用法也应当归入“光”类框架。

汉语的“光”本义光线、光亮,在现代汉语中也引申出平滑之义。但当“光”表示平滑义时,语法功能非常受限制,句法位置单一,多出现在“很/太/非常＋光”的结构中或作为补语出现(“磨光”),而极少出现在定语位置上。

(50) 这种纸很光。(＊光纸)(《现汉》)

(51) 虽然是古老的铁片做的,但是斯蒂尔对他却很钟爱,把它磨的很光。尽管没有经过塔克西丝的魔法,但它仍发出自己的银光。(＊光铁)(CCL)

从“光”在古代汉语文献经常搭配的主体(头发、皮肤、镜子、石头)来判断,历史上“光”也不仅仅表示平滑之义,还包含明亮、光亮的属性特征。如《颜氏家训・归心第十六》:“梁世有人,常以鸡卵白和沐,云使发光。”《太平广记・卷第二百五》:“花奴姿质明莹,肌发光细,非人间人,必神仙谪坠也。”《朱子语类・卷五》:“如一镜然,今日磨些,明日磨些,不觉自光。”这里“平滑”和“发亮”的特征密切相关。

“光滑”所覆盖的框架最多，它可以描述所有的属于“光”类的框架：

(52) 音乐一响，她轻轻一耸，舞步便旋转起来，到了琴台前一块没有地毯的光滑地板上。(Leeds)

(53) 物体表面是光滑还是粗糙，人的手指触摸一下马上就可以知道。(CCL)

(54) 我抚摸着记事簿光滑的咖啡色封面……(CCL)

(55) 大理石的桌面很光滑。(《现汉》)

(56) 淡淡的斜阳，照着她丝绸般柔软光滑的头发。(CCL)

(57) 婴儿的皮肤很光滑。(inf)

除此之外，“光滑”还可以描述相邻的“水面光滑”的框架：

(58) 一条小火轮缓缓地冲破那光滑的水面，威风凛凛地叫了一声。(CCL)

(59) 湖面是如此地光滑，就像一面镜子一样。(inf)

“光溜”①除了不能描述水面以外，所覆盖的框架基本与“光滑”一致：

(60) 已经四十来岁了，看起来还很年轻，头发还没有多少根白的，而且梳得很光溜。(CCL)

(61) 他的秃头像台球一样光溜。(Jukuu)

(62) 当时俄罗斯人认为，大胡子是信奉东正教和表现男子美的标志，只有异教徒才有光溜的下巴。彼得却认为，大胡子是愚昧的、不卫生的。(CCL)

(63) 那座山头十分光溜，一棵树也没有。(inf)

(64) 西峡盆地的这些众多的化石群，除少量蛋壳受岩层挤压，表面略呈凹陷外，大部分晶莹光溜，完整如初。(CCL)

---

① 现代汉语“光溜溜”比“光溜”使用的频率高，但是前者是状态词，因此本书不重点考察。

通过考察"光溜"和"光滑"两个词的使用情况，我们发现："光溜"比"光滑"口语化，且用"光溜"形容的物体表面光滑程度更高，即强调物体表面没有覆盖物，也没有突起，服帖。而"光滑"的物体在保持平滑的特征外还可能存在有覆盖物或突起、不服帖的情况。如，"光溜的身子"是一个典型搭配，意思是没穿衣服(即没有覆盖物)，而不是摸起来很光滑。又如，试比较下面的例子：

(65) 这只小狗身上的毛很光滑。(inf)

(66) ? 这只小狗身上的毛很光溜。(inf)

第二个句子母语者不易接受的原因是狗身上长的是短毛，手接触的部分会很服帖，但是没有摸到的部分是蓬松的，不能达到一个整体上的光溜的效果。同样地，有突起的瓷砖可以说"光滑"，但是不能说"光溜"。

"平滑"比较书面化，虽然从字面上看似乎应当归入"平"类或"滑"类框架，但是它的使用范围非常受限，只能用于形容表面光滑的物体及水面，因此本书将它归入"光"类：

(67) 经过200多年的风雨磨洗，石板表层平滑光溜，已显古朴、苍老之态。(Leeds)

(68) 在第三阶段，操作人员须加热晶体，使其形成表面平滑的石板。(CCL)

(69) 湖面像镜子一样平滑。(inf)

"滑""滑溜"也可以描述"光"类不强调发亮特征的一些框架。

"滑"：

(70) 又圆又滑的小石子。(《现汉》)

(71) 皮肤摸着很滑。(inf)

(72) 桌子表面很滑，很精致。(inf)

"滑溜"：

(73) 缎子被面摸着挺滑溜。(《现汉》)

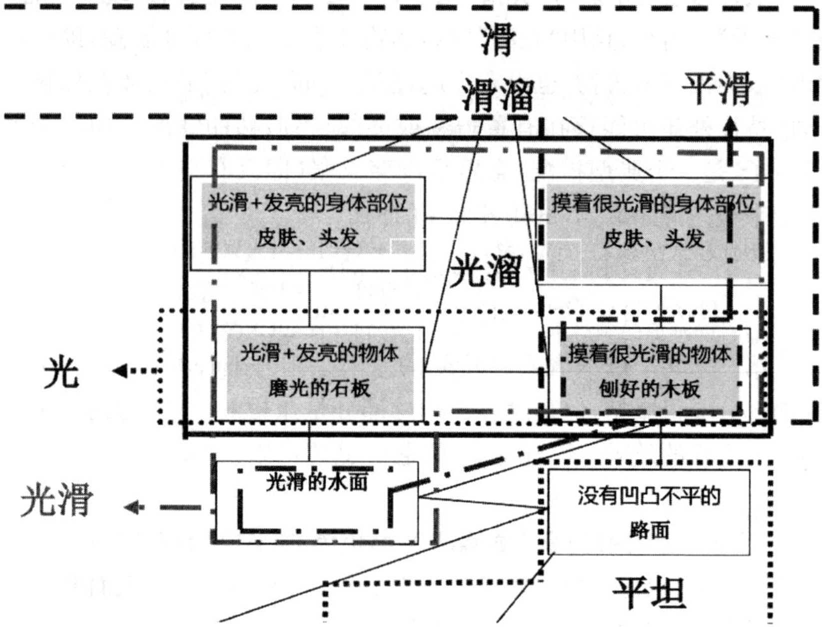

图 3－5b　汉语 SMOOTH 语义场局部语义地图(灰色为“光”类框架)

（74）她的<u>皮肤</u>很滑溜。(inf)

（75）它的<u>肉质</u>脆嫩滑溜，味道鲜美，含有很高的营养价值。(CCL)

（76）端上来的<u>拉皮</u>晶莹剔透，浑然如玉，吃进嘴里滑溜筋道，口感特别好。(CCL)

另外，汉语中存在“润”“润滑”“滑润”等词，用以形容物体表面滋润而光滑，如人的皮肤、纸面等。湿润的物体容易附带光滑的特征，古汉语里便存在专门的词形容物体湿而滑。“光”类框架的其他词对是否滋润这一对立不敏感，该特征到目前为止在其他语言中没有发现，值得进一步考察。

（三）“平”类框架

“平”类框架用“平”“平坦”和“平整”描述。单音词“平”所覆盖的框架较多，但是使用频率不如“平坦”“平整”高。句法位置同样也受限制，单音词“平”很少能出现在定语位置上。

(77) 大蜀山森林公园湿地的水面很平很静。(inf)

(78) 我们家乡地势很平，一望无际。(inf)

(79) 装修完，这面墙很平。(inf)

在描述地势或路面较平时，最常用的形容词是“平坦”：

(80) 有的高原表面宽广平坦，地势起伏不大；有的高原则奇峰峻岭、山峦起伏，地势变化很大。(CCL)

(81) 四川……既有青藏高原绵延平坦的大草原，又有我国南方山区零星分布的草山草坡。(CCL)

(82) “在这赛车跑的路上骑自行车，实在太舒服了，真平坦啊，”杭国良笑道。(CCL)

(83) 把石崖劈开，把山林扫平，开出一条平坦大道来！(Leeds)

(84) 从飞机上往下看去，只见比较平坦的东非高原上有一条长长的凹痕，就像一道伤疤……(CCL)

(85) 山上有一抹平坦的荒坡，有险峰突兀、壁陡崖绝的沟壑……(CCL)

“平整”经常用来描述经过加工而变得比较平的表面。大部分情况下它用来描述水平面(如地板、路面等)，但根据语料库数据显示，“平整”也不排斥表示垂直面的光滑：

(86) 那儿才美哪！那儿跳舞用的地板，平整得像盘子一样！(CCL)

(87) 只要路面平整，车子就不会上下颠簸，人坐在车轮上就感到平稳、舒服。(CCL)

(88) 新型保温砂浆使用方便，施工后的墙面平整、光滑、无裂缝、无空鼓。(CCL)

由此可见，汉语复合词还承担了单音词词义分化的功能，如“平”既可表示地势的平，又可表示经过加工得到的平面，而“平坦”和“平整”则分别承担“平”的这两项搭配，实质上通过形式的双音化达到进

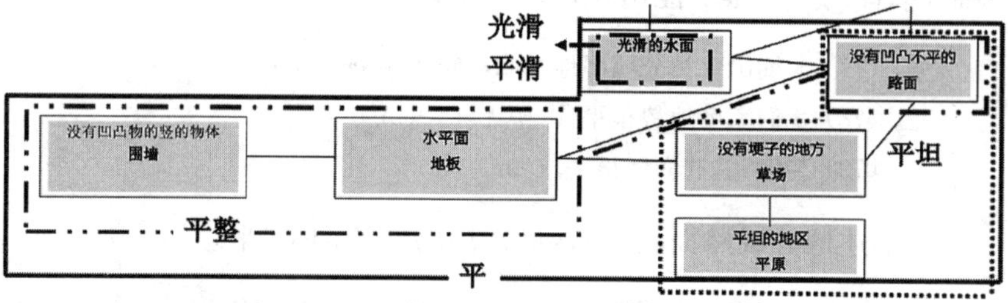

图 3-5c 汉语 SMOOTH 语义场局部语义地图(灰色为“平”类框架)

一步细化词义的作用。这种现象在其他语义场中亦能得到体现(参看 2.1.2.3)。

3.1.3 引申义

3.1.3.1 引申依据

SMOOTH 语义场的“滑”“光”和“平”三类框架的引申依据都不相同,下面分别进行论述。

(一)“滑”类框架

基础义为“滑”的词语经常引申出表示某个人“不可靠”或某种现象“不稳定”之义。这一语义演变与基础义中“使用起来不方便,抓不住”的消极义相关(例如,路很滑时就会导致行走不便;抓不住某种工具感觉上就没有把握),引申路径较为明显。

在这个引申义上,“滑”类形容词有两种常见的搭配。一是描写一些抽象概念,如俄语的 skol' zkaya tema(存在争议的话题,字面义为“滑的话题”)、skol' zkii vopros(存在争议的问题,字面义为“滑的问题”)、skol' zkie frazy(模棱两可的词句,字面义为“滑的词句”);西班牙语的 situación resbaladiza (不稳定的局面,字面义为“滑的局面”);芬兰语的 astua liukkaale tielle(走上不可靠的途径,指的是人生道路)。二是形容不可靠的人,该用法在英语、西班牙语、韩语、俄语、马里语、芬兰语、厄尔茨亚语中都有所体现。

在一些语言中，该引申义可以用来描写“不可靠”现象的某个具体方面，如匈牙利语的 sikamlós(滑)发展出“鄙俗的(话题、歌词、笑话)”的意思；爱沙尼亚语的 libe(滑)发展出“阿谀的(人)”(libe inimene)的意思，或者通过转喻来表示阿谀人的某种行为，如 libe jutt(阿谀的话)；马里语的 яклака(滑)与 йылме(舌头)搭配时可以形容爱多嘴多舌的人。

综上所述，“滑”类的引申义经常用于形容某种现象或某个人不可靠。

而表面光滑的物体还具有另一特征：可以借助它实现快速位移。因此，一些语言中，基础义为“滑”的形容词会发展出快速或轻松完成某件事的含义。如芬兰语的例子：

(89) Tiedemiehen järki pelaa liukkaasti.
科学家的头脑非常灵活。(字面义为“科学家的脑子玩得很滑溜”)

不过，这一引申方向较为罕见。

(二)“光”类框架

表面光滑的物体经常被认为是摸起来舒服、使用方便的，所以“光”类的主要引申方向是“没有困难或缺点”。该引申义经常用来表示某个人说话很自信、有把握，或者某种外语说得很流利，如俄语的 gladkaya rech'(口齿伶俐)，西班牙语的 lenguaje terso(熟练的文体)。

在描写人的时候，“光”类形容词既可以描写人的内心，也可以描写外表；而在形容内心的时候，则表达人善良柔和，如马里语的 йывыжа кумылан(好心的，字面义为“灵魂光滑的”)，韩语有类似的用法。在形容外表时，“光”类形容词强调某个人很漂亮，如乌德穆尔特语、韩语等，爱沙尼亚语的 sileda näolapiga tüdruk(脸蛋很漂亮的女孩，字面义为“脸蛋很光滑的女孩”)。

有趣的是，在有些语言中，“光”类形容词也可以描写一些口味上的愉快感受，如英文的 smooth wine(醇和的葡萄酒)。另外，在描写人或动物时，“光”类形容词还可以表达“养得肥胖的”含义，如俄语的俗语里 Otchego soldat gladok? — Poel da na bok[兵士为什么这么胖？(字面义为“兵士为什么这么光滑？——因为他吃完饭就睡觉”)]。这一引申义的产生应该是由于很瘦的人或动物骨头会显得很凸起，总体的感觉是起棱、不光滑。

基础义中“不具有凹凸物”的特点也可以引申为没有任何特点，如西班牙语的 tela lisa(没有图案的布，字面义为“光滑的布”)，fachada lisa(没有装饰的墙面，字面义为“光滑的墙面”)，但是这类引申义不是很常见。

（三）“平”类框架

“平”类形容词引申义的基本特点是平均、一贯不变。在描写不同类型的事物时，“平”类形容词的引申义略有变化。它们可以形容被太阳晒得很均匀，如俄语的 rovnyi zagar(肤色晒得很均匀，字面义为“晒得很平”)；还有引申义为副词用法的情况，均匀地涂抹，如英文的 evenly covered with paint(油漆涂得均匀，字面义为“涂得很平”)；个别物体在某个表面上分布得均匀，如 rovno rasstavit' stul' ya(椅子分布得均匀，字面义为“分布得很平”)，evenly spaced desks(距离均匀的课桌，字面义为“距离很平的课桌”)等。

在描述一些事件或状态时，“平”类形容词可以表达“平等”的意思，即两个物体在某种参数上是一样的，没有区别的，如英文的 the score is even(得分相等，字面义为“得分很平”)或 divide the dough into three even amounts(把面团分成三个相等的部分，字面义为“三个平的部分”)。

在描写一些动作或过程时，“平”类形容词可以发展出“均匀、节奏不变”的意思，如匈牙利语的 egyenletes(“平”)能表示动作的均匀，芬兰语的 tasainen(“平”)能表示声音的平均单调。英文和俄文表示“平”意思的形容词也有类似的用法：even movement(均匀的动作)、rovnoe dykhanie(均匀的呼吸)、rovnyi shag(均匀的脚步)。

与此类似的有描写“安静的人或其平静的行为”的引申义，如俄语的 rovnyi kharakter(安静的性格，字面义为“平的性格”)或英文的 an even tone(平静的语气)。

除此之外，“平”类形容词还可以用于表示某种资源或特点的缺乏，与“光”类相似。如爱沙尼亚语的 tasane(“平”)可以表示雨或疼痛“强度低”，动作或河流“慢”，波浪、脚步声“声音小”等。

综上所述，“滑”类的主要引申义是“不可靠、不稳定”；“光”类的主要引申义为“没有缺点或困难”，或者没有特点；“平”类的主要引申义为“平均、一贯不变、强度低”，或者与“光”类相似的“不具有特点”。

3.1.3.2　英语 SMOOTH 语义场的引申义①

本节分析英语 SMOOTH 语义场的引申义，下面分别介绍“滑”“光”和“平”三大类。

(一)“滑”类框架

在基础义用法中，“滑”类框架用 slippery 和 slick 描述。在引申义上这两个词也具有相似性，二者都可以描述不可信赖的人：

(90) Martin is a slippery <u>customer</u> (=someone you should not trust) so be carefull what you say to him. (Longman)

马丁是个滑头，所以和他说话要多留神。

(91) ...Her parents were rich, really rolling in it, but they died and some slick <u>lawyer</u> stole all the money. (COCA)

……她的父母很富有，钱真的是滚滚而来，但是他们去世了，一个狡猾的<u>律师</u>骗走了他们所有的钱。

(92) a slick <u>lawyer</u> got the kidnapper off

一个狡猾的<u>律师</u>使绑架者获释

在这样的上下文里，slick 更强调“会说话、油嘴滑舌”的特点。试比较母语者对“slippery/slick scoundrel(恶棍)”使用的区别：

---

① 本节部分例句引自 Vinogradova(2013)。

(93) The slippery scoundrel would be hard to catch. (inf)
狡猾的恶棍很难被抓住。

(94) The slick scoundrel would talk his way out of a traffic ticket. (inf)
油嘴滑舌的无赖会为自己的交通罚单开脱。

在描述抽象事物时，slippery 更强调“模棱两可的，模糊的”的意思，而 slick 表示“虚有其表的，华而不实的”的意思：

(95) the slippery notion of ‘standards’ (Longman)
“标准”一词的模糊概念

(96) a slick Hollywood production (Longman)
内容肤浅的好莱坞电影

(97) slick advertising (Longman)
虚华的广告

(98) The presentation was very slick. (Longman)
这个报告非常华而不实。

综上，slippery 和 slick 都可以表示“不可靠，不值得信赖”的意思，但是强调的方面有所不同。

另外，slick 还可以表示“滑”类较为罕见的意思，即“熟练的，灵巧的”：

(99) He got round the defender using some slick footwork. (Longman)
他用灵巧的脚法突破了后卫的防守。

（二）“光”类框架

“光”类框架用 smooth 和 sleek 描述。在基础义用法中，sleek 表示视觉上的感受，强调“发亮”的附加特点。它的引申义也比较特殊，表示“时髦阔气”的意思。

(100) ...sleek people on the cover of sleek magazines (BNC)
……时尚杂志的封面上的时尚人士

(101) But this room is sleek and light and youthful, the very model of the modern media workplace. (BNC)
但是这个房间很时尚，光线充足的和充满青春活力的，是现代媒体工作室的完美模型。

“光”类框架发展这样的用法在跨语言数据中不多见，在我们收集到的语料中只有英语才有这样的用法①。我们认为，比较接近“光”类的常见引申义是 sleek 的另一个义项，即“线条流畅的”：

(102) the sleek lines of the new Mercedes (Longman)
新梅赛德斯的优美外形

这个用法同时也比较接近“时髦”的意思，可视为过渡义项。

Smooth 的引申义与 3.1.3.1 节所述的 SMOOTH 语义场的引申义很接近。它经常可以表示“顺利的、无困难的、无问题的”之义：

(103) Sarah is responsible for the smooth running of the sales department. (COCA)
萨拉负责销货部的顺畅运转。

(104) The new government has promised a smooth transition of power. (COCA)
新政府承诺政权的顺利交接。

(105) ... the planning for a smooth transition from fossil-based to sustainable energy ... (COCA)
……石化能源到可持续能源的顺利过渡的规划……

(106) The recession is over, and it's going to be smooth sailing from here on. (COCA)
经济萧条结束，我们从此将一帆风顺。(字面义为“光滑的航行”)

另外，smooth 经常表示动作“平稳、流畅”的意思：

---

① “时尚”引申义与“发亮”基础义的关联也可以找到一些其他语言数据，如俄语的 glyantsevyi 基础义为“光亮的”，但是一些搭配里也可以表示“时髦”的意思。

(107) Swing the tennis racquet in one smooth motion. (COCA)
挥动网球拍动作要流畅,一气呵成。

(108) The jet made a smooth landing. (Longman)
这架喷气式飞机平稳降落。

(109) a smooth ride/flight (Longman)
平稳的飞行/ 行驶

就像光滑的表面会给人带来舒服的触觉一样,smooth 也可以描述听觉或味觉上使人感到舒服的现象,如悦耳的声音、美味的饮料等。

(110) He has one of those silky smooth (= very smooth) voices. (Longman)
他的嗓音丝绸般柔润。

(111) a smooth full-bodied wine (Longman)
醇而浓郁的葡萄酒

英语 smooth 比较特殊的地方在于它可以表述只是表面很好、实际上存在问题的状态:

(112) I'm not a smooth politician — my decisions haven't always been popular — but those decisions saved us from bankruptcy. (COCA)
我并不是一个油腔滑调的政治家——我的决定并不总是受欢迎——但这些决定曾使我们脱离破产。

(113) They may look like gentlemen, but hidden behind the smooth talk and the charm lurks danger! (COCA)
他们可能看起来像绅士,但油腔滑调的话语下隐藏着恶伤,魅力下潜伏着危险!

在这个意义上,它比较接近英语的 slick,也可以形容人很会说话、八面玲珑,带有贬义成分,但是程度较轻。试与以上 slick 的例句[例(91)—例(92)]比较:

(114) a smooth salesman

一个圆滑的推销员

(115) He was a smooth talker.

他是个很会说话的人。(字面义为“光滑的说话者”)

(116) The smooth scoundrel would talk you into anything you don't need. (inf)

油腔滑调的无赖会说服你购买任何你不需要的东西。

我们认为smooth和slick在这个意义上比较接近的原因在于,“滑”类和“光”类形容词在基础义用法上同样很接近,都表示摩擦力小,在有些语言甚至用一个词表达(如汉特语,参见图3-1)。

(三)“平”类框架

就基础义而言,“平”类框架有smooth、even、flat和level等词。在引申义上,这些词都可以表示与“平”类框架相关的引申义。

Smooth和even都可以表示“均匀”,但是在描述液体混合物时smooth强调“均匀无颗粒”的意思,而even则表示“均等”:

(117) Beat the eggs and flour until they are smooth. (Longman)

把鸡蛋和面粉打均匀。

(118) Divide the dough into three even amounts. (Longman)

把生面团分成均等的三份。

(119) an even distribution of wealth (Longman)

财富均分

Even和level的引申义有许多共同的地方。两个词都可以描述“安静的人或其平静的行为”:

(120) He read the most part of the speech in an even tone.

他以平稳的语气念了大部分台词。

(121) His mother wasn't herself that day. She had always been an even-minded person...(COCA)

他母亲那天很反常。她一直是一个心平气和的人……

(122) He said in a remarkably level voice, 'What do you want us

to do?'

他用极其低的声音(压低声音)说:“你要我们做什么?”

Even 可以表示“水平相等、平局”的意思:

(123) The first half was very even, and neither side scored.

上半场打得势均力敌,那一方都没有得分。

(124) an even contest (Longman)

势均力敌的竞赛

(125) At the end of the first half the score is even. (Longman)

上半场结束时双方打成平手。

在这个意义上 level 也比较接近 even 的用法。它可以表示“等高的、齐平”的意思:

(126) Your eyes should be level with the top of the screen. (Longman)

眼睛应该与屏幕的上端齐平。

(127) The curtains aren't quite level.

窗帘挂得不是一样高。

进一步的引申,level 可以表示“相同价值的、相同地位的、相同水平的”的意思:

(128) Borrowing rates rose to over 8%, roughly level to those in America. (Longman)

贷款利率上涨到超过了 8%,差不多和美国一样了。

(129) He cycled along beside her, keeping level. (Longman)

他和她并肩骑行。(字面义为“保持平”)

在英式英语(British English)中 level 与 even 相同,可以表示“比分相同”:

(130) Before the weekend, Madrid was level with Barcelona.

在这个周末之前,马德里队和巴塞罗那队的得分相同。

(131) They finished level, with ten points each. (Longman)

他们最后打成平局，各得十分。

Flat的主要引申义是“固定的、统一的”：

(132) Clients are charged a flat rate of $250 annually.
向客户统一收取250美元的年费。(Longman)

(133) We charge a flat fee for car hire.
我们收取固定的租车费。

进一步的引申后，flat可以表示“缺乏变化，乏味的，平淡的”：

(134) Arsenal looked flat for large parts of the game.
比赛的大部分时间里，阿森纳队都没有精彩表现。(字面义为“看上去很平”)

(135) A Flat Speech For Flat Times
萧条时代的平淡演讲(字面义为“平时代的平演讲”)

(136) ...leading a flat life in the middle of nowhere...
……在偏僻的地方过着平淡的生活……

在描述生意或贸易时，flat表示“不景气的、不兴旺的”的意思。本书认为这一用法与“缺乏变化、乏味”密切相关：

(137) Analysts are expecting flat sales in the coming months.
分析人士预计未来数月销量不景气。

在描述声音时，flat引申出“平淡的，无变化的”义，通常表示消极的评价：

(138) ‘He’s dead,’ she said in a flat voice.
她用平淡的语气说：“他死了。”

(139) ...Always sounded flat emotionally, with little of the dynamic range and expressivity.
……总是听起来情绪平淡，极少有变化和表达欲。

(140) ...She delivers a monologue in an even and flat tone of voice for fear of starting to cry.

……因为害怕哭出来，她用单调平淡的语气进行了独白。

(141) Malcolm spoke in the flat tone he used when he was holding all feeling at bay.

马尔科姆控制自己所有的感情时，说话的语气很平淡。

(142) ...She replied in a detached, flat tone. She was upset with me.

……她回复的语调疏离、缺乏热情。她对我感到失望。

3.1.3.3 俄语 SMOOTH 语义场的引申义

本节讨论俄语 SMOOTH 语义场的引申义，下面分别介绍“滑”“光”和“平”三大类的引申情况。

(一)“滑”类框架

俄语 skol’zkii 的引申义都具有消极色彩，表示“不可靠、可疑、无赖”的意思：

(143) Сами милиционеры все чаще встают на скользкий путь фальсификаций, «крышевания» бизнеса. (Ruscorpora)

Sami militsionery vse chashche vstayut na skol' zkii (滑溜) put' (道路) fal' sifikatsii, «kryshevaniya» biznesa.

警察们本人越来越走向伪造和“保护”商业的不可靠的道路。

(144) Это ведь, ты сам понимаешь, вопрос очень скользкий. (Ruscorpora)

Eto ved', ty sam ponimaesh', vopros(问题) ochen' skol' zkii (滑溜).

这点，你本人要明白，问题非常模棱两可。

(145) — Он не назвался, а я не поинтересовалась. — Скользкий тип, — отметила Ира. — Да, мне он тоже не нравится. (Ruscorpora)

— On ne nazvalsya, a ya ne pointeresovalas'. — Skol' zkii (滑溜) tip (家伙), — otmetila Ira. — Da, mne on tozhe ne nravitsya.

他没有说自己的名字，而我没有问。

“可疑的家伙”，伊拉指出。

是的,我也不喜欢他。

(二)"光"类框架

俄语中gladkii的引申义具有积极色彩,表示没有困难或障碍:

(146) В общем, <u>всё</u> обошлось гладко и успешно, офицер получил награду, его поздравляли, а указ даже напечатали в газетах. (Ruscorpora)

V obshchem, <u>vse</u> oboshlos' gladko(光滑)i uspeshno, ofitser poluchil nagradu, ego pozdravlyali, a ukaz dazhe napechatali v gazetakh.

总而言之,<u>一切</u>都很顺利和成功,军官得到了奖励,人们向他表示了祝贺,甚至命令都登到了报纸上。

(147) Может быть, у вас не <u>всё</u> гладко с родителями? (Ruscorpora)

Mozhet byt', u vas ne <u>vse</u> gladko(光滑)s roditelyami?

也许吧,您和父母之间不是<u>一切</u>都很顺利?

Gladkii也经常用来形容说话流利,文章语句通顺、措辞得当:

(148) ... гладкий на слух <u>текст</u> выходил на бумаге корявым и тавтологичным. (Ruscorpora)

...gladkii(光滑)na slukh <u>tekst</u>(文章)vykhodil na bumage koryavym i tavtologichnym.

……听起来很流畅的<u>文章</u>写下来就变得很不通顺,重复的地方很多。

(149) Спокойная, говорит тихо, предложения строит гладко. (Ruscorpora)

Spokoinaya, govorit tikho, predlozheniya stroit gladko(光滑).

她很平静,说话声音小,言语很通顺。

(150) Секретарь прочёл и удивился — как гладко, складно, а главное, вполне на тему и политически грамотно! (Ruscorpora)

Sekretar' prochel i udivilsya — kak gladko(光滑), skladno, a glavnoe, vpolne na temu i politicheski gramotno!

书记读完大吃一惊——多么通畅、有条理,更重要的是完全符合题目，并且很懂政治。

另外，gladkii 可以描述人或动物肥胖。在这个意义上它也具有褒义色彩。

(151) Он — немного полноватый, вальяжный, гладкий, в каждом движении и фразе — ленца. (Ruscorpora)
On (他)— nemnogo polnovatyi, val' yazhnyi, gladkii(光滑), v kazhdom dvizhenii i fraze — lentsa.
他有些丰满、仪态优美、微胖，每一个动作和言语都有些懒惰。

(三) "平"类框架

俄语中 rovnyi 经常表示"均匀、不变"的意思，可以描述颜色、光线、声音等：

(152) Результат — идеально ровный цвет и до тридцати процентов больше блеска. (Ruscorpora)
Rezul' tat — ideal' no rovnyi(平) tsvet(颜色) i do tridtsati protsentov bol' she bleska.
结果是，理想的均匀发色，并且增加 30%的光泽。

(153) Лицо его, недавно в багровых пятнах смятения, теперь покрывал ровный и густо-розовый румянец от выпитого вина... (Ruscorpora)
Litso ego, nedavno v bagrovykh pyatnakh smyateniya, teper' pokryval rovnyi (平) i gusto-rozovyi rumyanets (红晕) ot vypitogo vina...
不久前他的脸由于焦急而长满了红点，现在由于喝了酒而均匀地泛着红晕……

(154) Излучает ровный свет Полярная звезда... (Ruscorpora)
Izluchaet rovnyi(平) svet(光芒) Polyarnaya zvezda...
北极星发出永恒的光芒……

(155) Ещё два трактора с сеялками ползли по тому краю; ровный гул их как-то не нарушал тишины огромного светлого дня. (Ruscorpora)

Eshche dva traktora s seyalkami polzli po tomu krayu; rovnyi (平) gul(轰隆声) ikh kak-to ne narushal tishiny ogromnogo svetlogo dnya.

还有两辆拖拉机和播种机沿着边缘缓慢行驶;它们持续的轰隆声好像并没有破坏大白天的安静。

(156) Бился сильный и ровный пульс. (Ruscorpora)

Bilsya sil' nyi i rovnyi(平) pul' s (脉搏).

有力而平稳的脉搏跳动着。

在描述人时,rovnyi 表示性格沉稳:

(157) Не без капризов, но в целом ровный, спокойный, благожелательный. (Ruscorpora)

Ne bez kaprizov, no v tselom rovnyi (平), spokoinyi, blagozhelatel' nyi.

他未免有些任性,但是整体上沉稳、安静和友善。

在一些特定语境中,rovnyi 也可以表示"平等"的意思:

(158) Прежде всего, следует отметить стабильно хороший и ровный уровень команд. (Ruscorpora)

Prezhde vsego, sleduet otmetit' stabil' no khoroshii i rovnyi(平) uroven'(水平) komand.

首先应该指出不同运动团队一向优异且相当的水平。

3.1.3.4 汉语 SMOOTH 语义场的引申义

本节分析汉语 SMOOTH 语义场的引申义,下面分别介绍"滑""光"和"平"三类框架的引申表现。

(一)"滑"类框架

汉语中"滑"类的"滑"具有该类在跨语言中最常见的引申义,即"狡猾":

(159) 这个人滑得很。(《现汉》)

“滑”的动词性引申义也具有消极色彩，表示事态朝不好的方向发展：

(160) 1988年，企业生产滑入低谷。(CCL)

(161) 让人们清楚地看到腐败分子的可耻下场及滑向深渊的演变过程。(CCL)

“滑溜”没有发展出固定的引申义，通常只有基础义用法。

（二）“光”类框架

汉语“光”类形容词引申义比较少见。“光滑”“光溜”和“平滑”都没有发展出固定的引申义。“光”的引申义比较丰富，但多与其本义光线、光亮有关，不属于光滑框架的引申义。

“光”的引申义经常做结果补语，如：

(162) 把敌人消灭光（《现汉》）

(163) 钱花光了 (inf)

(164) 人已经走光了 (inf)

“光”也可以直接作谓语，如：

(165) 他这么多年一直光着，没有女朋友。(inf)

(166) 你别这么光着，穿上点衣服！(inf)

(167) 光着膀子 (inf)

(168) 光着头 (inf)

虽然有的用法[如例(163)—(164)，“什么都没有”]在语义上与跨语言共性的引申义(如“没有任何特点”)接近，但是由于语法性质不同，且引申义的来源域难以确定，因此不纳入本书考察范围内。

（三）“平”类框架

“平”类的引申义基本符合词汇类型学的预测。“平”可以表示“平等”[如例(169)—(170)]和“缺乏变化，乏味”[如例(171)—(172)]的意思。

(169) 这场球赛双方打平了。(inf)

(170) 没输没赢,平了。(inf)

(171) 这篇文章写得很平。(inf)

(172) 这部电影太平了,看得我想睡觉。(inf)

"平坦"可以表示"顺利"的意思:

(173) 但是,陀思妥耶夫斯基的文学道路并不平坦。(CCL)

(174) 改革之路绝不会是平坦的。(inf)

(175) 我走过了一条平坦的、一帆风顺的人生道路。(inf)

不过,"平坦"引申义的使用并不自由,只有与"道路""路"这类词搭配时才能体现。可见,"平坦"的引申义用法比较受限。

"平整"只在基础义上使用,没有发展出固定的引申义。

3.1.4 小结

本节分析显示,SMOOTH语义场的框架很多。不同感官提供的信息是丰富语义场的重要渠道,而SMOOTH语义场在描述相关事物时,采用来自视觉与触觉两种感官的信息,从而形成了SMOOTH语义场中的众多框架。与SHARP语义场不同的是,SMOOTH语义场中视觉评价属于核心框架,与触觉评价处于同等地位:"滑"类框架主要的信息来源是触觉(滑溜的香皂、滑溜的路面),"平"类框架的主要信息来源是视觉(平坦的草原、平整的地板),而"光"类框架由于具有通过视觉判断的"是否发亮"的特征,通常需要两个信息来源共同作用。

引申义层面也可以证明与这两个信息来源相关的框架的地位是平等的,无法区分核心和边缘框架。三大类框架的引申义都很发达,并且各具特色。"滑"类框架的主要引申义是"不可靠、不稳定";"光"类框架的引申义为"没有缺点或困难";"平"类框架的引申义与"平均、一贯不变、强度低"相关。SMOOTH语义场基础义用法的三大类对应引申义的三个主要方向,所考察的语言在这方面表现得很一致,证明了基础义框架和引申义之间存在关联。

SMOOTH 语义场极其丰富的另一个原因是，能够与该语义场词语搭配的事物内部很不一致：有小的（如光滑的卵石），也有大的（如平坦的草原）；有自然物（如平坦的草原），也有人造物（如平整的地板），甚至还有人的身体部位（如光滑的脸蛋）。由于经常会从视觉和触觉两个不同的角度来修饰如此丰富多样的事物，因此许多语言自然而然就会选择使用不同的词语，因此 SMOOTH 语义场相关的框架也就很多。

值得一提的是，通过观察语义地图 3－5，我们可以发现：汉语 SMOOTH 语义场的三个大类中，单音节形容词覆盖的范围较大，而双音节形容词覆盖的范围较小，且通常出现在相关的单音节所覆盖的范围内。这一点可以证明汉语中基本语义范畴经常由单音节词表示。正如叶文曦（2004：100）所提到的："汉语很少用双字表示基本语义范畴，这跟汉语形式的长度和经济性有关系。"

在引申义层面汉语的单音节和双音节词的分工也很明确。许多 SMOOTH 语义场的双音节词没有发展出引申义（如"滑溜""平整""平滑""光溜"。"平坦"在引申义上的使用也受限制），只能在基础义上使用。而汉语中能够与跨语言资料相对应的引申义，多选择本语义场单音节词与其他语义场单节音词组成的复合词来表示。如表示人外貌漂亮时可用"光鲜"，表示均匀、无差别时可用"平等""公平"，表示事物没特点时可用"平淡"，表示心情无起伏时可用"平静""平和"。

3.2 ROUGH 语义场的分析

3.2.1 相关参数

ROUGH 语义场的形容词用来表示物体表面具有凹凸感。与 SMOOTH 语义场类似，视觉和触觉感受的对立在区分这个语义场的形容词时同样起着重要的作用。ROUGH 语义场中,视觉上存在凹凸、起伏的物体包括多种情况,如凹凸不平的沼泽地、坑坑洼洼的路、疙疙瘩瘩的木板等。这类用法可以分成许多框架,但是受文化背景和生活环境的影响,很多语言中的相关表达很不一致,难以建立具有可比性的框架,因此本书不考察 ROUGH 语义场视觉类框架在跨语言中的表现。跨语言的数据显示,SMOOTH 语义场中从视觉角度描述的词语("平"类框架)具有较强的共性,而 ROUGH 语义场中这类表达丰富多样,个性很强。这一点也可视为反义语义场不对称性的表现。

下面我们重点讨论触觉上感受的凹凸物(如猫的舌头、磨刀石等)。这类粗糙物受四个区别参数控制,分别为:粗糙物是自然物还是人造物、凹凸物的大小、凹凸物分布均匀与否,以及物体表面是否能够划伤人的皮肤,具体情况如下:

1. 粗糙物是自然物与人造物

人造物和自然物经常用不同的方式来描述,如汉语的"毛糙"只能描述人造物,而"粗糙"不受这方面的限制。刘叔新(1987)指出,与"粗糙"相比,"毛糙"含有"粗心导致"的意味,因此只用于做事和言行态度等。这一观察与我们的结论非常接近。

2. 凹凸物较小与较大的表面

猫的舌头、粗糙的手属于凹凸物较小的表面,而松树皮、伤疤属于凹凸物较大的表面,即凹凸感更强。这两个框架在芬兰语(karhea,形容较小的凹凸物;karkea,形容较大的凹凸物)和爱沙尼亚语的(kare 与 krobeline)用不同的词语描述,因此本书对这两个框架进行了区分。

3. 凹凸物分布得均匀与否

俄语的形容词 sherokhovatyi 描述凹凸物分布不均匀的表面,而 shershavyi 不论凹凸物分布得均匀与否,都可以描述。

4. 表面是否会划伤皮肤

西班牙语的 áspero 描述粗糙的表面,而 rasposo 描述粗糙并且会划伤皮肤的表面(胡茬、带刺儿的木板)。由于使用不同的词语,因此需要区分为两个框架。

按照这些参数我们可以区分出下面的基础义框架:

(1) 凹凸物较大的表面(松树皮)

(2) 小凹凸物分布得均匀的人造物的表面(粗糙的墙面)

(3) 小凹凸物分布得均匀的自然物的表面(猫的舌头)

(4) 会划伤皮肤的表面(带刺儿的木板)

(5) 小凹凸物分布得不均匀的人造物的表面(粗糙的木板)

(6) 小凹凸物分布得不均匀的自然物的表面(粗糙的叶子)

此外,有些语言中,布料类有特殊的表达方式,因此我们又得出第七个框架:

(7) 粗糙并且较硬的柔韧的料子(粗糙的麻袋布)

比如,俄语中的 shershavyi 可以用来形容某个硬的表面,而 grubyi 则用来描述布料不仅粗糙而且比较硬: grubyi brezent(粗糙的帆布), grubaya meshkovina(粗糙的麻袋布)。如果某种布料表面不光滑,但是布料本身比较软,就不能用 grubyi 描述,则需用 shershavyi。

然而,许多语言中,"硬布料"和"表面不光滑的布料"用同一个词来描写,二者不区别,如西班牙语、芬兰语、马里语等。第四章 SOFT 语义场中对"硬布料"框架有详细介绍(参看 4.1.1 节)。

3.2.2　基础义语义地图的构建

以上介绍的框架在 Kashkin(2013: 85)语义地图上得以体现,具体情况见图 3-6。

3.2.2.1　英语 ROUGH 语义场语义地图

英语 ROUGH 语义场包含 rough 和 coarse 两个核心成员,它们在语义地图上的分布参看图 3-7。英语的 rough 使用范围最广,能够覆盖以上所述的全部框架。Rough 也可以使用在表示视觉评价的一些框架里:

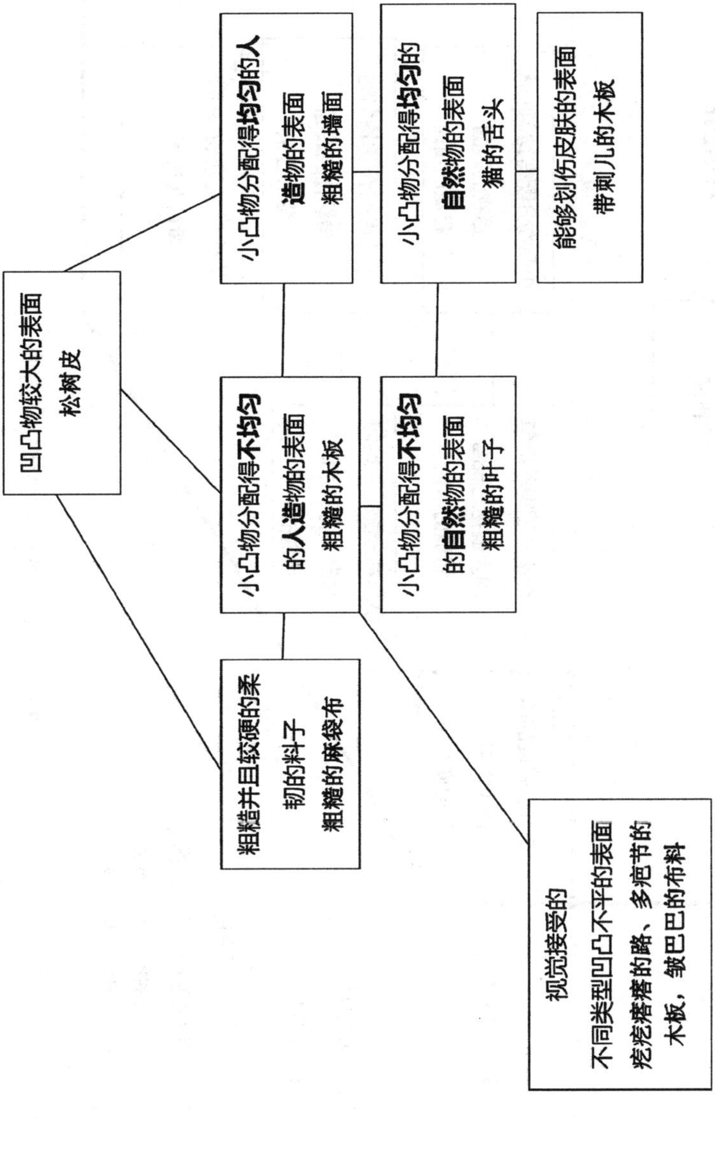

图 3-6　ROUGH 语义场语义地图

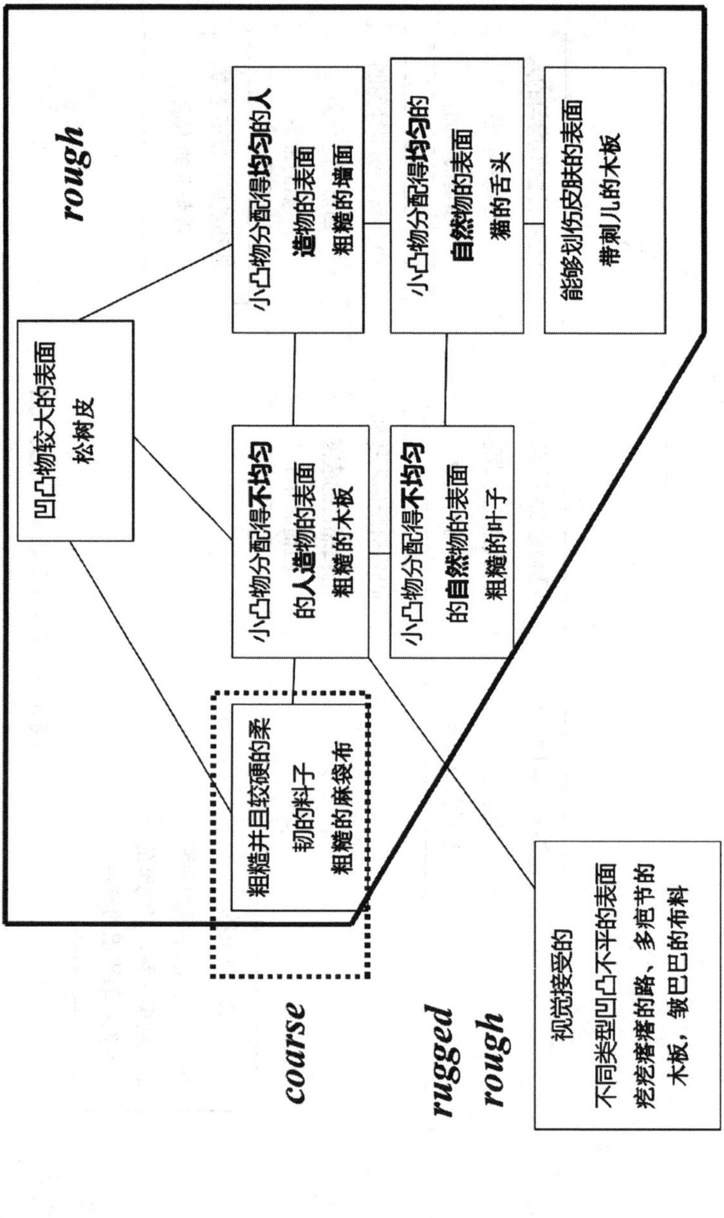

图 3－7　英语 ROUGH 语义场语义地图

(176) the rough terrain at the base of the mountains (Longman)
山脚下崎岖不平的地形

(177) We were bumping over the rough ground. (Longman)
我们在崎岖的路面上颠簸而行。

Coarse 专门来指称粗糙并且较硬的柔韧的料子(如 coarse material"粗布")。有趣的是,与汉语中的"粗"一样,它也可以表示物体颗粒大:

(178) The coarse sand was hot and rough under her feet. (COCA)
她脚下的粗砂又烫又硌脚。

这一点可能体现认知上的共性,值得进一步考察①。

另外,需要说明的是由于英语中的 rugged"不平的、崎岖的、起伏的"只表示视觉上的评价②,因此没有纳入考察范围。

英语的具体例句如下:

1. 凹凸物较大的表面(松树皮)

(179) I wondered if the scar would feel rough under my fingertips. (COCA)
我想知道我能否感觉到手指下的伤疤是粗糙的。

2. 小凹凸物分布得均匀的人造物的表面(粗糙的墙面)

(180) Let your baby feel a rough brick wall, a bumpy tree trunk, a soft flower, or a pointy evergreen bush. (COCA)
让你的小孩感受下粗糙的方砖墙面,崎岖不平的树桩,柔嫩的花朵,或尖尖的常青树丛。

---

① 在一些特定的搭配中,俄语描述粗糙并且较硬的柔韧的料子的 grubyi 也可以表示这个意思,如修饰 pomol(磨粉法)时: grubyi pomol "粗磨"。

② 如 a rugged coastline"崎岖不平的海岸线",the rugged beauty of the Highlands"苏格兰高地高低起伏的美景"。

3. 小凹凸物分布得均匀的自然物的表面(猫的舌头)

(181) Her hands were rough from hard work. (Longman)
她的手因干重活儿变粗糙了。

(182) The cat had a rough tongue.
猫的舌头表面很粗糙。

4. 会划伤皮肤的表面

(183) We played football on a rough dirt field, and I scraped the skin on my legs pretty badly. (inf)
我们在一个高低不平的土地上踢足球,因此我腿上的皮肤擦伤相当严重。

5. 小凹凸物分布得不均匀的人造物的表面(粗糙的木板)

(184) It coursed over her flesh like sandpaper levelling a rough board. (COCA)
它在她的身肉体上移动就像砂纸在打磨一块粗糙的木板。

(185) ... especially when used on rough paper they give your drawing a lively texture. (COCA)
……尤其是当使用粗糙的纸时,会给你的画增加活泼的纹理。

6. 小凹凸物分布得不均匀的自然物的表面(粗糙的叶子)

(186) rough-leaved thorn
叶子粗糙的荆棘

7. 粗糙并且较硬的柔韧的料子(粗糙的麻袋布)

(187) A sack is made from coarse cloth. It is rough to the touch. (inf)
麻袋是由粗糙的布制成的。它摸起来很粗糙。

(188) a jacket of coarse wool (Longman)
粗羊毛夹克衫

3.2.2.2 俄语 ROUGH 语义场语义地图

俄语 ROUGH 语义场相关框架主要用三个词语覆盖,分别是

shershavyi、sherokhovatyi 和 grubyi。Shershavyi 的用法最广，除了“粗糙并且较硬的柔韧的料子”框架外，其他框架都可以描述。Sherokhovatyi 专门指称凹凸物分布得不均匀的粗糙表面，而 grubyi 专门来指称粗糙并且较硬的柔韧的料子。俄语 ROUGH 语义场语义地图参看图 3-8。

俄语具体例句如下：

1. 凹凸物较大的表面(松树皮)

(189) Это утёсы и валуны на пляжах, шершавая кора деревьев и мягкие ковры в борах. (Ruscorpora)
Eto utesy i valuny na plyazhakh, shershavaya(粗糙) kora derev'ev (树皮) i myagkie kovry v borakh.
这是海滨浴场的悬崖和漂石，粗糙的树皮和小树林中柔软的地毯。

2. 小凹凸物分布得均匀的人造物的表面(粗糙的墙面)

(190) Но никакого света впереди не оказывалось, только новое разветвление или снова глухая шершавая стена земли и все такая же чёрная тишина подземелья. (Ruscorpora)
No nikakogo sveta vperedi ne okazyvalos', tol'ko novoe razvetvlenie ili snova glukhaya shershavaya (粗糙) stena zemli (土墙) i vse takaya zhe chernaya tishina podzemel'ya.
但是前方没有出现任何光线，只有新的岔口或者又是密不透风的粗糙土墙和一如既往的地洞的死寂。

3. 小凹凸物分布得均匀的自然物的表面(猫的舌头)

(191) Так щекотно! И язык у нее шершавый. (Ruscorpora)
Tak shchekotno! I yazyk(舌头) u nee shershavyi(粗糙).
真痒！它的舌头很粗糙。

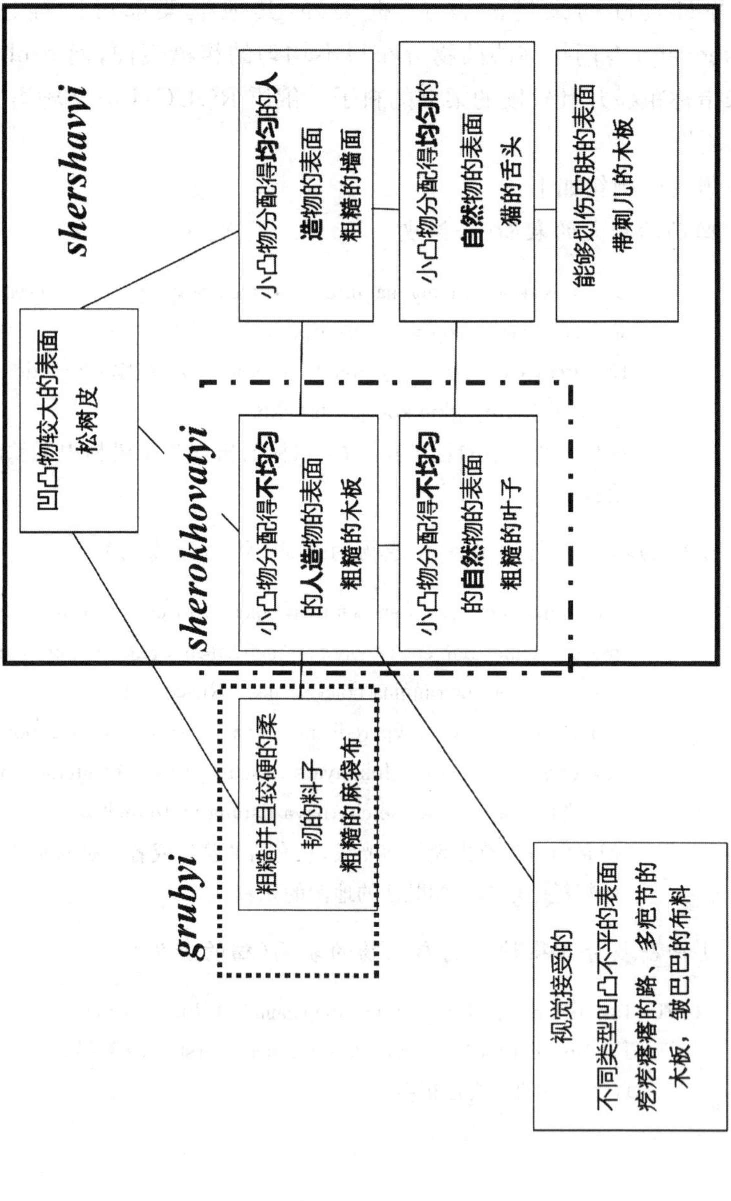

图 3－8　俄语 ROUGH 语义场语义地图

4. 会划伤皮肤的表面

(192) Кожа на руках была стёрта до крови о шершавые стены... (Ruscorpora)
Kozha na rukakh byla sterta do krovi o shershavye(粗糙) steny(墙)...
粗糙的墙把手上的皮擦出了血……

5. 小凹凸物分布得不均匀的人造物的表面(粗糙的木板)

(193) Шероховатая бумага, которую используют для акварельной живописи, тоже отлично подходит для работы пастелью.
Sherokhovataya (粗糙: 分布不均匀) bumaga(纸), kotoruyu ispol' zuyut dlya akvarel' noi zhivopisi, tozhe otlichno podkhodit dlya raboty pastel' yu.
画水彩画用的粗面纸对于彩色粉笔画来说也很适合。

(194) Чем шершавее бумага, тем больше тонера потребуется.
Chem shershavee (粗糙) bumaga (纸), tem bol' she tonera potrebuetsya.
纸面越粗糙,用的墨越多。

6. 小凹凸物分布得不均匀的自然物的表面(粗糙的叶子)

(195) Отмой свои черные руки, — прибавила молодая женщина, не без брезгливости взглядывая на просмоленные, шершавые руки матроса. (Ruscorpora)
Otmoi svoi chernye ruki, — pribavila molodaya zhenshchina, ne bez brezglivosti vzglyadyvaya na prosmolennye, shershavye(粗糙) ruki(手) matrosa. (Ruscorpora)
"把你的黑手洗干净。"年轻的女人补充道,有些嫌恶地看着水兵涂满树脂的、粗糙的双手。

(196) Что за деревце с вот такими шершавыми листьями?
Chto za derevtse s vot takimi shershavymi(粗糙) list' yami?
长着这种粗糙叶的树是什么树呢?

(197) хитиновый покров рака на ощупь шероховатый, твердый (Ruscorpora)
khitinovyi pokrov(甲壳)raka na oshchup' sherokhovatyi(粗糙：分布不均匀), tverdyi. (ya)
虾的甲壳摸上去不光滑(字面义为“粗糙”),很硬。

(198)(базилик) Листья, шероховатые на ощупь, зеленого или фиолетового цвета, в длину вырастают не более 6 сантиметров.
(bazilik) List' ya, sherokhovatye (粗糙：分布不均匀) na oshchup', zelenogo ili fioletovogo tsveta, v dlinu vyrastayut ne bolee 6 santimetrov.
(紫苏的)叶子摸上去不光滑(字面义为“粗糙”),是绿色或者紫色的,生长长度不大于 6 厘米。

7. 粗糙并且较硬的柔韧的料子(粗糙的麻袋布)

(199) рядно — самый грубый холст, идущий на мешки, на покрышки возов и т.п. (Ruscorpora)
ryadno — samyi grubyi kholst, idushchii na meshki, na pokryshki vozov i t.p.
粗麻布是适合做麻袋、大车罩等等的最粗糙的麻布。

3.2.2.3　汉语 ROUGH 语义场语义地图

汉语 ROUGH 语义场也可分为视觉感受和触觉感受两类。形容视觉上观察到的凹凸感,如路面不平用“崎岖”“坑坑洼洼”,水面不平用“起伏”,本书不重点考察;触觉上的凹凸感主要由“粗”“糙”“粗糙”“毛糙”表示。

单音节词“粗”除了表示物体表面粗糙义(如“便宜的本子纸很粗”),也可以表示条状或柱状物体的体积大(如“树干很粗”)或颗粒物大(如“粗沙”)。后两者都不属于 ROUGH 语义场。

“粗糙”和“毛糙”是该语义场的核心成员。“粗糙”的使用范围最广,可以覆盖语义场内所有框架。《现汉》对“粗糙”的释义是“不精细,不光滑”。“精细”与“光滑”确实经常可以看作是相关的特征,但是在许多上下文中，"粗糙"只表示物质上的粗糙，不带有主观评价的成分，也不一定表示"不精细"。如自然物[粗糙的树皮，如例(200)]或者本来应该是粗糙的人造物[磨刀石，如例(202)]与"粗糙"搭配时，不表示消极义。"粗糙"也能够描述可以伤害皮肤的粗糙的表面。

"毛糙"主要与人造物搭配，很少描述自然物①，因此可以帮助我们有效地区分这两个框架，给词汇类型学项目在 ROUGH 语义场里增加一个参数。

单音节的"粗"和"糙"也属于该语义场，但在表示"粗糙"义时，它们的使用比较受限制。《现汉》在"粗"的"粗糙"义项上做出说明，即"与'精'相对"，这容易误解为"粗"只能用作引申义。然而语料显示，"粗"同样也可以表示物体表面粗糙，且并不一定带有消极色彩。在修饰原本就粗糙的物体、自然物及触觉上舒服的感觉时，"粗"具有中性或积极的色彩(例句 206、216、219)。只不过，"粗"表示粗糙义的用法在使用中比较受限。

单音词"糙"的使用非常受限制，它经常在一些特定的搭配中出现，如"糙粮""糙米"。我们难以确定它的确切使用范围，因此在语义地图上没有体现。

另外，汉语中的"涩"也可以表示"摩擦时阻力大，不滑润"(《现汉》)的意思，比较强调由于不够湿润、缺乏润滑引起的阻力大。但是由于现在 MLexT 所搜集的其他语言的例句尚不足以支持对"涩"进行比较全面的分析，所以本书暂不重点考察该词。

汉语 ROUGH 语义场语义地图请参见图 3－9。具体的例句如下：

1. 凹凸物较大的表面(松树皮)

"粗糙"：

① 我们目前调查到的与自然物的典型搭配不多见，且主体仅为"头发"。如果数据增加我们可能做出相应调整。

（200）一棵松树的粗糙的树皮。（Leeds）

2. 小凹凸物分布得均匀的人造物体的表面（粗糙的墙面）

“粗糙”：

（201）静静的房间很空，粗糙的墙面，简单的柜子，然后就是一张床，很简单。（百度）

（202）磨刀石的两面，较细质的和粗糙的可以各干什么用？（百度）

（203）这种瓷器比较粗糙，赶不上江西瓷。（《现汉》）

“毛糙”：

（204）纤维比较光滑的丝麻府绸这一类衣服，又比纤维毛糙棉布衣服通风得舒服了。（辛石《热天着啥衣服好？》）

“粗”：

（205）这间毛坯房墙面很粗，还没有装修。（inf）

（206）喝酒的浅口汤碗也大抵换成了高脚的玻璃杯，衬着红红白白的酒色很好看，可也没了以前摩挲粗瓷的那种温厚的手感了。（Leeds）

3. 小凹凸物分布得均匀的自然物的表面（猫的舌头）

“粗糙”：

（207）北方山区的恶劣气候和简陋的生活条件，使同学们的皮肤粗糙不堪。（CCL）

“粗”：

（208）工人叔叔每天在工厂里不停地劳作，双手变得很粗。（inf）

4. 会划伤皮肤的表面

“粗糙”：

（209）因为长期拔草，她的手指甲一次次地脱落，手上刻满了一道道深深的印痕，握起来粗糙得扎手。（CCL）

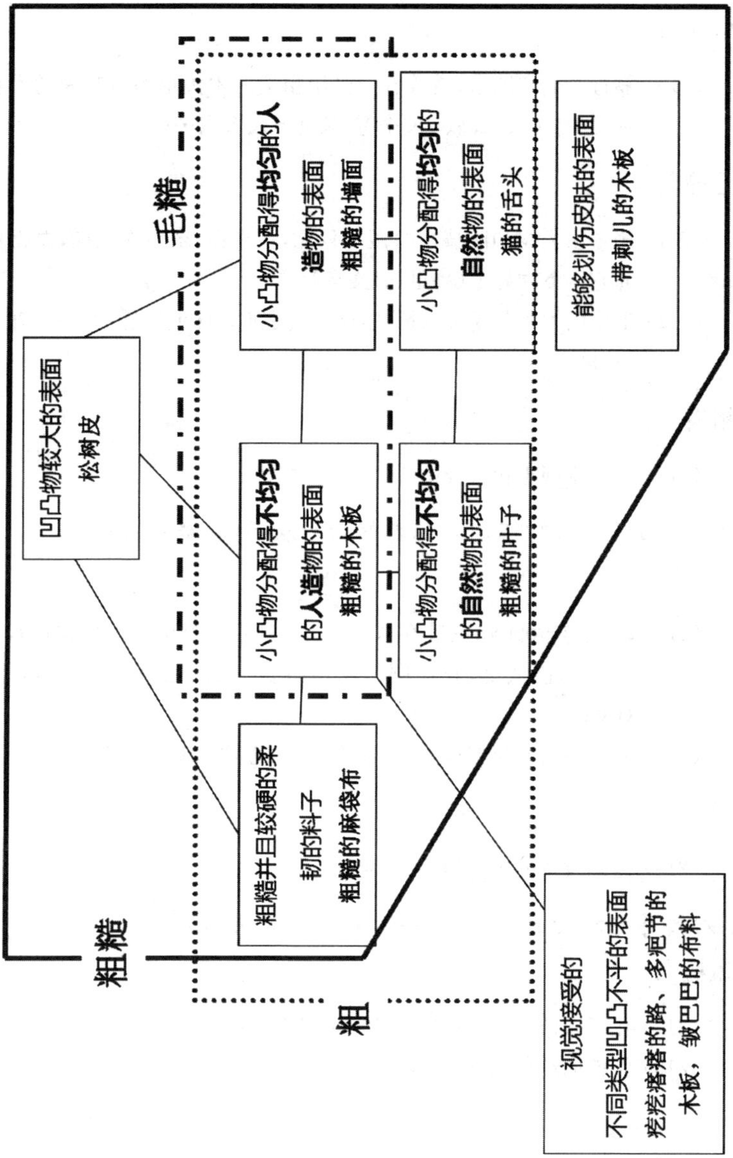

图 3-9　汉语 ROUGH 语义场语义地图

5. 小凹凸物分布得不均匀的人造物的表面(粗糙的木板)

"粗糙":

(210) 靠近左面的墙壁,横放着一张用粗糙的木板草率钉起来的木板床,只有1尺来高、3尺来宽,长度5尺多点……(CCL)

"毛糙":

(211) 用一段大树和四枝小树做一只凳,在现在,未免太毛糙,总得刨光它一下才好。(鲁迅《做文章》)

(212) 毛糙的木板与锈蚀的铸铁,这简直是重口味的质感的材料搭配。(百度)

"粗":

(213) 这块木板很粗。(inf)

6. 小凹凸物分布得不均匀的自然物的表面(粗糙的叶子)

"粗糙":

(214) 【柚木】(yóumù)落叶乔木,叶子大,卵形或椭圆形,表面粗糙,背面有褐色绒毛,花序圆锥状,花白色或蓝色,核果略作球形。(CCL)

(215) 叶子最后变得粗糙不堪,像筛子一样满是窟窿。(CCL)

"粗":

(216) 白网纹草的叶片很粗。(百度)

7. 粗糙并且较硬的柔韧的料子(粗糙的麻袋布)

"粗糙":

(217) 化纤布做的专门用以搓背的粗糙布条(Leeds)

(218) 粗糙的红色地毯(Leeds)

"粗":

(219) 巴厘的绘画别具一格,大都是用胶和矿物颜料画在粗麻布或白

帆布上……(Leeds)

3.2.3 引申义

ROUGH 语义场形容词的引申义经常用来描写某个物体有缺点或者多少让人觉得不舒服。这一类形容词经常表示做工不细致,如厄尔茨亚语的 казямо эзем(做工粗糙的板凳,字面义为“粗糙的板凳”)、英语的 a rough estimate(大概的、粗略的估计,字面义为“粗糙的估计”)、a rough draft(草稿,字面义为“粗糙的稿子”)等。

在形容人的特点或表现时,“粗糙”类的形容词表达“某人让人感到不愉快”的语义,如俄语的 grubyi chelovek(粗鲁的人)、grubye slova(粗暴的词语)等。这类的形容词也可以用来形容很严厉的人(如西班牙语的 áspero 和爱沙尼亚语的 kare)。

ROUGH 语义场的形容词有时也可以形容某种味道或声音给人带来不愉快的感觉,或者某物运行不正常的声音,如英语的 rough: The clutch sounds rough — better get it checked.(离合器的声音不对头,最好检查一下。字面义“声音很粗糙”)接近这一类的用法是“不舒服,不愉快的感觉”,如英语的 to feel rough(感觉不舒服)。

另一个引申方向是“影响强烈”。其引申依据显而易见:一些粗糙物体(如磨刀石或砂纸)的用法直接与其对其他物体的影响相关。“不利的影响强烈”的用法更常见,如俄语的 grubaya oshibka(严重的错误,字面义为“粗糙的错误”)、德语的 grobe Mängel(严重的缺点,字面义为“粗糙的”)、grob ungerecht(非常不公平,字面义为“粗糙地不公平”),(Bons 2009: 306 - 307)但是匈牙利语的形容词 durva 和副词 durván 正面和负面现象都可以描写,如 durván elfáradtam(非常累,字面义为“粗糙地累”)、durván megijedtem(受到很大惊吓,字面义为“受到粗糙的惊吓”)、durva autó(很酷的车,字面义为“粗糙的车”)。

3.2.3.1　英语 ROUGH 语义场的引申义①

英语中 ROUGH 语义场主要有两个词：rough、coarse。Rough 的引申义更多，且都具有消极义。它可以从不同的角度来描述“与之接触会带来不愉快感觉的人”，比如：

（220）Gary Nicholson was what Hoomey's mother called a nasty rough <u>boy</u>.
加里·尼科尔森就是胡米的母亲所说的邋遢粗野的<u>男孩</u>。

（221）A rough <u>person</u> (who could be called ‘a rough’) tends to get into fights. (inf)
粗暴的<u>人</u>（也可以被称为“粗人”）容易被卷入打架斗殴中。

（222）A rough <u>person</u> would be mean or edgy. (inf)
粗暴的<u>人</u>会非常凶恶和暴躁。

与这个义项密切相关，rough 也可以表示“态度不温柔的、粗野的、粗暴”等意思：

（223）Don't you think <u>you</u> were a little rough on her? (Longman)
你不觉得<u>你</u>对她有点凶吗？

（224）Don't be so rough with the child. (Longman)
不要对小孩这样粗暴。

（225）Rugby is a very rough <u>sport</u>. (Longman)
橄榄球是一项非常粗野的<u>运动</u>。

在描述一些活动时，rough 表示“不舒服的、条件艰苦的”：

（226）The <u>journey</u> was long and rough. (Longman)
<u>旅途</u>漫长而艰苦。

Rough 也可以表示某段时期很艰难的意思：

（227）The first <u>year</u> was rough, but things have gotten better. (Longman)

---

①　本节的部分例句引自（Vinogradova 2013）。

第一年很艰难,但现在已经好起来了。

(228) a rough day/week (Longman)

艰难的一天/一个星期

(229) rough times

艰难的日子

在表示“不悦目”“不悦耳”时,rough 所标示的消极义程度相对来说低一些,但是也属于负面现象。这一类用法有“看上去邋遢”“声音刺耳或不正常的”等:

(230) After travelling for two days we must have looked pretty rough. (Longman)

在路上走了两天,我们肯定是蓬头垢面的。

(231) The clutch sounds rough — better get it checked. (Longman)

离合器的声音不对头,最好检查一下。

Rough 的另一个引申方向与“做工简单的、粗糙的”有关,如:

(232) a rough wooden table

粗糙的木桌

这类用法进一步引申可以表示“不确切的、不准确的、大略的”等意思:

(233) A rough sketch of the house.

房子的草图。

(234) Could you give me a rough idea what time you' ll be home? (Longman)

你能告诉我你大概什么时候回家吗?(rough idea 的字面义为“大概的想法”)

在这一义项上 rough 的搭配能力非常强,可以描述许多具体和抽象物体:

(235) a. rough estimate　　粗略的估计

b. rough draft	草稿
c. rough idea	大概的想法
d. rough guide	粗略的指南
e. rough shape	大致的形状
f. rough outline	大致的轮廓
g. rough equivalent	大概的等价物
h. rough map	大略的地图
i. rough translation	大概的翻译
j. rough approximation	粗略的概算
k. rough guess	粗略的猜测
l. rough balance	粗略的平衡

与 rough 相比，coarse 的引申义比较单一，主要表示“粗俗的、粗鲁的”之义：

(236) coarse jokes
粗俗的玩笑

(237) Malibor was only a provincial governor, a coarse man more interested in hunting and games than...(COCA)
马里博尔只是一个省长，一个相比……对狩猎和游戏更感兴趣的粗俗的人。

(238) ...born of coarse country folk in the Midlands, without education or breeding,...(COCA)
……生长于中部地区粗野的乡下人中，未受过教育或培训……

(239) He had coarse manners but an absolutely first-rate mind. (COCA)
他行为举止粗鲁，但头脑绝对顶呱呱。

3.2.3.2 俄语 ROUGH 语义场的引申义

俄语中 shershavyi 和 sherokhovatyi 的引申义比较接近。在表示做工不够细致时，两个词都经常用来描述文章或者言语没有经过认真地润色，不够流畅：

(240) Описания французской столицы даны шершавым языком путеводителя, герои ненастоящие, диалоги неестественные. (Ruscorpora)
Opisaniya frantsuzskoi stolitsy dany shershavym (粗糙) yazykom (语言) putevoditelya, geroi nenastoyashchie, dialogi neestestvennye.
法国首都被旅行手册粗陋的语言描写,主人公不真实,对话也不自然。

(241) Я сам знаю, что они как стихи не совсем хороши: все как-то тяжело и шероховато, совсем разучился писать. (Ruscorpora)
Ya sam znayu, chto oni kak stikhi ne sovsem khoroshi: vse kak-to tyazhelo i sherokhovato (粗糙: 分布不均匀), sovsem razuchilsya pisat'.
我自己知道,它们作为诗不算太好,因为都有些沉重和生涩,完全不会写了。

(242) Он показывал мне, как исправил негладкие, шероховатые выражения в прежних своих сочинениях, приготовляемых им для будущего издания.
On pokazyval mne, kak ispravil negladkie, sherokhovatye (粗糙: 分布不均匀) vyrazheniya (表达) v prezhnikh svoikh sochineniyakh, prigotovlyaemykh im dlya budushchego izdaniya.
他给我指了指,怎样修改他以前为了将来的出版而写的文章中不通顺、不流畅的表达。

除此之外,shershavyi 可以表示听起来不悦耳的声音:

(243) — Слушаю, — донесся из зарешеченного репродуктора шершавый патефонный голос. (Ruscorpora)
— Slushayu, — donessya iz zareshechennogo reproduktora shershavyi(粗糙) patefonnyi golos(声音).
喂,——从被栅栏围起来的扩音器传来粗糙的留声机声音。

Sherokhovatyi 则表示两个人相处不愉快,关系不太好的意思:

（244） Если вы это сделаете，то ежедневные будни будут менее шероховатыми，и вы отведете от ваших отношений угрозу развода.

Esli vy eto sdelaete，to ezhednevnye budni（日常生活）budut menee sherokhovatymi（粗糙：分布不均匀），i vy otvedete ot vashikh otnoshenii ugrozu razvoda.

如果您做这些，那么每天的日常生活将会少些枯燥，您将从你们的关系中消除掉离婚的威胁。

Grubyi 表示的 ROUGH 语义场的引申义最多。与 shershavyi 和 sherokhovatyi 不同，grubyi 的引申义较为常用，听到这个词的时候俄语母语者往往会先联想到它所表示的抽象义。

在表示做工不细致时，grubyi 既可以描述具体事物，也可以形容比较抽象的事物，如翻译的水平等：

（245） Внутри стоял грубый стол и две лавки，врытые в землю.（Ruscorpora）

Vnutri stoyal grubyi stol（桌子）i dve lavki，vrytye v zemlyu.

里面有张粗糙的桌子和两张埋进土里的长凳。

（246） Это грубый подстрочник. В оригинале это отличные стихи，песня с чёткой мелодией.（Ruscorpora）

Eto grubyi（本义上描述粗糙的布料）podstrochnik（逐字翻译的译文）. V originale eto otlichnye stikhi，pesnya s chetkoi melodiei.

这是拙劣的逐字翻译的译文。原文是非常优秀的诗歌，是有清晰旋律的歌曲。

除此之外，grubyi 可以描写某物给人带来不愉快的感觉，如声音不悦耳或谈话粗鲁：

（247） Голос был грубый，мужской：очевидно，там пили.（Ruscorpora）

Golos（声音）byl grubyi，muzhskoi：ochevidno，tam pili.

声音粗糙，是男人的声音，显然，那里在喝酒。

（248） Разговор был грубый，шантажный；ему угрожали：обещали

поломать кости или ещё того хуже... (Ruscorpora)

Razgovor(谈话)byl grubyi(本义上描述粗糙的布料), shantazhnyi; emu ugrozhali: obeshchali polomat' kosti ili eshche togo khuzhe...

说话粗鲁、充满恐吓,他被威胁了。他们扬言要打断他的骨头或者做更可怕的事情……

3.2.3.3 汉语ROUGH语义场的引申义

汉语中ROUGH语义场的形容词在描述做工粗糙时,既可以描述具体事物又可以表示做事不精细,如:

(249) 一只釉彩的鼻烟壶,拿在她们手里了。壶的磁质是很粗糙的,浮出许多红绿的人物出来,在我看来实在是俗不堪耐。(郭沫若《湖心亭》)

(250) 这套衣服的手工很粗糙。(inf)

(251) 这活儿做得很毛糙/粗糙/粗/糙。(inf)

(252) 事情办得很毛糙。(inf)

(253) 作业做得很粗。(inf)

(254) 试卷答得很粗。(inf)

(255) 总结是赶出来的,写得很粗糙。(inf)

(256) 他看得太粗了,很多问题都没看出来。(inf)

"粗"的引申义比较丰富,但由于它是多义词,所以很难确定某个引申义源自哪项基础义。在"粗心大意"或"这个人心很粗"这样的用法中,"粗"似乎可以表示"疏忽"的意思。但通过"这个人做事粗线条""我天生粗神经"等例句,可以看出,这一义项有可能与"粗"的维度义相关。且汉语ROUGH语义场的其他形容词都没有引申出"疏忽"的用法,这一点也可以视为"粗"的"疏忽"义与粗糙义无关的佐证。

此外,"粗"还有描述声音的引申义。这里需要区分两种情况。第一种是ROUGH语义场的常见引申义,表示"味道或声音给人带来不愉快的感觉",如"粗声粗气""粗声大气"等固定搭配。第二种情况是“粗”引申出声音大而低之义，如“他的声音变粗了。”这种用法在 ROUGH 语义场的跨语言中没有发现，Nanii(2016：95)认为“粗”的“声音大而低”义与维度有关。

与此不同，“粗”表示“不礼貌”可视为 ROUGH 语义场的引申义。原因在于“不礼貌”是 ROUGH 语义场普遍的引申义。俄语、英语、韩语、匈牙利语、马里语、芬兰语、爱沙尼亚语、厄尔茨亚语中都有体现。(Kashkin 2013)另外，汉语 ROUGH 语义场的“糙”也可描述没礼貌、很粗鲁。如：

(257) 城市里总会有一些出租车司机说话很粗/糙。(inf)

此外，汉语的“糙”可以表示消极评价的引申义，如“外表不漂亮”或“人品差”：

(258) 这人长得太糙了。(inf)
(259) 人品太糙了。(inf)

3.2.4 小结

汉语 ROUGH 语义场中对词汇类型学研究最有价值的词就是“毛糙”。该词只能描述“人造物”，不能描述“自然物”，因此可以帮助我们有效地区分这两个框架，给词汇类型学项目在 ROUGH 语义场里增加一个参数。我们在其他语言中也已经看到，这一参数在与其相对应的 SMOOTH 语义场中同样起作用，所以它的出现是可以预测的，汉语语料为词汇类型学研究提供了具体的证据。

通过本章分析，我们可以发现 SMOOTH 与 ROUGH 两个反义语义场的内部组织并不对称。一方面，ROUGH 语义场的许多参数与凹凸物的大小、分布及它们是否能够对人造成伤害等特征相关，而 SMOOTH 语义场的形容词不能修饰凹凸物，因此对相关参数不敏感。另一方面，在我们所考察的语言中，ROUGH 语义场的形容词对 SMOOTH 语义场的一些附加特征也不敏感(如“是否发亮”)，不能表示与“滑溜”类框架相反的义项。

除此之外,跨语言的数据显示,SMOOTH 语义场中从视觉角度进行描述的词语(“平”类框架)具有较强的共性,而 ROUGH 语义场中这类表达丰富多样,个性很强。这一点也可以视为反义语义场不对称性的表现。

第四章

SOFT(软)与 HARD(硬)语义场

本章所分析的词语中,包含基础义存在明显对立,且基础义和引申义都很发达的词,这类词可以有效地展现词语基础义之间的对立会直接影响其引申义的发展。基础义中的不同框架会发展出不同的引申义。同时,在基础义中起区别作用的参数,在引申义中往往也会得到保留。

另外,本章也观察到古今汉语词汇系统的演变有一些现象。如,在现代汉语中"柔""坚""刚"不能自由地用于基础义,但由它们组成的双音词仍然可以表示 SOFT 与 HARD 语义场的基础义和引申义。

4.1 SOFT 语义场的分析

4.1.1 相关参数

HARD 与 SOFT 语义场的核心义是"受外力作用后,不容易/容易改变形状"。判断软硬的典型方法是触觉感受,但原则上也不排除通过视觉感受获得的信息,不过后者是非典型的方法。依靠视觉感受判断物体的软硬往往偶然性较大,且多为隐喻义或具有浓厚文学色彩的说法,如:

(1) 窗子外面的天空高远了,和白棉一样绵软的云彩低近了,吹来的风好像带点草原的气味,这就是说已经是秋天了。(CCL)

由于这类用法不固定，难以进行穷尽性地描述、分类，因此本书不考察与视觉感受相关的HARD与SOFT语义场框架，而把重点放在与触觉感受相关的各类用法上。这些用法相对来说更客观，可比性更强，有利于设计问卷。

值得注意的是，触觉感受的软与硬是一组相对的概念。在描述物体软硬时，对词语的选择与参照物有关。即便是质地坚硬的物体（如石头、金属、木材），在与同类事物相比较时也会有硬度的差别。因此，很多语言中会出现"软/硬"修饰质地坚硬的物体的搭配。如汉语中的"软玉"指容易加工、雕琢的玉器，"软石头"指在石头类中硬度较低、易加工的石头。又如，布料一般是软的，但麻布就比棉布硬。

HARD与SOFT语义场的区别参数主要与用力方式和改变形状的特点相关，可以分以下四种：

1. 施力方式：按压；抚摸；揉、捏；对折、弯曲等

HARD与SOFT语义场最典型的施力方式是按压，其他施力方式比较少见，且与事物自身特点相关。比如，毛皮的软硬一般是通过抚摸而不是按压来判断的；塑性物质（如橡皮泥、面团）的软硬是通过"揉、捏"来判断的；铁丝的软硬是通过"对折、弯曲"的方式来判断的；等。

2. 按压动作施力主体：手、脚、牙齿、整个身体、工具

HARD与SOFT语义场最常用的施力主体是手。以上所述的抚摸、揉、对折、弯曲等施力方式都是手在起作用。但是"按压"类内部可以按照施力主体进行进一步细分。比如，沙滩的软硬一般是通过脚与地面的接触而判断的，沙发的软硬是通过整个身体的感受来判断的，所加工材料的软硬则需要借助专门的工具才能判断出来（如制作雕塑时）。

3. 受力物是否能够恢复原状

物体受外力作用后会发生三种可能：有弹性的物体可以自身恢复原状，如沙发；可塑性物体可以通过进一步操作恢复原状，如橡皮泥；而有些物体则不能恢复原状（如水果、石头）。

4. 施力者是否能够陷入受力物内部

在判断物体软硬时，沙子、泥土、木材等物质或食品允许施力者陷入其内部，而像脸蛋、枕头、布料等物体在正常情况下要保持自身的完整性，不允许外物破坏其表层陷入其内部组织中。

Pavlova(2012：14－16)指出，在考察 HARD 与 SOFT 语义场词语在不同语言中的词化策略时，这两个语义场所需要考察的框架基本一致。每一框架能描述的物体，既有可能是“软”的，也有可能是“硬”的。比如“食物”框架里的“面包”有软硬之别，且软面包有可能变硬。因此，软硬的信息是根据具体语境来获得的。

需要说明的是，下面所列框架的名称可以看作标签，其主要作用是方便叙述和设计语义地图，但它们具体代表的情景特征还需要参考相关描述。HARD 与 SOFT 语义场共有十个框架，分别是：

1. 食物

在这一框架中，我们将区分“吃东西”和“触摸食品(如做饭时)”两种情况。二者的施力方式都是按压。在“吃东西”的子框架中，软硬程度指的是某种食物的口感；在“触摸食品”子框架中，施力者可能需要用一些工具，比较典型的情况是戳一下煮的东西，或者捏捏水果，通过软硬来判断其成熟的程度。

此外，食物本身的类别也会对不同语言的词化策略造成影响。本研究考察了三种情况，分别是“水果”(含水量较大)、“面包”(内部含空气)和“肉”。

食物框架的特别之处在于，许多语言会用一个特殊的词去描述某种食物的软，如芬兰语用 kypsiä 来描述食物，区别于普通的“软”pehmeä；英语的 tender(温柔，嫩)、俄语的 nezhnyi(温柔，嫩)、汉语的“嫩”均为相邻语义场成员，但也可以表示肉质柔软的意思。

2. 支撑面

这一框架是指用以充当人行走或站立的支撑面，包括水泥地、冰面、地毯、沙滩、泥地、雪地等。施力方式通常是按压，依靠脚与支撑面的接触来判断物体的软硬。当充当支撑面的物体质地柔软时(如地毯、沙滩),脚通常会陷下去。此外,属于支撑面的还包括写字时垫在下面的东西(可能是桌面,也有可能是书)。在这种情况下,施力方式同样是按压,如果表面不够硬的话,笔尖会陷下去,在纸上戳出一个洞。

需要注意的是,同一物体因功用不同导致接触它的方式有差别,从而可能分属不同的框架。比如地毯,当它放在地上充当支撑面时,是通过人在上面行走或站立来判断其软硬的;而当它为一件商品时,人们依靠过手的触摸来判断其柔软程度,这种情况下,地毯应该归入"纺织品"类。

3. 家具

这一框架是按照成员的使用目的来划分的,其目的是支撑人的整个身体或身体局部(如枕头支撑头部)。家具类的软硬通常是靠身体的某部分去感受,如沙发、床、椅子、枕头都属于此类。人的身体与家具相接触之后,如果家具能够适应人的身体形状而发生变化则表明它是软的,如果不变形或变形很小则是硬的。

这一框架较为特殊的地方在于有些语言(如俄语、法语、英语)会用两个属于同一语义场的词语来区分积极和消极评价。这一对立在俄语和法语中比较普遍,但是英语中,我们只在"食物"(详见 4.1.2.1)与"家具"两个框架中看出了比较明显的对立。

(2) Is your hard bed giving you back ache?
你的硬床让你背疼吗?

(3) Use a firm mattress. Avoid soft bedding.
应该用硬的床垫。你要避免在软床上睡。

这里 hard 与 firm 的对立与积极和消极评价相关,这一对立在英语的其他框架中似乎不明显。

4. 身体部位

这一框架与整个身体或其各个部位相关,包括腮帮子、嘴唇、指头、臀部等,甚至包括皮肤或体内出现肿瘤之类的物体。本书只考察这些部位与按压动作相关的用法，其他情况，如做手术时对身体局部的切割，或用 SOFT 与 HARD 语义场形容词表示某些身体部位柔韧与否（如汉语普通话可用"腰软"形容腰的柔韧性好），则不纳入本书的考察范围。

这一框架的特点是接触身体部位时，接触者不陷入身体内部，并且互动后身体部位通常会恢复自己原来的形状。

5. 离散物质

离散物质没有固定的形状，原则上容易变形。这一框架包括沙子、土、粉末、雪等。由于这些物体没有一个固定的表层，对它们施力经常会导致其表面凹陷；因为缺乏弹性，施力后它们无法自己恢复原状。接触这些物体比较典型的情景是小孩玩沙子或雪，或者在土地上挖坑。由于这些行为都会借助一些工具，因此需要对这些情景与只提供支撑、不被改造的"支撑面"框架进行区分。

6. 塑性物质

这一类物体可以较自由地变形，但其变形程度取决于所需要花费的力气，因此也有软硬之分。它们通常含水分（如面、泥土），但这不是必要条件（如橡皮泥）。在这一框架内，主要的施力方式是按压，施力主体是手。在 Tomo-kan 语 SOFT 语义场中搭配能力最强的词 hwɛ̀jí-hwɛ̀jí 不能用来描述塑性物质（泥土），而应该选择表示积极评价的 bùrɛ̀-bùrɛ̀。（Pavlova 2014）

7. 碎性物质

这一组包括的物质都较硬，如石头、木头、冰等，受外力影响后它们易碎，不易变形。需要注意的是，虽然一些语言中物质和由该物质形成的物体可以用同一个词表示，但是对软硬对立敏感的不是某个具体物体，而是物质。比如：

(4) 目前人类已知的最软的石头是什么？（百度）

但是"软石头"决不可指一个具体物体：

(5) *他从地上捡到了一块软石头。

在例(4)中,“石头”指的是物质,可以描述它的软硬,但在例(5)中“一块石头”是具体的物体,就不能用“软”来形容。

加工相对来说比较容易的硬物质在有些语言中可以用SOFT语义场的词描述(如俄语),有些语言则不可以(如Tomo-kan语)。还有一类情况,即除了石头以外,其他的容易加工的物质可以用SOFT语义场的词描述,但石头是不可以用SOFT语义场的词来描述的,需要用类似“容易加工”或者“容易风化”的说法来形容,如芬兰语的pehmeä(软)只能描述除了石头以外的其他碎性物质。

8. 纺织品

这一框架包括各种纺织品和比较薄的片状物品(如一张纸、一块布)。从维度的角度来看,它们的共同特点是厚度明显小于长度和宽度,因此比较容易对折。软纺织品比较典型的代表是睡衣或浴袍,硬纺织品的代表是硬质的衬衣领或粗布。从功用来看,纺织品大部分是衣服类的,人可以将衣服穿在身上,用整个身体的感受来判断其软硬。从这个角度来说,我们也将鞋归入此类,因为我们在目前所考察的语言中没有发现单独用来描述鞋的软硬(软拖鞋、硬跑步鞋等)的词语。

纺织品的重要特点是它们经常用SMOOTH与ROUGH语义场的词语来描述其软硬。例如,莫克沙语中的l'ɛpə在SOFT语义场和SMOOTH语义场里都可以使用:

(6) l'ɛpə šama　　刮干净的脸(光滑)
　　l'ɛpə panar　　软的衬衣

我们认为,SMOOTH与ROUGH语义场形容词能够描述纺织品类的软硬的原因在于它们也是通过抚摸的动作来判断的,施力方式相同。而且衣服表层的粗糙光滑与其软硬程度类似,都会直接影响穿衣人的感受。另外,纤维比较软的衣服的表层不太可能是粗糙的,所以这两个不同的特征存在联系,在客观世界中也密切相关。

CLICS 也表示有 12 个语族的 14 种语言 SOFT 与 SMOOTH 两个概念发生同词化，有 3 个语族的 10 种语言 HARD 与 ROUGH 两个概念发生同词化。

9. 毛状物体

这一框架包含各种有凸出来的、毛茸茸的部分的物体，如体毛（头发、胡须）、毛皮、草原、松针等。这个框架的特点是其成员的软硬程度主要通过“抚摸”的动作来判断，而不是“按压”动作。由于这类物体也可以通过其表层所带来的感受来描述，因此和“纺织品”框架类似，有些语言用 SMOOTH 与 ROUGH 语义场的词语来描述此类物体，如 Tomo-kan 语的ʔwɛ́rɛ ^{n}（光滑）一词。

事实上，不同语言中这一框架的用词情况与“纺织品”的情况很类似（参见图 4 - 1），通过进一步数据收集与确认，有可能可以把这两个框架合并起来。

10. 条形物体

判断这个框架物体的软硬时，需要对其施加“弯曲”“对折”的力，而不是“按压”的力。属于此类的主要有绳子、柳枝、铁丝等物体。虽然这一类在施力方式方面与以上所述的几类有明显差异，但我们不能将其排除在外，因为有的语言中，上文提到的框架内表示“软”的词是唯一的能描述条形物体软硬度的形容词，如科米语的 небыд。

除了以上所述的描述物体类型及与它互动方式的框架外，SOFT 语义场还有一个重要参数，即积极/消极的评价。该参数在区分一些语言中的词语会起到作用，试比较法语中的两个例子：

(7) Je ne peux pas dormir dans un lit mou, j'ai mal au dos.
我不能在软的床上睡觉，我背疼。

(8) J'aime m'asseoir dans des sièges moelleux, c'est très agréable.
我喜欢在软的东西上坐着，很舒服。

Moelleux 只描写让人喜欢、使人觉得舒服的软物体，而 mou 的搭配能力更强，经常会描述人们不太喜欢的物体。除了法语以外，所考察的语言中,还有 Tomo-kan 语对这个参数敏感,分别用 hwɛ̀jí-hwɛ̀jí 和 bùrɛ̀-bùrɛ̀ 两个词来表述普通的和积极意义上的软。(Pavlova 2014)

由于积极/消极的评价这个参数有可能在上述所有框架中起作用,因此在语义地图上没有得到体现,但是在设计问卷进行调查时,我们已将这个参数考虑在内。

4.1.2 基础义语义地图的构建

MLexT 考察了 10 种语言中 SOFT 语义场的用词情况,其分布结果如图 4-1(Pavlova 2014):

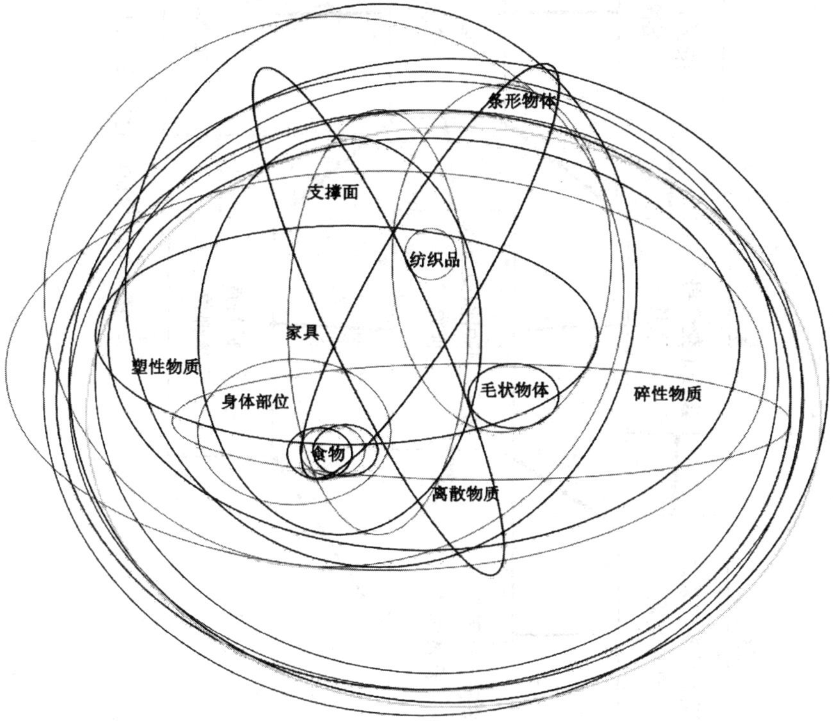

图 4-1 SOFT 语义场语义地图基础

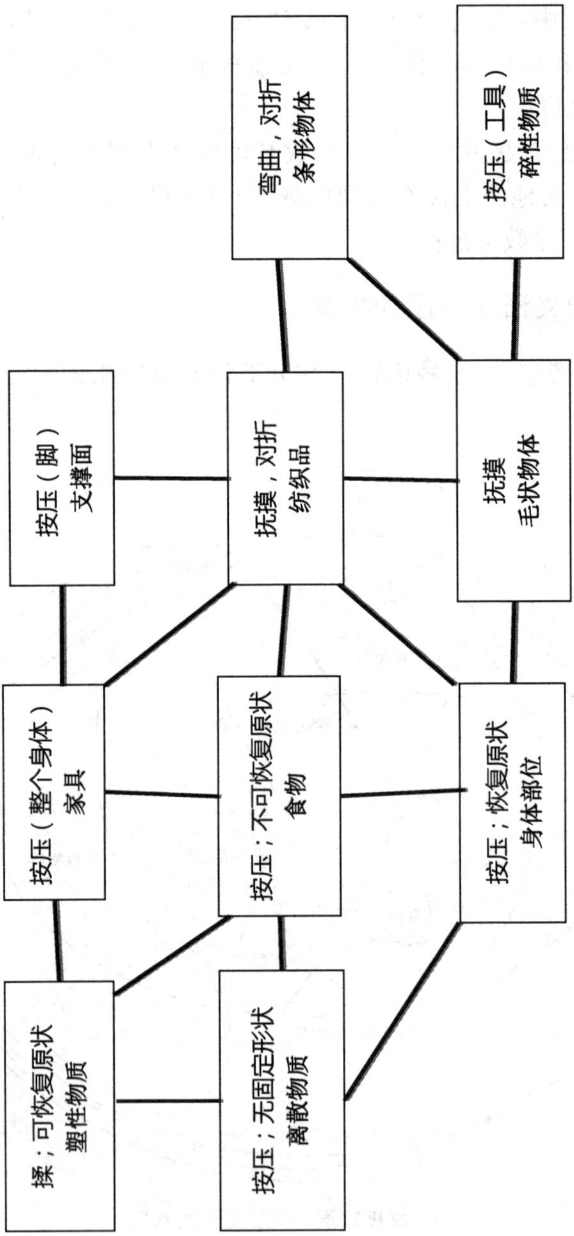

图 4-2 SOFT 语义场语义地图

按照这些框架的可能合并情况，我们初步设计了 SOFT 语义场的语义地图，如图 4－2。需要说明的是，该语义地图不是唯一的可以按照 MLexT 所提供的数据设计的语义地图，随着语言样本的增加，将来可能还需要进行进一步的调整。

我们可以看到，通过"按压"动作判断物体软硬的框架处于核心地位，而与其他施力方式相关的框架则分布在语义地图的边缘位置。唯一的例外是描述相对来说容易加工的"碎性物质"(石头、木头等)，虽然施力方式也是"按压"，但其处于边缘位置，原因在于这一框架对 SOFT 语义场而言本来就很特殊，许多语言不用该语义场的词，而会选择像"硬度低""容易加工""容易风化"这类的说法。

4.1.2.1　英语 SOFT 语义场语义地图

英语 SOFT 语义场的语义地图如图 4－3：

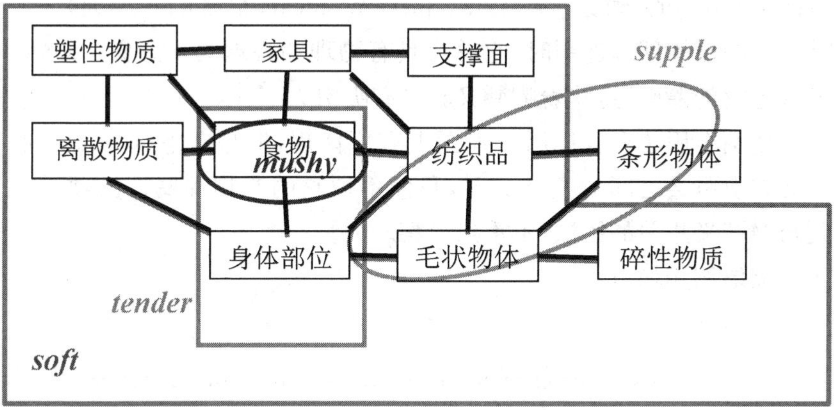

图 4－3　英语 SOFT 语义场语义地图

英语中 SOFT 语义场的核心成员是 soft，除了很少描述条形物体外，其他框架中都可以表示。

Mushy 主要用来描述食物，具有消极义，表示"黏稠、烂"的意思。Mushy 这个词可以看作英语中 SOFT 语义场对积极/消极义对立敏感的词。

在“纺织品”“毛状物体”和“条形物体”三个框架里还有 supple 一词，表示柔软、容易改变形状的意思。Supple 主要与“弯曲”或“对折”的施力方式相关，表示具有一定的柔韧性，但是使用范围比较有限。在修饰“身体部位”时，supple 所表达的意思比较特殊，是“灵活、柔韧性好”，不符合该框架的典型情况。

英语的 tender 基本义是“纤弱的；嫩的；温柔的”，而不是物体受外力作用后变形的能力。但是在描述一些具体事物时 tender 也可以使用，比如，它可以专门指称吃起来很嫩的食物或者接触起来很细嫩的身体部位①。

根据母语者分析，在描述食物时，tender 只强调“软”，但在修饰身体部位时，具有“软”和“温柔”两层意义：“在描述非人物体时，我们可以使用不具心理评价意义的 tender。比如，a tender shoot (of a plant)[(植物的)嫩芽]，a tender piece of meat(很嫩的一块肉)。但是与人的身体部位连用时，它总会具有物理和心理两重意义：tender lips(温柔的嘴唇)意味着嘴唇又软又有吸引力。”②

这两个用法在我们语义地图上有所体现，但是考虑到 tender 的本义和引申义之间的复杂关系，我们不把它的非物理属性义项看作是与“软”义相关的用法，不重点考察。

英语例句如下：

1. 食物

(9) Cook for two minutes until soft but not mushy. (Longman)

煮两分钟，煮软但不要煮烂。

---

① 在描述身体部位时，tender 也会产生另一种含义，即“一碰就疼”：My arm is still tender where I bruised it.“我手臂擦伤的地方仍然一碰就疼。”这一含义更常用，但是不属于本书考察范围。

② We can say “tender” with no psychological connotation about the objects that are not human. For example: a tender shoot (of a plant), a tender piece of meat. But in connection with human anatomy it always has both physically and psychological meaning: tender lips means that they are both soft and inviting.(问卷调查的答案)

(10) Continue cooking until the meat is tender. (Longman)
一直烧到肉烂了为止。

(11) tender green beans (Oxford)
嫩四季豆

2. 支撑面

(12) His foot sank into the soft snow.
她的脚陷入了松软的雪中。

(13) The ground was soft beneath their feet.
他们脚下的土地很松软。

3. 家具

(14) a soft chair/bed
柔软的椅子/床

4. 身体部位

(15) Snail is a plant-eating creature with a soft body.
蜗牛是一种软体食草动物。

(16) her supple fingers (Oxford)
她柔软的手指。

(17) I find this young woman truly beautiful, the soft tanned skin and gray eyes, the tender lips. (COCA)
我觉得这位年轻的女士的确美丽：那柔软的古铜色皮肤和灰色眼睛，那温柔/柔软的双唇。

5. 离散物质

(18) Below the hard layer of gravel, the alluvial sand was soft and easily dug. (COCA)
在坚硬的砂砾层之下，冲积而成的沙子松软而易于挖掘。

6. 塑性物质

(19) Add enough milk to form a soft dough. (Longman)

加入足量的牛奶，使面团变得柔软。

7. 碎性物质

(20) And he still sculpted small animals from soft wood... (COCA)
他还是用软木雕出了小动物……

8. 纺织品

(21) When traveling, India wraps her pearls in silk or soft fabric and stores them in a small makeup pouch. (COCA)
旅行的时候，印迪娅就把她的珍珠首饰用丝绸或柔软的布包起来，放在一个小化妆包里。

(22) soft crushed velvet (Oxford)
起皱的柔滑天鹅绒

(23) Venera had on supple leather breeches and a black jacket. (COCA)
韦涅拉穿着柔软的皮裤和一件黑色夹克。

9. 毛状物体

(24) Her hair felt very soft. (Oxford)
她的头发摸起来很柔滑。

(25) When it's dry, brush the hair using a soft, nylon baby brush.
当头发干后，用柔软的婴儿用尼龙发刷梳理头发。

10. 条形物体

(26) cut off a supple, young branch (COCA)
剪下一条柔软的新枝

4.1.2.2 俄语 SOFT 语义场语义地图

俄语 SOFT 语义场的语义地图如图 4-4：

俄语中 SOFT 语义场的所有框架都可以用 myagkii 描述，在“身体部位”“食物”“毛状物体”和“纺织品”四个框架里 nezhnyi 也可以使用。Nezhnyi 的本义是“温柔的”，与英语的 tender 类似，最初用来描

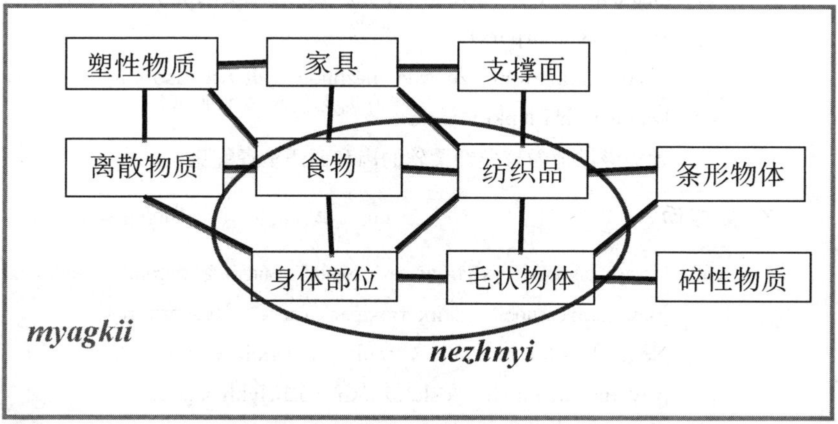

图 4-4　俄语 SOFT 语义场语义地图

述人的精神方面。由于温柔的人相处的时候会带来舒服的感觉，nezhnyi 的使用范围扩大到一些具体物体从物质的角度给人带来舒服的感觉。在现代俄语这些用法已经固定下来了，在用的时候人们不容易想到最初是一种隐喻，因此我们也把相关的用法画到语义地图上。

具体俄语例句如下：

1. 食物

(27) Теперь она с наслажденьем ела мягкий хлеб, запивая его водой. (Ruscorpora)

Teper' ona s naslazhden' em ela myagkii（软）khleb（面包），zapivaya ego vodoi.

现在她喝着水并享受地吃着松软的面包。

(28) Потом он ел рыбу, смешав ароматную уху с мягким картофелем... (Ruscorpora)

Potom on el rybu, smeshav aromatnuyu ukhu s myagkim（软）kartofelem（土豆）...

然后他吃了鱼，将鲜美的鱼汤和软土豆混合到一起……

（29）Она с аппетитом жевала нежное мясо омара，лягушачьи лапки в тесте.（Ruscorpora）

Ona s appetitom zhevala nezhnoe（嫩）myaso（肉）omara，lyagushach' i lapki v teste.

她美滋滋地嚼着龙虾柔软的肉和面团里青蛙腿。

2. 支撑面

（30）Ноги глубоко уходили в теплый мягкий песок и приятно разминались после узких тяжелых сапог.（Ruscorpora）

Nogi gluboko ukhodili v teplyi myagkii（软）pesok（沙子）i priyatno razminalis' posle uzkikh tyazhelykh sapog.

双脚深深地踏进温暖柔软的沙子里，脱掉又窄又沉的靴子后双脚舒服地活动起来。

（31）мягкая земля была вся в отпечатках подков.（Ruscorpora）

myagkaya（软）zemlya（土地）byla vsya v otpechatkakh podkov.

柔软的土地印满了马蹄跌的痕迹。

3. 家具

（32）И верно：мягкий стул，а не табуретка стоял возле кровати.（Ruscorpora）

I verno：myagkii（软）stul（椅子），a ne taburetka stoyal vozle krovati.

的确是这样的，在床边有软椅子，而不是凳子。

4. 身体部位

（33）Невзгодин（...）крепко сжимал ее горячие мягкие пальцы...（Ruscorpora）

Nevzgodin（...）krepko szhimal ee goryachie myagkie（软）pal' tsy（手指）...

涅夫兹高金……紧紧地抓住她炙热的柔软的手指……

（34）Он вдруг протянул руку и взял ее за тонкие нежные пальцы.

(Ruscorpora)

On vdrug protyanul ruku i vzyal ee za tonkie nezhnye(嫩)pal' tsy(手指).

他突然伸出一只手,抓住了她那纤细而柔软的手指。

5. 离散物质

(35) Стал копать — земля мягкая, заступ так и уходит. (Ruscorpora)

Stal kopat' — zemlya(土地) myagkaya(软), zastup tak i ukhodit.

开始铲了——地很软,铁锹很容易铲下去。

6. 塑性物质

(36) Мягкий пластилин создан специально для самых маленьких творцов!

Myagkii(软) plastilin(橡皮泥)sozdan spetsial' no dlya samykh malen' kikh tvortsov!

柔软的橡皮泥是专门为小小发明家设计的!

7. 碎性物质

(37) На моей родине высекают фигуры из мягкого камня или вырезают из дерева. (Ruscorpora)

Na moei rodine vysekayut figury iz myagkogo(软) kamnya(石头)ili vyrezayut iz dereva.

在我的家乡人们用软石头或木头雕刻物品。

8. 纺织品

(38) На Вале были узкие джинсы и темно-вишневый мягкий свитер. (Ruscorpora)

Na Vale byli uzkie dzhinsy i temno-vishnevyi myagkii(软) sviter(毛衣).

瓦乐穿着瘦牛仔和深红樱桃颜色的软毛衣。

(39) Какая утонченная цветовая гамма, какие чудные узоры, какие нежные ткани! (Ruscorpora)

Kakaya utonchennaya tsvetovaya gamma, kakie chudnye uzory, kakie nezhnye(嫩) tkani(布料)!
多么优雅的颜色,多么精美的花纹,多么柔软的布匹啊!

9. 毛状物体

(40) Мягкая щетина хороша для чистки молочных зубов. (Ruscorpora)
Myagkaya(软) shchetina(毛) khorosha dlya chistki molochnykh zubov.
软毛对清洗乳牙很好。

(41) nezhnyi(嫩) pukh(绒毛)
柔软的绒毛

10. 条形物体

(42) Он наломал мягких пихтовых веток, сплел из них что-то вроде коврика и накрыл ими дрожавшую от холода лошадь. (Ruscorpora)
On nalomal myagkikh(软) pikhtovykh vetok(树枝), splel iz nikh chto-to vrode kovrika i nakryl imi drozhavshuyu ot kholoda loshad'.
他折了几枝柔软的冷杉树枝,编成一个小毯子似的东西,盖在这匹冻得发抖的马身上。

4.1.2.3 汉语 SOFT 语义场语义地图

汉语 SOFT 语义场的语义地图如图 4-5:

现代汉语 SOFT 语义场中本书考察了 5 个主要词语,分别是:“软”“柔软”“松软”“绵软”和“软和”。

“软”覆盖了以上所述的所有框架,对积极/消极义并不敏感,是汉语 SOFT 语义场中的核心成员。

“柔软”是 SOFT 语义场中最常用的双音词,覆盖的框架跟“软”基本上一致。但“柔软”一词还附带感情色彩,往往强调使用者的感受是舒服的。如在描述头发时,“柔软”一般也具有积极义,这一点也与“软”不同。此外,“柔软”不能用在“软石头”或“软水果”这样的搭

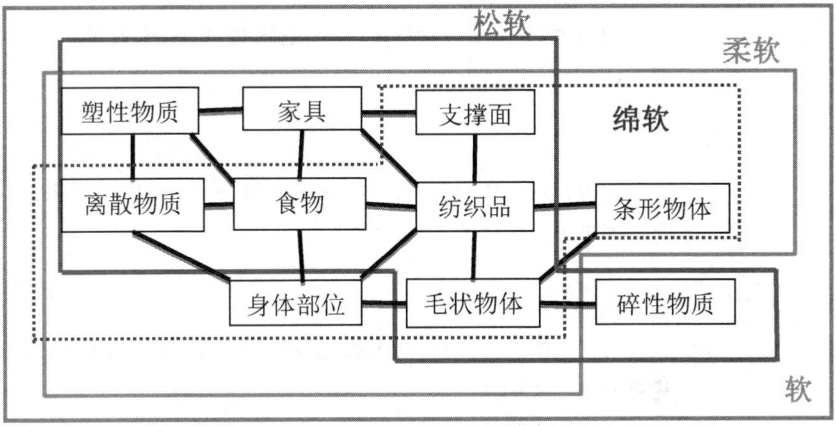

图 4－5　汉语 SOFT 语义场语义地图

配里，其原因可能在于成分“柔”带来了表示“具有一定的柔韧性”的语义。

“松软”的使用范围也较广，但是它不能描述“身体部位”和一些其他保持外层完整性的物体，如“食物”中的水果类。“松软”也不能用于通过“弯曲”的施力方式来判断其软硬的条形物体。我们认为这两个特点跟“松”成分表示“内部组织不紧密(松散)、允许陷入内部”相关。

“绵软”带有书面色彩，口语中不常用。“软和”可能是北方方言词。具体论述见下文。

汉语“软”“柔软”“松软”的例句如下：

1. 食物

“软”：

(43) 现在我们在南疆不仅可以吃到瓜果、蔬菜，还能吃到又香又软的大米饭呢！(CCL)

(44) 葡萄蔫了，软了。(inf)

(45) 我喜欢吃软一点的水果。(inf)

（46）软柿子

（47）他走到摊主前，买了一大堆桃子，并把软的、半软的、硬的一一分开。（CCL）

"柔软"：

（48）中国面包柔软无比，德国人则喜欢硬面包——在中国人看来，那是些能把大牙崩掉的东西。（CCL）

"松软"：

（49）松软可口的馒头，香喷喷的大面包，就是有了酵母菌的帮助才能烤制出来。（CCL）

（50）松软的奶酪蛋糕(inf)

2. 支撑面

"软"：

（51）他一面在火焰上烘着手，一面说，"有一堆积雪让我陷到了腰部、幸亏雪很软。"(CCL)

（52）海岸沙滩，很软，很长，长长的沙滩似飘动的丝巾，系绕在大海的颈肩。（Leeds）

"柔软"：

（53）尼克·阿尔基马德和维斯娜·沃洛维克二人都没有降落伞，他们怎么能安全降落呢？这大部分要靠运气，譬如跌到雪堆之类柔软的东西里。（CCL）

（54）墙壁上，青、白两色"行徽"整齐对称，藏青色地毯平整柔软，身着红色工作服和办公小姐正专心工作。（CCL）

"松软"：

（55）她带着难以名状的恐惧看着自己的双腿缓缓的陷入松软的泥土中。（CCL）

（56）当鹿蹄踏在泥泞或松软的雪地上时，伸开爪趾，四蹄就成了一种

"雪鞋",同时它还是刨开雪层的有力工具。(CCL)

(57) 李讷在左,我在右,搀扶着老人家在松软的地毯上围着沙发开始漫步。(CCL)

3. 家具

"软":

(58) 它有 218 个座位,都是软沙发,有空调、环绕立体声设备。(CCL)

(59) 睡太软的床对颈椎不好。(inf)

"柔软":

(60) 淡色的墙壁和地板,暖色调的窗帘,柔和的灯光,一个人戴着耳机坐在柔软的沙发上正悠闲地听着音乐。(CCL)

"松软":

(61) 女主人正斜倚在宽大松软的沙发上打电话。(CCL)

(62) 整洁的床上摆着松软的枕头,漱洗桌子上整洁地摆着小瓶瓶和玻璃小摆设。(CCL)

4. 身体部位

"软":

(63) 为什么男生的脸蛋都那么软?? 为什么? 这不公平!! 求正解……我今天掐了好几个了,都好软的,比女生的脸蛋还软!(百度)

"柔软":

(64) 果然,就在我把女儿真真切切地揽在怀中,亲吻着她柔软的小脸蛋的那个早晨,她才刚刚收到我寄自洛杉矶的那张米老鼠的明信片。(CCL)

(65) 莱因哈特坐在桌子前,一边用他那柔软而有弹性的手指头翻着报告书一边喃喃地说着。(CCL)

"松软"

虽然百度里可以查到一些用"松软"来描述身体部位的例句,但是都属于非规范用法，可以看作是“松弛”和“软”的杂糅。比如：

（66）？我的大腿和小腿都很粗并且肉肉很松软怎么减（百度）

CCL 中这类的例句也很少，汉语母语者认为不成立：

（67）？他就用手去摸摸堂弟的脸，那脸像棉花一样松软。（CCL）

（68）？照完相，毛泽东一一和工作人员握手道别，当我握着主席温暖松软的大手时，一股激情涌上心头，千言万语汇成一句话：“主席，您好。”（CCL）

5. 离散物质

“软”：

（69）他双手插进面粉口袋里，握一把面粉在手上，感觉好软好舒服。（inf）

“柔软”：

（70）让幼儿在玩中感知沙的柔软与松散等特征，体验玩沙的乐趣。（百度）

“松软”：

（71）沙的疏密、松软，通过光的反射，变幻出一幅一幅美妙的“秋之景”。（百度）

（72）感受沙是松软的、可改变形状的（百度）

6. 塑性物质

“软”：

（73）给孩子买软一点的橡皮泥（inf）

“柔软”：

（74）柔软的面团（inf）

（75）除蛋白外，把所有材料混合搅拌，直至柔软。（CCL）

“松软”：

(76) 松软的酵面

7. 碎性物质

"软"：

(77) 目前人类已知的最软的石头是什么？(百度)

"松软"：

(78) 木棉的木质松软，可制作包装箱板、火柴梗、木舟、桶盆等，还是造纸的原料。(CCL)

8. 纺织品

"软"：

(79) 毛衣真的很软，我并没有用柔顺剂，可是还是很软。好舒服哦！(百度)

(80) 回到"长草地"旅馆，波洛脱掉鞋子，换上一双软拖鞋——这下，两只脚肯定是放松了。(CCL)

(81) 一种看起来像棉布，但摸起来很软，又好像带点绒的布料叫什么吖??(百度)

"柔软"：

(82) 卫生纸纸质柔软、质量超群、享誉国内外、使用舒适惬意，是您生活中的必须、旅行中的"伴侣"。(CCL)

"松软"：

(83) 怎样使毛衣变得松软？(百度)

(84) 卧室拖鞋应松软厚实，客厅拖鞋应穿脱方便，浴室拖鞋要易于洗刷、去湿，还要防滑……(CCL)

9. 毛状物体

"软"：

(85) 我头发很软，没型，怎么样才能硬起来？(百度)

"柔软"：

(86) 柔软的毛皮(inf)

(87) 这种牙刷刷毛纤细柔软，刷柄有独特的竹节结构和必要的弯曲度，使用起来轻巧灵便，口感舒适。(CCL)

(88) 而且，她柔软的头发或者是遗传自己的吧？(CCL)

(89) 【欧罗巴人种】世界三大人种之一，体质特征是肤色较淡，头发柔软而呈波形，鼻子较高，分布在欧洲、美洲、亚洲西部和南部。(CCL)

"松软"：

(90) 它的羽毛稠密松软，飞行时悄然无声，能出其不意地抓住鼠类。(CCL)

(91) 全身毛松软而厚，呈青灰色或深棕色，常栖于山顶岩石间，极善攀岩跳跃。(CCL)

10. 条形物体

"软"：

(92) 绳子虽说很软，但也不是绝对塑性的物，所以在变形中会产生弯曲应力。(百度)

另外，当用"软"形容人的腰时，虽然表面看起来是描写"身体部位"，但着眼点是"弯曲容易"，因此应归入"条形物体"框架。

"柔软"：

(93) 毒蛇咬伤后要迅速采取急救措施：立即用柔软的绳子或带子结扎在伤口的上方。(CCL)

(94) 他们花了一整夜工夫用柔软的柳枝皮和坚韧的芦苇织成了一个又大又结实的网子。(CCL)

"绵软"的文学色彩较浓，口语中不常用，因此汉语母语者对这个词的使用范围语感不强烈，语义上很难与"软""柔软"和"松软"形成平行的对立。本书按照语料库里的搭配和词典中的用例在语义地图上画了这个词的使用范围,用虚线来表示。按照《现汉》的释义,“绵软”多用于毛发、衣被、纸张等,就是本书体系里的“毛状物体”和“纺织品”框架。刘叔新(1987)对“绵软”的解释是:“‘绵软’和‘柔软’一样强调质软,有以丝绵作比喻的形象色彩;多用于身体,也可以用于声音、棉毛等物;有书面语色彩,口语里很少用,书面语里也不如‘柔软’常用。”

语料库的例句如下:

1. 食物

(95) 要有几场大风,要起几个五更的,到场里还要我们一颗一颗剥去了皮,摊到竹薄上晒,一起把黄硬的柿子晒成绵软的,并且从涩苦的晒成甘甜,这样才一颗颗担到家里。(CCL)

(96) 还给他们带一堆吃食:面包啦,蛋糕啦,硬给他们手里塞;说他们牙口不好,这些东西又有“养料”,又绵软,吃到肚子里好消化。(CCL)

(97) 所以下次当你在一个挥汗如雨的夏日午后,舔着绵软、冰凉的冰淇淋时,请好好享受它的美味。(Jukuu)

2. 支撑面

(98) 这是片绵软的沙滩,再往前一百多米就是大海了。(CCL)

(99) 耕过的土地十分绵软。(CCL)

3. 身体部位

(100) 见了文博士,他的双手都过来握着,手极白净绵软。(CCL)

4. 离散物质

(101) 好面粉手捻时也绵软,感觉过分光滑则有问题。(Leeds)

(102) 捻:用手搓捻面粉,如果手感绵软,表明质量较好;如果感觉过分光滑,则说明质量较差(有时还可能掺有滑石粉)。(Leeds)

(103) 当人们将手脚插入绵软的沙中时,手掌和脚掌周围就会发出类似蛙鼓的声音,腿脚还有麻木感……(CCL)

5. 纺织品

（104）刘嫂子在瓦窑堡给我做的那双棉鞋，绵软又暖和，穿到脚上舒服极了！（CCL）

（105）（衣服）特制加粗进口雪尼尔纱线编织而成，比小棉袄还要温暖，绵软如云朵（百度）

6. 毛状物体

（106）今天剪下的羊毛，显得更加绵软和光洁。（引自刘叔新 1987）

7. 条形物体

（107）因为这条绳子入手绵软无比，赵陵君觉得就算用这条绳子把人捆住，被绑的人也不会太难受。（CCL）

（108）柳枝轻柔绵软，我们爬上爬下悠来荡去好不快活。（CCL）

“软和”的搭配能力较强，但是都属于口语的用法，跟以上所分析的词语主要是语体上而不是语义上的差异。这一词在中国北方方言中使用很频繁，因此我们通过与北方方言母语者交流确定了它的使用范围。不过，由于母语者语感不尽相同，且“软和”与以上讨论的“软”“柔软”“松软”“绵软”不在一个层面，因此在语义地图上“软和”没有得到体现。“软和”不经常描述身体部位和各种物质，最典型的搭配是“食物”和“纺织品”框架，其具体例句如下：

（109）吃特别软和的面包，有人喜欢撕一块然后揉成球儿再吃吗？（百度）

（110）沙滩很软和，有微风，浪轻轻拥到沙滩上，三三两两有人在海滩上行走。（百度）

（111）给宝宝买床越软和越好吗？（百度）

（112）床上铺得软和极了。（Jukuu）

（113）木棉枕头很软和。（《现汉》）

（114）夹克衫很漂亮，牛仔裤是双层的，内衬布料很软和。（百度）

（115）软和的羊毛（《现汉》）

（116）“不用绳子，怕绳子勒到她，我要找很软和的。”

除此之外,有一部分词虽然在做问卷调查时收集到了,但是本书没有重点考察,分别是"嫩""烂""柔韧"和"柔滑"。前两者没被纳入考察范围的原因在于它们表示"软"的意思不是必要语义成分而是主要含义附带的结果。"嫩"的本义与"初生"有关。在描述食物时,它经常强调烹调时间短,其反义词是"老"(不是"硬"),可看出"嫩"的时间成分最重要,而"软"只是附带的结果①。且"嫩"的物体不一定软,如"嫩叶子"有可能是脆的。"烂"的语义与破坏内部结构有关,"软"并不是其必要的语义成分,比如"废铜烂铁"里"烂"并不表示"软",因此我们没有收集"烂"一词的用法。

"柔韧"和"柔滑"两个词除了表示"软"外,还涉及另一种物理属性。《现汉》对"柔韧"的释义是"柔软而有韧性",对"柔滑"的释义是"柔软而光滑"。可见,第二个构成成分表示相关的概念,所以这两个词的分布必然会跨到其他相邻的语义场,超出我们的调查范围。然而值得一提的是,这两个词可以很好地体现我们之前所讨论的一些语义共性。"柔滑"与"软"和"光滑"相关,使用范围正好也是 SOFT 和 SMOOTH 两个语义场的形容词都可以使用的"纺织品"框架和"皮肤"②。

"柔韧"所体现的关联是"软"与"有韧性"两个概念的相关性。有些语言中,这两个方面可以用一个词描述,比如汉语的"软"既可表示按压得到的感受又可以表示"柔软、有韧性"的意思(如"体操运动员腰很软")。但是这两个义项是可以区分的,"柔韧"的典型施力方式等参数与"软"不同,因此可以分开分析。在 SOFT 语义场的语义地图上"柔韧"可以覆盖"条形物体"和"纺织品"两个框架,也经常描述人的身体灵活。

4.1.3　引申义

通过研究不同语言中 SOFT 语义场形容词的引申用法,我们发

---

① 在"嫩豆腐"这一搭配里,"嫩"即表示"软"的意思,可能是个例外,但不足以把"嫩"纳入考察范围内。

② 如下例句:"这种布料既有真丝的柔滑又具纯棉的透气性,穿着时飘逸而舒服。"(CCL)"你的嘴唇依然那样红,臂膊依然那样柔滑,你的眼睛依然那样会说话!"(CCL)

现它们发展出的引申义可以分为消极义和积极义两种，下面分别做介绍。

（一）积极引申义

SOFT 语义场形容词的积极引申义主要与软物体给人带来舒服的感觉有关，具体用法如下（Pavlova，2012）：

1. 善良、温和的（人、行为、话语）

就像软的东西会适当地变形，给人带来舒服的感觉，性格温和的人可以跟别人配合，相处起来很舒服。这一引申义不具“意志薄弱的、没有骨气”的贬义色彩。

当通过转喻机制，SOFT 语义场的形容词来描述人的行为举止（动作、说话、微笑）时，所表达的大多是善良、温柔的意思。即使它与消极意义的行为搭配（如批评、责备），也会表示出这些消极行为都是出于好意的，对人没有伤害。

2. 不对感官产生强烈影响、不刺激的、舒服的（声音、光线）

由于接触软东西不会在触觉上产生很强烈的感受，SOFT 语义场的形容词在描述其他感官得到的信息时，可以表示光线、色彩、味道、声音等没有刺激性作用，使人产生较为舒服的感受。这个用法也可以进一步泛化指气候、环境等。

3. 动作轻盈，没有突然变化，从容不迫

由于接触软物体时，人不会感到有突然的阻力，因此 SOFT 语义场会发展出“平稳、没有突然变化”的意思。比如在俄语中：

(117)	a. myagkaya <u>traektoriya</u>	平稳的<u>轨迹</u>（字面义为“软<u>轨迹</u>”）
	b. myagkii <u>zhest</u>	轻盈的<u>手势</u>（字面义为“软<u>手势</u>”）
	c. myagkoe <u>dvizhenie</u>	从容不迫的<u>动作</u>（字面义为“软<u>动作</u>”）
	d. myagkie <u>shagi</u>	轻盈的<u>脚步</u>（字面义为“软<u>脚步</u>”）

（二）消极引申义

SOFT 语义场形容词消极引申义与物体承受不起外加力量，容易变形有关，具体情况如下（Pavlova 2012）：

1. 萎靡不振、意志薄弱、立场不明确(人)

由于软东西承受不起外加的力量,没有主干,所以 SOFT 语义场会发展出人不能坚持自己的立场、没有主张、不积极、意志薄弱的意思。与积极引申义相同,这个引申义也可以描述人的表现和行为。如法语例句:

(118) Il est un élève mou, il ne participe pas souvent.
他是个不积极(字面义为“软”)的学生,不经常参与(课堂的活动)。

(119) n' opposer qu' une molle résistance
给予无力(字面义为“软”)的抵抗

2. 身体虚弱

在描述人身体或其部位时,SOFT 语义场的形容词可以表示没有力气,发虚。如法语例子:

(120) J' étais un peu molle d' avoir bu trop de vin.
我有点没力气(字面义为“有点软”),因为喝了太多红酒。

3. 质量差,不能正常使用

经受不住外力的打击会引申出“质量差”的意思。(Pavlova 2014)

4.1.3.1　英语 SOFT 语义场的引申义

英语 soft 的引申义比较丰富,既可以表示积极义,又可以表示消极义。其积极义用法具体例句如下:

1. 善良、温和的(人、行为、话语)

(121) a soft smile
温柔的微笑

(122) He was known as well for his soft heart, often giving money to needy friends and employees. (COCA)
他也因他的好心(字面义为“软心”)出名,他经常救济需要帮助的朋友和员工。

2. 不对感官产生强烈影响、不刺激的、舒服的(声音、光线)

(123) a. soft lights　　柔和的灯光

b. soft colors 柔和的颜色

c. soft music 声音很小的音乐

d. soft wind 和风

3. 动作轻盈，没有突然变化，从容不迫

(124) I moved from one room to the next, turning corners with soft steps.
我从一个房间移动到另一个房间，拐弯的时候步履轻盈。

Soft 消极用法的具体例句如下：

1. 萎靡不振、意志薄弱、立场不明确(人)

(125) Don't let him do that; you're too soft with him. (Longman)
别让他干那事，你对他太软弱了。

2. 质量差，不能正常使用

这一引申义在英语中有比较特殊的含义，专门用来描述某人脑子不能正常使用，表示"愚蠢的、犯傻的、非常态的"之义。这一用法属于非正式的语体，如：

(126) soft in the head (Longman)
头脑发疯了

(127) He must be going soft. (Oxford)
他一定是犯傻了。

Supple 和 mushy 只发展出少数引申义。Supple 可以表示头脑灵活，如：

(128) My mind is becoming more supple. (Oxford)
我的头脑变得更灵活了。

我们认为，这一用法跟它基础义"具有一定的柔韧性"相关，不属于 SOFT 语义场的常见引申义。

Mushy 的引申义也比较特别，表示"多愁善感的，过于感伤多情的"的意思，如：

(129) mushy romance novels (Longman)

过于感伤的爱情小说

4.1.3.2 俄语SOFT语义场的引申义

俄语中SOFT语义场的myagkii经常表示积极义。具体例句如下：

1. 善良、温和的(人、行为、话语)

(130) ... вы человек добрый, с прекрасным, мягким и ровным характером... (Ruscorpora)

...vy chelovek dobryi, s prekrasnym, myagkim(软) i rovnym kharakterom(性格)...

您是个善良的人,性格完美、温和而平稳……

(131) в комнату вошёл молодой, круглолицый, спокойный и мягкий в обращении человек...(Ruscorpora)

v komnatu voshel molodoi, kruglolitsyi, spokoinyi i myagkii (软) v obrashchenii chelovek(人)...

房间里走进了个年轻人,圆脸,安静、温和地与人交流……

(132) Вы умеете ласковым взглядом, мягкой улыбкой, добрым словом — останавливать раздоры, создавать равновесие, поддержать мужчин в трудную минуту. (Ruscorpora)

Vy umeete laskovym vzglyadom, myagkoi(软) ulybkoi(微笑), dobrym slovom — ostanavlivat' razdory, sozdavat' ravnovesie, podderzhat' muzhchin v trudnuyu minutu.

你们(女人)能够用柔和的目光,温柔的微笑和善意的语言停止纠纷,建立平衡,在困难时刻帮助男人。

(133) Спокойный или мягкий взгляд свидетельствует о мягком характере. (Ruscorpora)

Spokoinyi ili myagkii (软) vzglyad (目光) svidetel' stvuet o myagkom kharaktere.

安静或者柔和的目光表明性格温和。

2. 不对感官产生强烈影响、不刺激的、舒服的(声音、光线)

(134) На следующее утро был чудесный, мягкий день, какие бывают

у нас в Абхазии в дни сбора винограда. (Ruscorpora)

Na sleduyushchee utro byl chudesnyi, myagkii(软) den'(天), kakie byvayut u nas v Abkhazii v dni sbora vinograda.

第二天是美妙,温和的一天,这是我们阿布哈兹采摘葡萄时经常有的天气。

(135) В прихожей лежал мягкий дремотный полумрак... (Ruscorpora)

V prikhozhei lezhal myagkii(软) dremotnyi polumrak(昏暗)...

门厅里面是柔和的、昏昏欲睡的昏暗……

(136) Тишина и покой, мягкий климат, свежий воздух, обильная еда, крепкий сон и длительные прогулки помогли мне: вскоре я почувствовал себя окрепшим. (Ruscorpora)

Tishina i pokoi, myagkii(软) klimat(气候), svezhii vozdukh, obil' naya eda, krepkii son i dlitel' nye progulki pomogli mne: vskore ya pochuvstvoval sebya okrepshim.

安静和平和,温和的气候,清新的空气,丰富的食物,充足的睡眠和长久的散步帮助了我,因此我很快就感到自己变得强壮起来。

(137) Никакие другие упражнения не оказывают настолько мягкого воздействия на тело, одновременно прекрасно тренируя его. (Ruscorpora)

Nikakie drugie uprazhneniya ne okazyvayut nastol' ko myagkogo (软) vozdeistviya (影响) na telo, odnovremenno prekrasno treniruya ego.

任何其他的练习都没有对身体产生如此微妙的影响,同时很好地锻炼了身体。

3. 动作轻盈,没有突然变化,从容不迫

(138) Доктор мягкими движениями подтолкнул упирающуюся Еникееву к столу. (Ruscorpora)

Doktor myagkimi (软) dvizheniyami (动作) podtolknul upirayushchuyusya Enikeevu k stolu.

医生向桌子方向轻轻地(字面义为"用软的动作")推了一下固执的叶妮盖耶娃。

与此同时,myagkii 也不排斥消极义,在一些特定的上下文中可以表示身体虚弱或意志薄弱的人。

(139) Я шел на сцену на мягких, ватных ногах. (Ruscorpora)
Ya shel na stsenu na myagkikh(软), vatnykh nogakh(腿).
我踮着软绵绵的步子(字面义为"用软的腿")走向了舞台。

(140) Он слишком мягкий человек и вряд ли ему удалось бы справиться с задачей.
On slishkom myagkii(软) chelovek(人) i vryad li emu udalos' by spravit' sya s zadachei.
他是一个过于软弱的人,不太可能胜任任务。

4.1.3.3 汉语 SOFT 语义场的引申义

汉语 SOFT 语义场的主要成员"软"引申义最发达。由于基础义上它既可以表达褒义又可以表达贬义,因此它的引申义也是朝着这两个方向发展的。

在积极引申义上,它可以表示某人善良,容易感动,如:

(141) 他这个人就是心软,见不得人家伤心落泪。(inf)

在描述人的行为举止时,"软"可以表示说话比较温柔、礼貌,如:

(142) 他的口气软下来了。(Jukuu)

(143) 你就说几句软话,让老太太消消气吧。(《现汉》)

"对感官不产生强烈影响、舒服的"这一义项只有在一些固定的搭配里得以保留,如"吴侬软语""软风拂面"等。

另外,在"软广告""软植入"这样的搭配中,"软"也表示"对感官不产生强烈影响,冲击力不大"的意思。

在消极引申义上,"软"可以描述身体虚弱,经常为临时出现的特征,如:

(144) 两腿发软

(145) 吓得浑身都软了

属于消极引申义的有“意志薄弱、立场不够明确”等意思：

(146) 中方的态度太软了。(inf)

(147) 他这个人性子太软了，撑不起场面来。(inf)

(148) 你的耳朵根子太软了，容易听信别人的话。(inf)

固定搭配“软骨头”比喻没有气节的人也属于这一类用法。

可见，“软”既有积极引申义又有消极引申义。其消极引申义似乎更多一些，可能的原因在于现代汉语里的 SOFT 语义场的很多积极引申义都与“柔”相关，如：

(149) 这种颜色挺柔的。(inf)

(150) 女孩在说话声音比较柔。(inf)

古代汉语中“柔”是汉语 SOFT 语义场很重要的成员。如《诗·大雅·烝民》:“人亦有言：柔则茹之，刚则吐之。”而现代汉语中，“柔”只作为语素构成双音词来表示具体事物的软，如“柔和”“柔软”，但其引申义仍然与 SOFT 语义场相关。

在现代汉语中“柔软”引申义不是很发达，一般只有“内心柔软”等说法，与单音节词“软”引申义的数量相差甚远。

“绵软”和“松软”的常用引申义与“身体虚弱”相关，如：

(151) 浑身松软，瘫倒在地。

(152) 他感到双腿仿佛灌满棉花似的松软，跨出去的每一步都迟疑不决。(CCL)

(153) 宋响躺在床上起不了身，手脚绵软无力，他认为自己感冒了，让服务员送了药来。(Leeds)

此外，“绵软”还可以用来描述人的声音，如：

(154) 她的声音绵软而虚弱。

4.1.4　小结

通过本节分析我们可以看到,SOFT 所修饰的物体内部很不一致,感受这些物体软硬程度的方式也不同。我们穿的衣服、睡的床、吃的东西、小孩的脸蛋、沙子、橡皮泥等种种不同的物体都可以从软硬的角度来判断。其中的主要参数都与感受物体软硬程度的不同方面相关,分别是施力方式(按压、抚摸、弯曲、对折)、施力主体(手、脚、整个身体)、受力物是否能够恢复原状、施力主体是否能够陷入受力物等。从不同角度评价不同的物体,词化策略也必然会有所不同,因此该语义场相关的框架很丰富。然而,语义地图模型可以体现不同语言中用词异同的情况,有效地把握词汇的细微差异。

SOFT 语义场的第二个重要特点是软硬概念的相对性,因此对物体软硬的积极与消极评价没有固定的标准。我们有时可能认为,软的东西带来的感觉是舒服的,从而会发展出积极的引申义,但是如果某物太容易变形、不可靠,或者对健康不利(如过于软的床),就会获得消极义的评价。这一区分很重要,有些语言甚至会采用不同的方式来表达积极义和消极义的"软"。

4.2　HARD 语义场的分析

4.2.1　相关参数

HARD 语义场的主要框架与 SOFT 语义场的框架相同。但是 HARD 语义场存在一些与 SOFT 语义场不同的参数,下面分别介绍:

1. 是否强调接受者的感受

该参数区分的是客观物体属性的描述与强调接受者感受的主观描述。比如,俄语中 HARD 语义场包含两个形容词 tverdyi 和 zhestkii。其中,tverdyi 强调物体不易变形的属性,zhestkii 则强调接受者接触到硬的东西时引起的感受。(Pavlova & Kholkina 2013)试比较 tverdyi 和 zhestkii 形容“肉”的例句：

(155) Я вынула из холодильника мясо, потрогала его, оно еще твердое.
Ya vynula iz kholodil' nika myaso（肉），potrogala ego，ono eshche tverdoe（硬：不强调接受者）.
我把肉从冰箱里拿出来，摸了一下，还是很硬。

(156) Я потыкала мясо вилкой, но оно было еще твердым.
Ya potykala myaso（肉）vilkoi，no ono bylo eshche tverdym（硬：不强调接受者）.
我用叉子戳了一下肉，但是它还是硬的。

(157) Я с трудом мог жевать это жесткое мясо.
Ya s trudom mog zhevat' eto zhestkoe（硬：强调接受者）myaso（肉）.
我费很大的劲才能咬动这块硬肉。

接受者感受的凸显与否是区分这两个形容词基础义的主要参数。需要说明的是该参数与 SOFT 语义场的“积极与消极评价”参数不同。虽然 HARD 语义场在强调接受者的感受时，往往会带消极义的评价，但是在不强调接受者对客观物体属性的描述时，则积极义和消极义的评价都可以表示。而且，我们可以想象，在另一个语义场中“强调接受者感受”框架并不一定要表示消极义，可见“积极与消极评价”和“是否强调接受者感受”这两个参数不同，两者之间没有必然的关联性。

2. 本质上硬与没有预期标准中那么软

有些语言会使用专门的词来指称“本来应该是软的物体不软”的情况。如，英文的 tough（硬）和莫克沙语的 kalgəda（硬）都可以用来描述硬的食物和硬的纺织品，但是它们一般不用于形容石头，因为食物和纺织品本身应该是软的，而石头本身却就是硬的。

与此同时，在目前所考察的语言中，我们也没有在 SOFT 语义场中发现专门用来指称“某物本身应该是硬的，但它不硬”的词语。因此，HARD 语义场可以区分两种情况（“事实上硬”和“本来应该是软的物体不软”），而 SOFT 语义场却只有“事实上软”，没有对应的“本来应该硬的东西不硬"与之对立。

4.2.2　基础义语义地图的构建

MLexT 考察了 10 种语言中 HARD 语义场的用词情况，其分布结果如图 4－6(Pavlova，2014)：

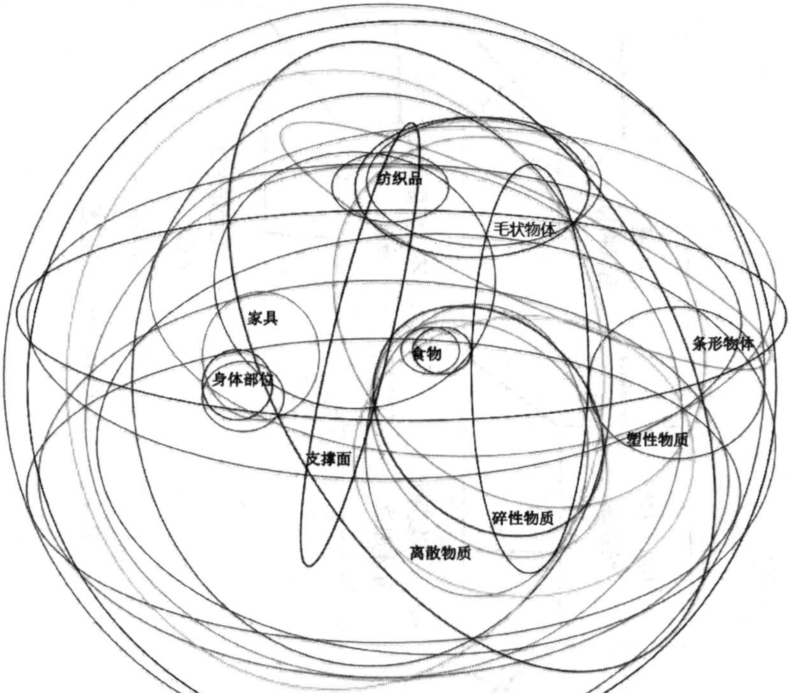

图 4－6　HARD 语义场语义地图基础

按照这些框架的可能合并情况，我们初步设计了 HARD 语义场的语义地图，如图 4－7。需要说明的是，该语义地图不是唯一的可以按照 MLexT 所提供的数据设计的语义地图，将来可能还需要进行进一步的调整。

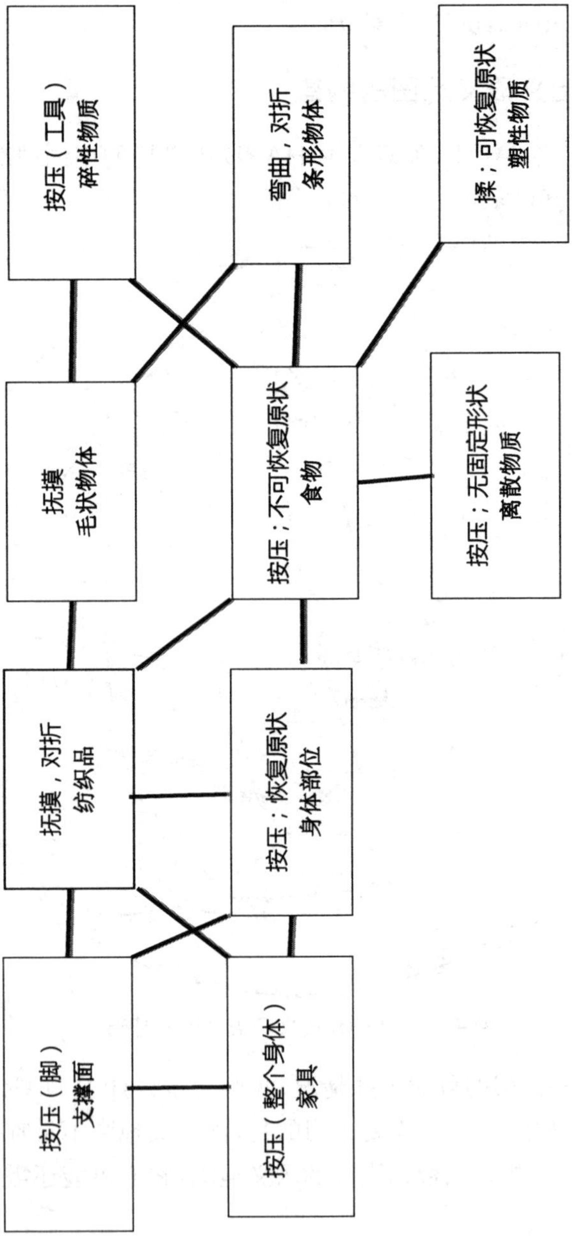

图 4－7　HARD 语义场语义地图

我们可以看到,与“按压”施力方式相关的框架之间都有关联,“抚摸”施力方式的框架也如此。不经常受 HARD 语义场形容词修饰的“离散物质”和“塑性物质”处于边缘的位置,它们与其他框架之间的关联线条也最少,每个框架只用一条线连接到该语义场。

4.2.2.1 英语 HARD 语义场语义地图

本节分析英语的 HARD 语义场的四个词,分别是 hard、tough、firm 和 stiff①。其分布情况如图 4-8:

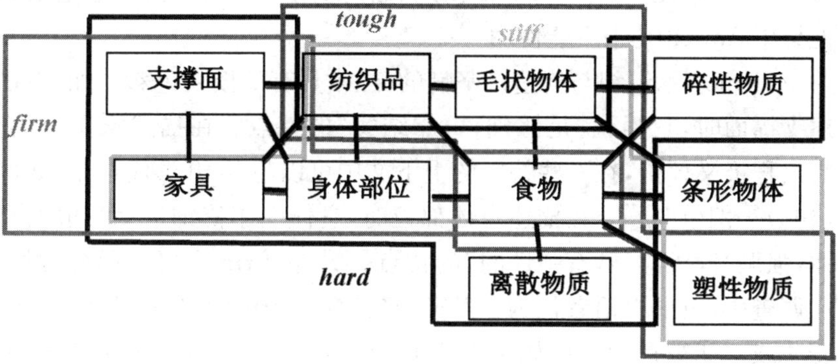

图 4-8 英语 HARD 语义场语义地图

Hard 的适用范围较广。在描述食物时,hard 强调它“客观上是硬”的,而不是“没有预期标准中那么软”。如例(160),hard 可以描述骨头,但是不能描述肉,因为再怎么老的肉也不可能像骨头一样硬。英语中,在用 hard 描述食品时,经常会选择石头类物体作为比较对象,是一种修辞用法。

由于 hard 突出“本质上硬”这一特点,它常常修饰“支撑面”“家具”和“碎性物质”等框架的名词,不能修饰“塑性物质”“纺织品”“条

---

① 英语中还存在 solid 一词,意思为“固体的、实心的、结实的、可靠的”。基础义上 solid 描述物体的体态(固体)和形状(实心),不属于本书考察的范围。以“结构很坚固,密度一致”为基础,solid 延伸出“有很强的稳定性、能抵抗任何压力”这样的引申义,很接近 HARD 语义场的引申义。

形物体”和“毛状物体”。在“离散物质”框架中，hard 常常描述难以犁或挖的土地[如例(176)—例(177)]，但是也可以形容真正离散物质，如沙子等。在描述“身体部位”时，hard 的使用比较受限，但有时可以描述指头或肌肉发达的身体。

Tough 是英语 HARD 语义场中第二个核心成员，它的分布在许多框架中是与 hard 互补的。Tough 经常修饰“本来应该是软的，但是由于某些原因而不软”的词语，如做得太老的肉[如例(160)—例(161)]、橡皮泥[如例(178)]或纺织品[如例(183)]。在其他基础义框架中，tough 几乎不能使用。

Firm 表示组织与构造是坚韧的，经常具有积极义色彩。如，在描述支撑面时，它强调“足够硬，可靠结实”的特点。在描述家具时，它突出积极义评价，在一些特定的上下文中可以与 hard 形成对比[如例(168)—例(169)]。在描述身体部位时，它倾向于修饰运动员般的身体，强调“健康漂亮，有弹性的”的特点。另外，firm 也可以形容食物。在调查中，英语母语者认为：当修饰食物时，firm 并不表明食物已经变质或不能被食用。比如可以说 heat until the pie crust is firm(加热，直到派的外皮变硬)，这里的 firm 是表明派已做好，且芳香可口。而 hard 通常并不适合这种情况，如果用 hard 形容某种食物，很可能是这个东西做得不成功，以致于不好吃或者不能吃。Hard 表达的硬度比 firm 高。(When used with foods, “firm” does not suggest that the food is inedible or has become ruined. You could definitely find in a cookbook a phrase like “heat until the pie crust is firm,” indicating readiness and savoriness. “Hard” in the same context is usually undesirable, and if it appeared in a cookbook, it would be in connection with some counter-intuitive instruction. Incidentally, “hard” suggests a greater degree of rigidity than “firm”.)

Stiff 经常描述“本来容易变形、柔韧的物体不再具有柔韧性”这一特点，如纺织品、毛状物体、条形物体等。由于 stiff“不具有柔韧性”

的特点很突出,它不能描述本来对"是否具有柔韧性"这一特征不敏感的离散物质、碎性物质和支撑面三个框架——前两个框架按照其定义就不可能具有"柔韧"这一特征,而第三个框架对它不敏感。

由于HARD语义场的核心义是"不容易变形",而不具有柔韧性的物体也符合这一核心义,因此stiff在语义地图上的分布较广。但是"不容易变形"和"不具有柔韧性"这两个特征并不完全相同。这一点可以通过stiff在"身体部位"框架中所产生的语义看出来。在描述身体部位时,stiff通常强调"不能弯曲"这个方面,也往往是主体本身的感受,与HARD语义场所描述的"通过按压或者抚摸的动作感受到(别人的)身体部位的软硬"大不相同。因此,即便stiff所覆盖的框架较多,仍不能将其看作是HARD语义场的核心成员,故而放到最后介绍。

英语具体例句如下:

1. 食物

(158) This candy is so hard that no one can chew it. (海词)
这种糖太硬,没人嚼得动。

(159) The loaf is as hard as a brick. (Longman)
这块面包硬得像块砖头。

(160) My favourite example with my students is with a steak: if it's overcooked, it's tough (not hard), in the sense that you CAN still eat it, though it's pretty difficult. But you can't eat a bone, because it's hard. (引自 Pavlova 2014)
我最喜欢和学生们讲的例子是"牛排":如果烹饪过头,牛排就tough老了(而不是hard硬),尽管很难咬,你还是可以吃。但是你没法吃骨头,因为它是hard硬的。

(161) The meat is inedibly tough. (Longman)
这肉老得不能吃。

(162) the tough outer leaves of the cabbage (Longman)
卷心菜外面那几层老菜叶

(163) smoked salmon on squares of stiff Norwegian bread (COCA)
挪威硬面包切片上的熏三文鱼

(164) Some soft foods become firm when cold. (海词)
有些松软的食品凉了就变硬。

2. 支撑面

(165) Would it be a hard surface we could walk on?
它将是我们可以行走的坚硬的路面吗?

(166) Do you think the ice is firm enough to walk on?
你认为这冰坚固得可以在上面走吗?

(167) This wet ground is not firm enough to walk on. (海词)
这块湿地不够坚实,不能在上面走。

3. 家具

(168) a hard wooden chair
一把硬木椅

(169) I don't think that chair's firm enough to stand on. (Longman)
我觉得那把椅子不够硬实,不能站在上面。

(170) Internet movies might be interesting, but that means sitting in your stiff desk chair staring at a small screen. (COCA)
网络电影可能会很有趣,但这也意味着你坐在硬办公椅上,盯着一个小屏幕。

4. 身体部位

(171) hard, muscular body
坚硬的、肌肉发达的身体

(172) The runner has firm muscles. (Longman)
那个赛跑运动员有一身结实的肌肉。

(173) Her legs were stiff from kneeling. (Longman)
她的双腿跪得僵硬了。

(174) Her fingers were stiff with cold. (Longman)

她的手指冻僵了。

5. 离散物质

（175）Anthony liked the hard sand of the shore, and collecting flint stones, and netting shrimps.（COCA）

安东尼喜欢海岸上的硬沙子，喜欢收集打火石和捕小虾。

（176）After months without rain, the ground was too hard to plough.（COCA）

几个月没下雨了，土地太硬，难以耕耘。

（177）The ground is as hard as stone after the long drought.（海词）

长期干旱之后，土地硬得就像石头一样。

6. 塑性物质

（178）"Something that is rubbery like plasticine or a tyre is tough but not hard, as 'hard' implies that something is solid and inflexible".（inf）

像橡皮泥或轮胎那样的东西是 tough 坚韧的，但不是 hard 坚硬的，因为"坚硬"意味着某样东西是固态且不可弯曲的。

（179）a stiff dough

硬面团

（180）Beat the egg whites until stiff.（Longman）

把蛋白打到黏稠。

7. 碎性物质

（181）Granite is a very hard stone.（海词）

花岗岩是一种很坚硬的石头。

（182）the hardest substance known to man（海词）

已知的最硬物质

8. 纺织品

（183）A tough fabric suitable for sailors and cowboys（COCA）

适合水手和牛仔的硬布料

(184) a shirt with a stiff collar (Longman)

领子挺括的衬衫

(185) stiff paper

硬纸

9. 毛状物体

(186) the tundra had sprouted only an inch of pale tough grass. (COCA)

冻土中萌生出一寸苍白坚韧的小草。

(187) She cleaned the sink with a stiff brush. (COCA)

她用硬毛刷清洗水槽。

10. 条形物体

(188) Channels usually can be cleared by passing a stiff wire through them. (COCA)

通道通常可以通过硬金属丝贯通。

4.2.2.2 俄语 HARD 语义场语义地图

俄语中 HARD 语义场包含两个词，分别是 tverdyi 和 zhestkii，其分布情况如图 4-9：

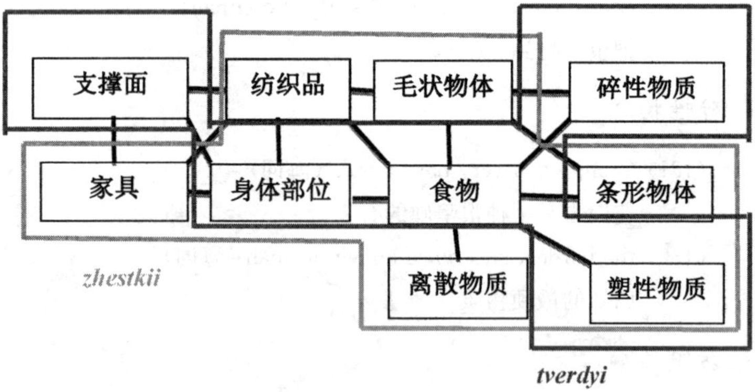

图 4-9 俄语 HARD 语义场语义地图

Tverdyi 用来描述物体的客观属性,而 zhestkii 强调接受者感受,因此它们的分布有所不同。

Tverdyi 不能用在客观硬度较低的“离散物质”与“条形物体”框架中。在描述“家具”“纺织品”和“毛状物体”时,它的使用也非常受限。在填写问卷时,母语者通常不会选择这个词,在语料库中这些框架使用 tverdyi 的例句非常少见,如例(192)、例(201)和例(203)。与同一框架的 zhestkii 例句相比,我们可以发现,tverdyi 例句都强调客观叙述,不涉及接受者的感受。但根据母语者的语感,这样的用法不典型,因此在语义地图上没有表现出来。

在“食物”框架中,tverdyi 经常描述通过手或工具的按压动作来判断食物的软硬,在“触摸食品(比如,在做饭时)”的情况下用得比较多[如例(155)—例(156)]。这一点符合 tverdyi 所表达的客观叙述的含义。“吃食品”情况往往要强调接受者的感受,因此通常选择用 zhestkii。

Zhestkii 不能描述“支撑面”和“碎性物质”框架。“支撑面”框架的着眼点在于某个平面能否承担一定的重量。如果能够承担,使用者通常就不会有特别的感受需要强调,所以不会选择 zhestkii 这个词;而如果不能承担,则会使用 SOFT 语义场的词语来描述。“碎性物质”这一框架原则上可以想象强调接受者感受的情景(如“这么硬的木头,雕刻起来真费劲”),但是俄语中仍然选择 tverdyi 来描述碎性物质硬度高。在“离散物质”“塑性物质”框架中,zhestkii 经常与“过于”搭配,强调不如意,给人带来不好的感觉的特征。

俄语具体例句如下:

1. 食物

参见 4.2.1 节的例(155)—例(157)。

(189) Жесткая корка хлеба

Zhestkaya(硬:强调接受者)korka(皮)khleba

坚硬的面包皮儿

2. 支撑面

（190）Совет：работайте на твердой поверхности，складывайте бумагу с помощью линейки，положив её вдоль линии сгиба.（Ruscorpora）

Sovet：rabotaite na tverdoi（硬：不强调接受者）poverkhnosti（表面），skladyvaite bumagu s pomoshch' yu lineiki，polozhiv ee vdol' linii sgiba.

建议：在硬的表面工作，将尺子沿对折线放置，借助尺子对折纸。

（191）По траве надо ходить всей ступней，а по твердой земле — на носочках.（Ruscorpora）

Po trave nado khodit' vsei stupnei，a po tverdoi（硬：不强调接受者）zemle（地面）— na nosochkakh.

在草地上脚应该全部着地地走，在硬地面上，应该踮着脚走。

3. 家具

（192）старинные желтые с деревянными выгнутыми спинками твердые кожаные диваны（Ruscorpora）

starinnye zheltye s derevyannymi vygnutymi spinkami tverdye（硬：不强调接受者）kozhanye divany（沙发）

带木制弧形靠背的古典黄色硬皮沙发

（193）Проснувшись ночью（у меня неудобная жёсткая кровать）— ночь слабо светилась поздней луной，— я увидел за столом у печки，где обычно сижу я，самого себя.（Ruscorpora）

Prosnuvshis' noch' yu [u menya neudobnaya zhestkaya（硬：强调接受者）krovat'（床）] — noch' slabo svetilas' pozdnei lunoi，— ya uvidel za stolom u pechki，gde obychno sizhu ya，samogo sebya.

半夜醒来（我的床很硬，不舒服），深夜的月光发出微弱的光，在炉子旁边的桌子后面，我经常坐的地方，我看到了自己。

4. 身体部位

（194）Он прижал твёрдый большой палец к запястью.（Ruscorpora）

On prizhal tverdyi（硬：不强调接受者）bol' shoi palets（手指）k zapyast' yu.

他将坚硬的大拇指压在手腕上(号脉)。

（195）Она вдруг вцепилась маленькими，но сильными и жесткими пальцами ему в горло，стала душить — всерьез!（Ruscorpora）

Ona vdrug vtsepilas' malen' kimi，no sil' nymi i zhestkimi（硬：强调接受者）pal' tsami（手指）emu v gorlo，stala dushit' — vser' ez!

突然她用小但是有力的硬手指抓住他的喉咙,开始掐他——认真地!

5．离散物质

（196）Сняв рукавицу，она схватила из сугроба горсть жесткого снега и чуть не до крови растерла мне лицо.（Ruscorpora）

Snyav rukavitsu，ona skhvatila iz sugroba gorst' zhestkogo（硬：强调接受者）snega（雪）i chut' ne do krovi rasterla mne litso.

她摘掉手套从雪堆里抓起一把硬雪,擦在我的脸上,差点把我的脸磨出血。

6．塑性物质

（197）Для того，чтобы пластилин стал тверже，достаточно летом включать кондиционер или вентилятор，поставить пластилин в холодное место на некоторое время.

Dlya togo，chtoby plastilin（橡皮泥）stal tverzhe（硬：不强调接受者），dostatochno letom vklyuchat' konditsioner ili ventilyator，postavit' plastilin v kholodnoe mesto na nekotoroe vremya.

为了使橡皮泥变得更硬,夏天开空调或者风扇就足够了,或者把橡皮泥在冷的地方放一段时间。

（198）Слишком жесткий пластилин следует разогреть，поместив на несколько минут в чашку с теплой водой.

Slishkom zhestkii（硬：强调接受者）plastilin（橡皮泥）sleduet razogret'，pomestiv na neskol'ko minut v chashku s teploi vodoi.

太硬的橡皮泥应该放到盛有温水的水杯中加热几分钟。

7. 碎性物质

（199）Плотная и твердая древесина лоха идёт на поделки и топливо.（Ruscorpora）

Plotnaya i tverdaya（硬：不强调接受者）drevesina（木材）lokha idet na podelki i toplivo.

胡颓子木材密实而坚硬，适合做工艺品和燃料。

（200）Древесина акации，более темная и твердая，чем древесина дуба，чрезвычайно долговечна и имеет красивую узорчатую поверхность.（Ruscorpora）

Drevesina（木材）akatsii，bolee temnaya i tverdaya（硬：不强调接受者），chem drevesina duba，chrezvychaino dolgovechna i imeet krasivuyu uzorchatuyu poverkhnost'.

槐树的木质比橡树的木质颜色更深，更硬，寿命很长，表面的纹理很漂亮。

8. 纺织品

（201）Плотно обтягивающий грудь мундир тёмного хаки со стоячим твёрдым воротником（к нему пришивалась изнутри полоска белой ткани）назывался “китель”.（Ruscorpora）

Plotno obtyagivayushchii grud' mundir temnogo khaki so stoyachim tverdym（硬：不强调接受者）vorotnikom（领子）（k nemu prishivalas' iznutri poloska beloi tkani）nazyvalsya “kitel'”.

紧紧包裹胸膛的深军绿色的，带硬竖领的（领子部分从里面缝制了一道白布）制服称为“制服上衣”。

（202）Кивер или каска давили голову，высокий жесткий воротник подпирал и натирал шею.（Ruscorpora）

Kiver ili kaska davili golovu, vysokii zhestkii（硬：强调接受者）vorotnik（领子）podpiral i natiral sheyu.

皮毛制的大军帽或头盔压在头上，高的硬领子卡住脖子，产生摩擦。

9. 毛状物体

（203）твердая рыжая щетина плохо поддавалась бритве（Ruscorpora）

tverdaya（硬：不强调接受者）ryzhaya shchetina（胡茬）plokho poddavalas' britve

硬的红褐色的胡茬很难用剃须刀刮掉。

（204）Он схватил руку женщины и, царапаясь жесткой щетиной, принялся осыпать ее поцелуями.（Ruscorpora）

On skhvatil ruku zhenshchiny i, tsarapayas' zhestkoi（硬：强调接受者）shchetinoi（胡茬）, prinyalsya osypat' ee potseluyami.

他抓住女人的手，开始吻她的手，但是硬胡茬扎到了她。

10. 条形物体

（205）На песке, от жестких прутьев его метлы, оставался бесконечный ряд царапин.

Na peske, ot zhestkikh（硬：强调接受者）prut' ev（条）ego metly, ostavalsya beskonechnyi ryad tsarapin.（Ruscorpora）

他坚硬的扫帚（字面义为“扫帚的硬条”）在沙土上留下了许多划痕。

4.2.2.3　汉语 HARD 语义场语义地图

汉语 HARD 语义场包含三个词项，分别是“硬”“坚硬”和“僵硬”①。它们在语义地图上的分布如图 4-10：

---

① 即便“牢固”“坚实”与“坚固”的物体通常也具有“硬”的特征，但是其核心语义是“结实、抗破坏”，因此没有纳入考察范围内。不自由语素“刚”“坚”与“固”同样没有纳入考察范围。“刚”在现代汉语中不能单独表达物体坚硬义，只可作为语素构成表示坚硬的词，如“刚玉”“刚毛”“金刚石”“刚性”；“坚”和“固”也是相同的情况。

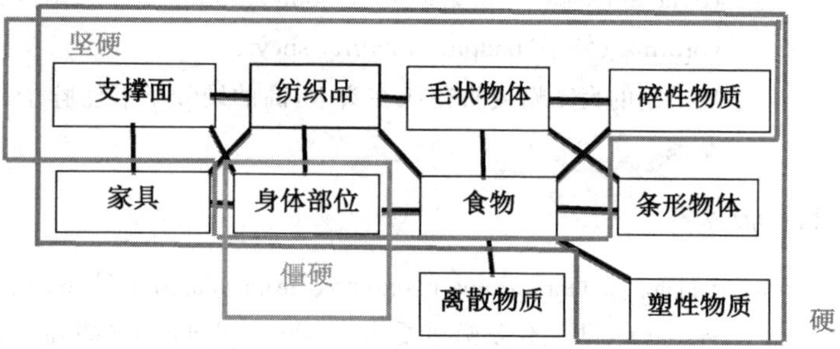

图 4-10 汉语 HARD 语义场语义地图

“硬”的使用范围最广，是汉语中 HARD 语义场的核心词。除了“离散物质”以外，它能够覆盖所有的其他框架。原则上，“硬”可以修饰属于离散物质的一些名词，如描述难以犁或挖的土地[如例(225)]。但是这种情况下，土地通常被视为一个整体，不属于典型的离散物质框架，因此在语义地图上不能得以体现。

“坚硬”的书面色彩较浓，最常用于修饰“支撑面”和“碎性物质”两个框架。属于“支撑面”和“碎性物质”的物体（如路面、石头）其特点是硬度很高，不容易破坏。可见，“坚硬”强调所修饰的物体具有抗破坏性、硬度高的语义特征。因此，“坚硬”不容易用以修饰硬度低的物体（如离散物质、塑性物质、纺织品类、条形物体）。“坚硬”修饰食物时也非常受限，只有那些硬度非常高的（如馕、坚果、山梨）才可能用“坚硬”修饰。“毛状物体”框架相同，“坚硬”只能描述短而质地硬的毛。

在修饰“身体部位”时，“坚硬”的使用比较受限制，经常会带有“抗破坏”的语义特征[如例(220)]。但它也可以表达我们所关注的“按压”施力方式得到的感受[如例(221)]。

“僵硬”的使用范围比较有限，通常表示肢体不能正常活动，由于某种原因失去了原来的灵活性。这一用法和英文的 stiff 很接近，也经常描述人自己的感受，而不是按压或抚摸别人身体部位得出来的感受。因此我们认为“僵硬”是汉语HARD语义场边缘的成员。

汉语具体例句如下：

1. 食物

“硬”：

(206) 中国面包柔软无比，德国人则喜欢硬的面包——在中国人看来，那是些能把大牙崩掉的东西。(CCL)

(207) 和别的老鼠一样，他们喜欢的是那种适合啃咬的、硬一点的奶酪。(CCL)

(208) 花蛤肉粗而硬，咬不动。(CCL)

(209) 我那张桌子上老放着一些山梨，硬得人牙咬不动，只有猪能吃。(CCL)

“坚硬”：

(210) 吃的是坚硬的干馕与自制的肉食，一年难见蔬菜。(CCL)

(211) 她教他用手去摸越橘树丛，叫他不要采摘那些坚硬的未成熟的果实，而只采摘那些大而柔软的浆果。(CCL)

(212) 如“地方特产，精工制作，馈赠佳品”的糕点，打开盒子，里面除了几块干缩坚硬的点心外，曾使多少人面对精美的包装尴尬、恼火……(CCL)

2. 支撑面

“硬”：

(213) 我穿着单薄的衣裳躺在冰冷的使人浑身作疼的硬地板上，我没拿毯子，我不想让自己暖和，唯恐一暖和就会睡着，听不见你的脚步声。(CCL)

“坚硬”：

(214) 飞机似乎在下降，就要降落在坚硬的珊瑚礁地面上了。(CCL)

(215) 房屋主室地面多经细致处理，有的是垫土夯实，地面坚硬平整；有的垫土夯实后又经烘烤，地面呈青灰色或暗红色，十分坚硬。

(CCL)

3. 家具

"硬":

(216) "有什么我能做的吗?"首相说,简单地握了握福吉的手,便指向了桌前一个最硬的椅子。(CCL)

(217) 枕头又小又硬,上面铺着一条普通的毛巾。(CCL)

(218) 通常情况下,人选择床时总以为硬的、床垫厚的、弹簧多的对身体有好处。(CCL)

4. 身体部位

"硬":

(219) 泰拳最主要的特点是直接运用肢体最硬的部分,如拳、肘、脚膝部位攻击对方。(CCL)

"坚硬":

(220) 帕恩,砂走兽的身体很坚硬,剑是刺不进去的,不过腹部就比较柔软,记得要攻击那里。(CCL)

(221) 我答道:"肌肉坚硬得像木头一样。"(CCL)

"僵硬":

(222) 生活中好多人,都有一张有味道的脸。但在相机前一摆,那些动人的东西就消失了,姿势造作,肌肉僵硬,甚至呆头呆脑。(CCL)

(223) 由大脑丧失了一种可产生控制身体运动的化学物质的脑细胞而引起,患者会出现四肢颤动、肌肉僵硬、难以控制身体平衡而容易跌倒等症状。(CCL)

(224) 手指冻得僵硬了。(inf)

5. 离散物质

"硬":

(225) 担负天山山区施工任务的某红军师坦克团官兵进驻工地后，大雪纷飞，冻土层硬得像石头，一镐下去一个白点，震得虎口发麻。(CCL)

6. 塑性物质

"硬"：

(226) 那时候的橡皮泥很硬，很爱干，很不好捏，而且颜色特别单一。(CCL)

7. 碎性物质

"硬"：

(227) 由红木和高级硬木制成，上面没有任何金属构件，没有齿轮，车身全为木质。(CCL)

"坚硬"：

(228) 石匠的活儿是对付各种坚硬的石头，干完活时胳膊都累得抬不起来，晚上睡觉时还酸痛，只好整夜蜷缩着身子睡，太阳一出来，又得干活。(CCL)

(229) 木材赤色，坚硬，可制家具。(CCL)

(230) 椰壳坚硬，可雕刻镶嵌，作为装饰品。(CCL)

(231) 迷蒙的冰河开冻了。坚硬的冰甲正咔咔作响地裂开，清黑的河水翻跳起来，拥推开巨船般的冰岛。(CCL)

8. 纺织品

"硬"：

(232) 直到他庆贺花甲之喜的时节，他才买了件缎子面的二茬儿羊皮袍，可是每逢穿出来，上面还罩上浆洗之后像铁板那么硬的土蓝布大衫。(CCL)

(233) Wrangler的牛仔裤是不是布料很硬啊？(百度)

(234) 那时可没有好跑鞋，她穿的是一双普通白运动鞋，很硬，30公里路程，已磨破了双脚。(CCL)

"坚硬"：

（235）牛皮革较坚硬，分黄牛皮革和水牛皮革两种。（百度）

9. 毛状物体

"硬"：

（236）胡子"硬"并非虚构之说，有些人的胡须使刀刃变钝的速度，要比别人的快 8 倍。（CCL）

（237）剃过，第二次长出来就会很硬，很粗，很浓密，很多。（CCL）

"坚硬"：

（238）她起身走到日本战俘身后，把几根从野猪身上拔下的跟钢针一样坚硬的毛发，分别投进他们的领口，把他们扎得哇啦哇啦地叫起来。（CCL）

（239）他高矮适中，身体和脖子很粗，有着一张愉快、健康、红润的脸，一种锐利、闪烁、深沉的目光和坚硬的、短短的灰头发和灰胡须。（CCL）

10. 条形物体

"硬"：

（240）硬绳子要缠捆得服帖，关键在绳子两头；不能打结子，得把绳头紧紧压在绳下。（CCL）

4.2.3 引申义

根据 HARD 语义场的两个基础义框架（"物体客观属性的描述"与"强调接受者感受的主观描述"），描述物体客观属性时，"硬"发展出的积极引申义与硬物体结实、不容易破坏的特点相关；而对于强调接受者感受的描述，"硬"则发展出消极引申义，因为接触到硬物体的感觉往往不是很舒服。除此之外，在有些语言中 HARD 语义场的形容词可以表示"程度深/强度高"的意思。下面我们分别介绍这三种引申方向。

(一)积极引申义

HARD语义场形容词积极引申义如下(Pavlova 2012):

1. 坚强(人、行为)

"受外力作用后,不改变形状"是"硬"的基础义,这个特点可以引申用来表示"某人不会因外界施加的压力而改变自己的观点"。这样的人比较自信,能够抵抗对手,不会放弃自己的理想。通过转喻机制,其行为、话语及各种表现也都可以称为"硬"。

2. 不容易变化,稳定可靠(做法、行为、状态)

在修饰抽象名词时,HARD语义场的形容词经常强调其不容易改变的特点。以俄语为例:

(241) a. tverdaya uverennost' 坚定的信心
b. tverdye znaniya 巩固的知识
c. tverdye tseny 固定的物价

(二)消极引申义

HARD语义场形容词消极引申义如下(Pavlova 2014):

1. 严肃、生硬(人、行为、话语)

就像硬物体不易变形的特点有时会给人带来不舒服的感觉,严肃的人不愿意妥协,不会让步,经常会严格控制自己的下属,就会不易相处。在这一用法上,HARD语义场的形容词经常用来描述上司、领导;通过转喻机制,他们的规定、判决、惩罚也可以采用这类词语描述。

不同语言中,HARD语义场形容词描述人或他的行为给别人带来不好的感觉时,具体的表现有所不同。如,科米语的 чорыд морт(字面义为"硬的人")表示"吝啬的人"。

2. 难(工作、任务)

由于硬物体加工起来较困难,因此HARD语义场的形容词在引申义上可以用来描述任务或工作比较困难。如英语例子：

(242) The ground was too hard to dig.

这块地太硬没法挖。

(243) This question is too hard; I can't answer it.

这个问题太难，我回答不了。

（三）程度深/强度高

在有些语言中 HARD 语义场的形容词发展出来了“程度深/强度高”的引申义。这也是语义进一步虚化的结果。比如，“严寒”在英语(hard frost)、土耳其语(sert soğuk)、莫克沙语(kemə jakšamə)和芬兰语(kova pakkanen)中都用 HARD 语义场的形容词表示。这些形容词也可以描述动作强烈，如：

(244) le vent souffle dur(法语)

风刮得很厉害(字面义“很硬”)

(245) laulaa kovaa(芬兰语)

大声地唱(字面义“很硬”)

英语 HARD 语义场的形容词这类用法很发达，详见下一小节的介绍。

4.2.3.1 英语 HARD 语义场的引申义

英语 HARD 语义场的引申义很丰富，以上所介绍的引申方向都得以体现，下面分别介绍积极、消极及表示程度深/强度高的引申义。

（一）积极引申义

1. 坚强(人、行为)

受到压力不动摇，不改变自己行为和观念，英语中主要由 tough 和 firm 表示：

(246) He has a tough character. (Longman)

他有一个坚韧的性格。

(247) She is a tough person.

她是一个坚强的人。

(248) You must be firm. (Longman)

你必须坚强。

(249) You'll have to be firm with him. He's a difficult child.

这孩子很难对付,你对他要严格。

Tough 不限于描述人,也可以形容植物和动物类强壮,能够抵抗恶劣环境:

(250) Only tough breeds of sheep can live in the mountains. (Longman)

只有强壮的羊类才能在山里生活。

2. 不容易变化,稳定可靠(做法、行为、状态)

Firm 的这一用法使用频率较高,可以用来描述具体动作:

(251) He kept a firm hold on my hand as he helped me over the fence.

他紧握我的手(字面义为"牢固地握住")帮我翻过围墙。

Firm 也可以描述心理状态,如 firm belief(坚定的信仰)。通过转喻机制,它可以形容拥有这种想法的人:

(252) I'm a firm believer in telling the truth. (Longman)

我坚信应该说真话。(字面义为"硬的相信者")

在修饰抽象义的名词时,firm 也表示"稳固"的意思:

(253) The price of gold stayed firm yesterday.

黄金的价格昨天保持坚挺。

(254) Because of their pleasant personality, they had soon formed a firm friendship.

因为他们友善的个性,他们很快就建立起坚固的友谊。

Hard 在这个义项上的使用比较受限,它主要用来描述一些信息(证据、事实、情报)准确可靠:

(255) There is no hard evidence to support his theory.

没有确实的证据支持这一理论。

值得注意的是，基础义经常表达积极义的 firm 没有发展出消极引申义。

（二）消极引申义

1. 严肃、生硬（人、行为、话语）

英文的 hard、tough 和 stiff 都发展出与“使别人感到不舒服”相关的引申义，但是它们的侧重点不同。Hard 可以表示“无情”的意思：

(256) Her voice was hard and cold.
她的声音很冷酷。

Tough 在描述人时，经常表示“粗暴”[如例(257)]，在描述措施、处罚、判决等时，表示“严厉”[如例(258)—例(259)]：

(257) a tough criminal (Longman)
粗暴的罪犯

(258) The government is taking a tough line on drug abuse. (Longman)
政府对滥用麻醉药品采取强硬方针。

(259) The law is tough on offenders.
该法律对违法者处罚很严厉。

Stiff 则可以表示“冷淡”“生硬”等意思：

(260) a stiff smile
不自然的微笑

(261) Her rather stiff manner puts people off. (Longman)
她那相当生硬的态度使人们都不敢来。

2. 难（工作、任务）

英语 HARD 语义场的 hard、tough 和 stiff 三个形容词都可以表示这个意思。

(262) The teacher asked a hard question.
老师问了一个很难回答的问题。

(263) This is a tough problem.

这是一个难题。

(264) He has to take a stiff test before he is qualified.

在取得资格之前，他必须通过一次艰难的考试。

Hard 在这个义项上使用得最为普遍，很多情况下可以与专门表示“困难的”的 difficult 替换。这两个词的区别在于 difficult 是较正式的用词，而且主要指智力方面的困难[如例(265)]，而 hard 是口语用词，也可以表示智力方面的困难[如例(266)]，但更经常指体力[如例(267)—例(268)]或金钱[如例(269)—例(270)]等方面的困难。

(265) Passing the examination is a difficult task.

通过这次考试是一项艰难的任务。

(266) This year's exam was much harder than last year's.

今年的考试比去年的难得多。

(267) The making of a road is a hard job.

筑路是项艰苦的工作。

(268) The village was quiet. Most farmers were fast asleep after a day's hard work.

村子里静悄悄的。在一天的辛勤劳动之后，大多数农民都已经熟睡了。

(269) Times were hard and they were forced to sell their house.

那时的日子很艰难，他们被迫卖掉了房子。

(270) They have had a hard time bringing up ten children.

他们艰难地把 10 个孩子拉扯大。

Hard 表示“难”的意思非常普遍，能够进入两种句法构式，分别为“hard＋to＋动词”[如例(271)]“hard＋of＋表示动作的名词”[如例(272)]。

(271) That's a hill hard to climb.

那是一座很难爬的山。

(272) This food is hard of digestion.
这种食物很难消化。

Tough 也经常表示"困难"的意思，包括体力上[如例(273)]、心理上[如例(274)]和经费上[如例(275)]的困难。

(273) It was a tough race. (Longman)
比赛很艰苦。

(274) Tough decisions will have to be made. (Longman)
必须做出艰难的决定。

(275) The company admitted that it had been a tough year.
该公司承认那曾是艰辛的一年。

另外，tough 和 hard 都可以描述"艰苦的，难以对付"的条件：

(276) Hard conditions turned her hair grey.
艰苦的环境使她的头发变白了。

(277) I don't want to go out in such hard weather. (Longman)
我不想天气这么不好的时候出门。

(278) Conditions are rather tough here.
这里条件比较艰苦。

(三) 程度深/强度高

相对其他所考察的语言来说，英语的 hard 表示"程度深/强度高"的用法比较常见。本书认为，该义项的发展与"难、费力"义项相关，因为解决难的问题或完成费力的任务需要付出大量的精力，进行高强度的动作。

因此，在修饰表示动作的词语时，hard 可以进一步虚化为"强烈、使劲、急速"的意思，且都与动作的强度相关：

(279) She gave him a hard slap.
她狠狠地扇了他一记耳光。

(280) He gave the door a hard shove and it opened.

他猛地一推门,门开了。

(281) a hard left/right (=sharp)

向右/向左急转

通过分析 hard 用来修饰“工作”时表达的意义,我们就可以看出 hard 是在强调“努力”,付出的程度深、工作的强度高,而不是在强调这项工作是“困难的”。由此可见,hard 表示“程度深/强度高”的义项是比较稳定的。

(282) Only hard work gives good results.

努力工作才能有好的结果。

(283) It takes hard work to get ahead in business.

要想在商业上获得成功需要努力工作。

按照我们的假设,“程度深/强度高”的引申方向与消极义的“困难”义项相关,因此在表示“程度深/强度高”时,hard 不能修饰积极义的词语。比如在修饰中性词“光”时,根据词典释义,hard 会发展出“太亮的、刺目的”的消极意义:

(284) the hard brilliance of the moonlight

月光的刺眼的光

Hard 也可以修饰一些对人的身体产生强烈作用的毒品和高度数的酒类,表示“烈性”的意思。

(285) I never touch the hard stuff (=strong alcohol). (Longman)

我从来不喝烈酒。

(286) hard drugs

烈性毒品

这一搭配里 HARD 语义场的 stiff 也可以出现:

(287) a stiff whiskey (Longman)

烈的威士忌酒

4.2.3.2 俄语 HARD 语义场的引申义

俄语中 tverdyi 和 zhestkii 的引申义很不同，保留我们在分析基础义用法时所指出的对立。Tverdyi 表示客观描述，不强调接受者的感受，发展出许多积极义用法：

(288) Он сделался как-то живее，даже твёрже характером，как человек，который уже определил и поставил себе цель.（Ruscorpora）
On sdelalsya kak-to zhivee，dazhe tverzhe（硬：不强调接受者）kharakterom（性格），kak chelovek，kotoryi uzhe opredelil i postavil sebe tsel'.
他变得更活跃甚至性格变得更坚强，像一个已经设定了目标的人。

(289) Ощутимо сказалось отсутствие организованности，твердого человека，который собрал бы и распределил все эти，в сущности значительные，силы.（Ruscorpora）
Oshchutimo skazalos' otsutstvie organizovannosti，tverdogo（硬：不强调接受者）cheloveka（人），kotoryi sobral by i raspredelil vse eti，v sushchnosti znachitel' nye，sily.
管理上的不足表现得很明显，缺少能聚集和发挥所有这些实际具有强大力量的坚强人物。

(290) В моих глазах это даровитый，твердый，решительный человек，которому нет у нас равного.（Ruscorpora）
V moikh glazakh eto darovityi，tverdyi（硬：不强调接受者），reshitel' nyi chelovek（人），kotoromu net u nas ravnogo.
在我眼中他是有天赋、坚强、果断的人，我们这里没有人可以与他相提并论。

(291) С Ираном у нас не было твердо установленной границы еще с царских времен.
S Iranom u nas ne bylo tverdo（硬：不强调接受者）ustanovlennoi（勘定的）granitsy（国界线）eshche s tsarskikh vremen.（Ruscorpora）

我们和伊朗从沙皇时代就没有明确勘定的国界线。

(292) Не следует забывать, что к началу войны в стране было достаточно продуктов питания. Магазины торговали свободно, по твердым ценам.

Ne sleduet zabyvat', chto k nachalu voiny v strane bylo dostatochno produktov pitaniya. Magaziny torgovali svobodno, po tverdym(硬：不强调接受者)tsenam(价格). (Ruscorpora)

不要忘记,战争开始时国内有充足的食品。商店进行正常贸易,价格稳定。

(293) Ты хорошая девочка, в полугодии получишь твердую четверку, а в году может и «пять» выйти. (Ruscorpora)

Ty khoroshaya devochka, v polugodii poluchish' tverduyu(硬：不强调接受者) chetverku(四分), a v godu mozhet i «pyat'» vyiti.

你是个好女生,这学期你可以拿到过硬的四分(成绩完全对得起四分),这学年可能甚至会得五分。

Zhestkii 与此不用,其引申义强调接受者的感受,表示"给人带来不愉快的感觉,强硬"之类的意思:

(294) Своим жестким непримиримым характером он настроил против себя всех коллег. (Ruscorpora)

Svoim zhestkim(硬：强调接受者)neprimirimym kharakterom(性格)on nastroil protiv sebya vsekh kolleg.

他偏执不妥协的性格使他的同事都不喜欢他。

(295) Все свои требования Санэпиднадзор собирается жестко контролировать и постоянно трясти турфирмы различными проверками. (Ruscorpora)

Vse svoi trebovaniya Sanepidnadzor sobiraetsya zhestko(硬：强调接受者)kontrolirovat'(监督)i postoyanno tryasti turfirmy razlichnymi proverkami.

卫生部打算严格监督其各项要求的完成情况,经常纠缠旅行社,对其进行各种检查。

（296）Требуются жёсткие меры — вплоть до уголовных — и за продажу лекарств без рецепта и медицинской литературы для врачей обычным читателям，и за неразрешённую практику，и за недобросовестную рекламу.（Ruscorpora）

Trebuyutsya zhestkie(硬：强调接受者)mery(措施)— vplot' do ugolovnykh — i za prodazhu lekarstv bez retsepta i meditsinskoi literatury dlya vrachei obychnym chitatelyam，i za nerazreshennuyu praktiku，i za nedobrosovestnuyu reklamu.

对出售非处方药物,售卖医生专用医学书籍给普通读者,进行非法行医和宣传虚假广告的行为需要采取强硬措施,甚至刑事措施。

在标准俄语中 жёсткий 不表示“困难”的意思,但是在青年俚语中可以找到这样的用法,比如：

（297）Какие варианты вида шпор вы знаете? оооочень надо，скоро жесткий экзамен....

Kakie varianty vida shpor vy znaete? oooochen' nado，skoro zhestkii(硬：强调接受者)ekzamen(考试)...

你们知道哪些小抄儿的方式？急用,马上有很难的考试……

4.2.3.3　汉语 HARD 语义场的引申义

汉语形容词“硬”对“是否强调接受者的感受”这一参数并不敏感,基础义用法中,强调接受者感受[如例(298)—例(299)]和不强调接受者的感受[如例(300)—例(301)]都有：

（298）比方高粱米那东西,平常我就不愿吃,很硬,有点发涩,(也许因为我有胃病的关系)……(CCL)

（299）床很硬,由于头部没有东西可枕,黛二产生一种挺胸抬头之感。(CCL)

（300）它的叶子很硬,有很厚的蜡质表皮和反光的结构,可以保持体内的水分。(CCL)

（301）以纯铁和钢为例,注入碳、氮离子后,产生了金属的碳化物或氮

化物，这些化合物很硬……(CCL)

因此“硬”产生了“不强调接受者感受”和“强调接受者感受”的两种引申义。例(302)—例(305)属于前一种情况：

(302) 同志们，刚才这个动作大家都看见了，有的部队作风很硬，有的就差一点。(CCL)

(303) 小顾也泪流满面，一边掏出自己的手绢为他擤鼻涕，一边安慰他，没人再会打他了，她找的关系很硬，跟这里的管教都私下关照过。(CCL)

(304) 这东西是硬货。(好东西，质量好)

(305) 兑换码很硬。(不贬值)

例(306)—例(309)则强调接受者感受：

(306) 因为这些工作都是硬指标，不抓不行。轻者挨批评，重者影响前途。(CCL)

(307) 两个头目看见张鼐的脸色严峻，问话的口气很硬，感到不妙，互相望一眼，但仍然带着老行伍的油滑神气，笑嘻嘻地分辩说他们是闲谈谁的马好，并没吵闹。(CCL)

(308) 吃软不吃硬。

(309) 给他来点硬的他就听话了。

“硬”的副词用法也可以表示“强调接受者感受”与“不强调接受者感受”两种情况，如：

(310) 孩子不想走，她硬把孩子拉走了。

(311) 他一发狠，硬爬上去了。

(312) 他生病了，硬把论文写完了。

例(310)强调“她”的做法对孩子来说是强迫接受的，强调接受者的感受，而例(311)—例(312)只是描述主体坚强，无接受者可言，因此归入“不强调接受者感受”这一类。

综上，汉语中“硬”既可以产生不强调接受者感受的积极义，又可以描述强调接受者感受的消极义。

4.2.2.3节所分析的HARD语义场的其他成员引申义较少。现代汉语普通话中“坚硬”没有固定的引申义，可以视为专门表示HARD语义场基础义的词语。

“僵硬”的引申义比较单一，都与基础义“肢体不能正常活动”相关，表示不灵活、死板的意思，即可以描述较具体、看得到的现象（如“表情僵硬”），又可以形容较为抽象的名词（如“工作方法僵硬”）：

(313) 一定要以对事不对人的态度冷静处理，语言与表情要保持一致，尽量用微笑替代僵硬的表情。(CCL)

(314) 他不切实际僵硬保守的执政风格也招致天怒人怨。(CCL)

(315) 内容丰富、趣味高尚、眼界开阔，适合儿童心理而没有各种僵硬的教条戒律的儿童报纸 (CCL)

(316) 行文僵硬死板

例(313)的用法非常接近英语 stiff 的用法[试比较例(260)]。有趣的是，两个词在基础义用法上都通常描述人的身体失去灵活性的特点。

现代汉语重要的特点在于在表达引申义时，它经常会选择与该语义场相关的，但是不表达其基础义的一套词语。比如：

“硬气”：刚强、有骨气

(317) 你这个副馆长当得太窝囊了，你要是硬气一点，老孔也不敢这么盛气凌人。(CCL)

(318) 他觉得自己挣的钱用着硬气。(CCL)

“过硬”：禁受得起严格的考验或检验

(319) 修汽车不比修自行车，需要技术过硬的人才！(CCL)

(320) 把武警部队建设成为政治坚定、编成科学、装备精良、素质过硬、反应灵敏的现代化部队。(CCL)

“硬朗”：老人身体强壮；坚强有力

(321) 她身材不高,头上略露银丝,虽已 71 岁,但身板硬朗,精神奕奕,看上去比实际年龄年轻得多。(CCL)

(322) 熊柯得的这 18 分仍然靠的是积极主动、硬朗快捷的作风。(CCL)

"强硬"既可以表示积极义"强有力",也可以表示消极义"不肯退让的":

(323) 然而,英国官方在对待其居留权问题上立场强硬。(CCL)

(324) 坚决并强硬地反对北约扩大到俄罗斯边界(CCL)

HARD 语义场的消极引申义"严肃、生硬(人、行为、话语)"可以由"生硬"一词表示:

(325) 那位医生语气生硬地说:"没有病历本,你叫我怎么看病?"(CCL)

(326) 一些地方窗口服务质量差、态度生硬、作风粗暴,用户反映强烈。(CCL)

古汉语 HARD 语义场的两个重要成员"坚""刚"在现代汉语中已经不能自由地在基础义上使用,但是与它们相关的许多词语在现代汉语中仍然表示 HARD 语义场的引申义,如"刚强""坚毅""坚决""坚定"等词语。

4.2.4 小结

本章详细论述了 HARD 与 SOFT 语义场基础义的组织及其引申义。比较这两个语义场的语义地图(图 4-2 和图 4-7),我们可以看到,虽然两个语义场采用同一套框架,但这些框架在语义地图上的分布并不相同,HARD 语义场的内部组织更为复杂,不同框架的连接线也更多。这一点可以证明两个反义语义场的各个义项是不对称的。

HARD 语义场中起到作用的附加参数也更多。SOFT 语义场只有积极义/消极义评价的区分,而 HARD 语义场则使用两个参数,分别是“是否强调接受者的感受”和“描述本质上很硬或没有想象中那么软的物体”。

与此同时，在目前所考察的语言中，我们也没有在SOFT语义场中发现专门用来指称“某物本身应该是硬的，但它不硬”的词语。因此，HARD语义场可以区分两种情况（“事实上硬”和“本来应该是软的物体不软”），而SOFT语义场却只有“事实上软”，没有对应的“本来应该硬的东西不硬”与之对立。

在引申义方面两个语义场也表现出不同。比如，英文的hard可以表示程度深/强度高（hard winter“寒冷的冬天”），但是其反义的搭配中却不用soft（mild/ * soft winter）。又如，法文的dur de faire qch.[难以做到，字面义与英语的hard to do sth.“做起来很困难（字面义为‘很硬’）”相同]不存在对应的用SOFT语义场词语表达“容易做到”的说法（ * mou de faire qch.）。

通过本章分析，我们可以看到，词语基础义之间的对立会直接影响到其引申义的发展。基础义中的不同框架会发展出不同的引申义，在基础义中对区别框架起作用的参数，在引申义中往往也会得到保留。比如，俄语中tverdyi和zhestkii的基础义可以用“是否强调接受者的感受”这一参数来区分：tverdyi描述物体的客观属性，而zhestkii强调接受者感受。该分工在引申义中得到了保留。

如果基础义对某个普遍参数不敏感，则引申义也就不受该参数的制约，并可能会出现多义现象。比如，汉语的“硬”基础义没有分工的，其在引申义上可以顺着两个不同的方向发展。

第五章

HEAVY(重)与LIGHT(轻)语义场

以上章节从不同的角度展示了基础义与引申义之间的关联，而本章通过对两个基础义看似比较接近的词，汉语“重”和俄语tyazhelyi(重)引申义的分析发现，属于同一语义场的词的不同引申方向可以提示我们其基础义也存在差异①。

另外，本章还考察了汉语“重”和“沉”之间的区别，发现基础义比较接近、但本义和历史发展不同的词语，其引申义也会有差别。

5.1 HEAVY 语义场的分析

5.1.1 相关参数

在所考察的语言中，HEAVY 语义场的词汇系统都较为贫乏，在大多数情况下只有一个主要的词。表面看来，词化策略很一致，看似没有参数上的区别，但是通过几种语言数据的比较，我们发现虽然主要的词通常只有一个，其使用情况并不相同。其中，最典型的例子是汉语的“重”和俄语 tyazhelyi 的引申义。

需要说明的是，本节的论证只涉及“重”一词的用法，对汉语中整个 HEAVY 语义场的组织不做考察。汉语中其他相关词(如“沉”“沉

① 关于 HEAVY 语义场的引申义可进一步参看 Ryzhova *et al*(待刊)。

重”)的分析请参见“汉语基础义”(5.1.2.3 节)及“汉语引申义”(5.1.3.3节)部分。本节选择“重”,是因为它与俄语中的 tyazhelyi 相似,是 HEAVY 语义场的核心成员,但二者在词化策略上具有显著差异,比较有利于说明问题。

首先,俄语 tyazhelyi 的引申义一般表达负面意思:

(1) a. tyazhelaya zhizn'　　很苦的生活
b. tyazhelyi fil' m　　令人压抑的电影
c. tyazhelaya zadacha　　很难的任务

汉语的“重”不具有这类的引申义:

(2) a. ＊他生活很重①。
b. ＊这部电影很重。

“重”常用的引申义为“重要”,例如:

(3)【重任】重要的任务(《现汉》)
(4) 他把这条铁路看得很重很重,几乎将它作为自己生命的全部。(CCL)
(5) 你在我心里分量很重。(inf)

在构词层面和固定搭配里,这个义项也得到了表现,例如:

(6) 工作要分轻重缓急,不能一把抓。(百度)

其次,汉语“重”和俄语 tyazhelyi 都有“程度深/强度高”的引申义,但在具体用法上有所不同。俄语的 tyazhelyi 只能用来形容消极的现象,如:

(7) a. tyazhelaya bolezn'　　重病
b. tyazheloe ranenie　　重伤

① 虽然汉语中有“生活负担很重”“思想包袱重”这样的用法,但“重”不可直接与“生活”搭配,且“负担”“包袱”等词本来就含有重量义。因此,与汉语修饰“负担”的“重”相比,俄语 tyazhelyi 可以直接修饰不含重量义的“生活”,在该引申义上更进一步。

而汉语的“重”除了“重病、重伤”外，还可以修饰或陈述中性或带有积极义的词语，如：

(8) 他说话的时候鼻音很重，这就显得越发威严。(CCL)

(9) 他对我的恩情很重，我这辈子都报答不了。(Leeds)

本书认为，在例(7)—例(9)这类搭配中“重”仅表达“程度深/强度高”的意义，整个搭配的消极义或积极义是由受修饰名词的意义带来的。而俄语中 tyazhelyi 只能修饰消极现象，可能是因为 tyazhelyi 本身带有消极的意义。

另外，汉语“重”还发展出了“量多”“价值大”这一引申义，如：

(10) 遇见一颗重价的珠子，就去变卖他一切所有的，买了这颗珠子。(Jukuu)

(11) 重价收购(XHZ)

(12) 西方大公司花重金也获得了迅速的回报……(Jukuu)

这两种用法在俄语中都不存在。在形容金钱时，tyazhelyi 强调的是“来之不易”，tyazhelye den' gi 的意思的“来之不易的钱”。

由此可见，HEAVY 语义场在汉语和俄语中有两个不同的引申方向，汉语向积极方向引申，如“重要”；俄语向消极方向引申，如“困难”“压抑”。此外，在“程度深/强度高”引申义的用法上，汉语“重”和俄语 tyazhelyi 也有不同的表现。

同为 HEAVY 语义场的成员，汉语和俄语却发展出了不同的引申义。通过以上章节的分析，我们得出的规律是不同引申义与不同基础义框架有关联。因此，我们可以假设与 HEAVY 相关的基础义框架不只有一个。

通过其他几种语言的考察，我们发现，有些语言中，HEAVY 语义场的形容词侧重于表示“物体具有重量、分量”，而在有些语言中侧重于表示“物体位移困难”，即我们可以区分出参数“物体是否要进行位移”。

这一结论可以得到历史材料的证明。以上所讨论的俄语的tyazhelyi来源于tyagat'(拉),因此它强调位移是很自然的。俄语还有一组词也属于HEAVY语义场,都来源于ves(重量),如uvesistyi、vesomyi、veskii。俄语经常使用vesomyi和veskii的引申义。其引申义是积极义的,表示"有分量的,有力的,显著的",如:

(13) a. veskii (vesomyi) argument 有力的论据

b. veskie (vesomye) slova 有分量的话

c. vesomyi vklad 显著的贡献

Uvesistyi有基础义用法,虽然它的使用范围较有限,但是可以肯定的是,它表示"具有较大重量"而不强调"要进行位移"的意思:

(14) Есть среди белок и столь отважные, что не прочь на руке посидеть, покопаться в кучке орехов и выбрать самый увесистый. (Ruscorpora)

Est' sredi belok i stol' otvazhnye, chto ne proch' na ruke posidet', pokopat' sya v kuchke orekhov(坚果)i vybrat' samyi uvesistyi (重:不需进行位移).

有的松鼠就如此勇敢,他们可以坐到人的手上,并在一堆坚果中翻寻一阵,挑选出最沉的。

(15) * Эта сумка слишком увесистая, мне не донести ее до дома.

* Eta sumka slishkom uvesistaya(重:不需进行位移), mne ne donesti ee do doma.

* 这个包太沉了,我不能把它背到家。

在例(14)中可以用uvesistyi,因为这里表示最沉、最有分量的(坚果),目的是选最好的而不是进行位移,而例(15)强调要对包进行位移,所以该句中不能使用uvesistyi。

英语中heavy也与动词heave(用力举起;抛出;扔)相关,因此自然而然地强调进行位移,而weighty来源于名词weight(重量),表示具有重量的意思,但并不强调进行位移。这两个形容词也发展出了两个不同的引申方向：来源于强调位移的词倾向于表示消极的意思，而与客观“重量”相关的那一组的引申义是积极的。

参数“物体是否要进行位移”有时也会体现在一些特殊的上下文里。比如，在有的语言中询问客观重量时，需要用“重”这个词，如：

(16) Koliko si težak?（塞尔维亚语）

(17) 你有多重?

在其他语言中，除非有特殊的上下文，问这一问题就不能使用表示“重”的形容词：

(18) ? Naskol' ko ty tyazhelyi?

(19) ? How heavy are you?

对英语而言，至少在美式英语中用 heavy 询问体重很不礼貌。在英语学习者论坛中(http://forum.wordreference.com)，有人提出一个问题：“How heavy are you?”，正确的回答应该是“I am 60 kg heavy”还是“I weigh 60 kg”。母语者指出，首先要改变提问的方式，应该说“How much do you weigh?”（正确的答案是第二个）。在解释原因时，他们写道：“How heavy are you?” Implies that someone is too heavy. It is therefore somewhat insulting, though if the person who says it is clearly not a native speaker, most people would forgive him or her for using it.（“你有多重?”暗含着某个人太重了。因此，这是一种有点侮辱的说法。但是如果说这句话的人显然不是英语母语者，大多数人会原谅他/她这么用。）

我们之所以参照“你有多重?”这样的鉴别句，是因为询问对方体重并不是为了对其进行位移，而只是为了了解客观情况。通过选择问某人体重这样的情景，我们可以有效地判断“重”是否强调位移。①

由此可见，HEAVY 语义场的形容词有的可以表达客观重量，有

① 这种鉴别句只能作为判断“物体不需要进行位移”的充分不必要条件。

的则强调位移。“是否需要进行位移”这一参数与第四章所讨论的参数“是否强调接受者的感受”密切相关，具体情况如下：

1. 物体需要进行位移；强调接受者的感受：移动或举起来很困难，用来描写施事和受事之间相互影响的过程（强调接受者感受的“重”）

2. 物体不需要进行位移；不强调接受者的感受：只表示物体具有重量的属性（描述客观属性的“重”）

这两个基础义框架很自然地发展出不同的引申义。由于移动或举起笨重的物体很困难，只强调接受者感受的“重”经常会派生出消极引申义。俄语的 tyazhelyi 和英语的 heavy 属于此类。

客观上具有重量的物体价值也相对较大，所以能单独描写物体“具有重量”这一属性的“重”会发展出积极引申义，如“重要”或“量多”。由于汉语的“重”可以单纯表示客观义，它就很自然地发展出这类用法。

此外，从另一个角度来说，模糊性（vagueness）是形容词语义的一种基本性质，指的是包含形容词的表达真值条件不明。如例（20）中 long（长）和 cold（冷）的标准依语境而定，亦即判断命题真假需要提供语境变量，但并不确定是哪种具体的语境变量；而 empty（空）的标准几乎不依赖语境。（参看 Demonte 2011）

（20） a. This stick is long.

b. This is a cold cup of coffee.

c. The box is empty.

除了语境，模糊性还与词汇语义有关。如果例（11）中的句子都是在脱离时空背景的条件下描述客体的恒常属性，那么 cold 的标准比 long 要相对明确一些（大概是在 0℃～20℃之间），empty 的标准比 cold 又更明确一些。形容词词义反映的标准越明确，其所在命题真值的判定对语境的依赖性越小。因此，我们可以将形容词语义的模糊性归结于标准的语境依赖性，对于等级形容词来说，基准的语境依赖性(context dependency of Norm)，是确定形容词所在命题的真值条件的词汇语义基础。

因此就 HEAVY 语义场来说，我们需要区分两种情况：一，仅与说话人的身体感受有关，如"行李箱很重""耳环很重"；二，超出说话人的预期或估计，如"信封很重""扣子很重"。第一种情况下属性的基准取决于说话人某一身体部位在特定情景下的承受能力；第二种情况下的基准属于"常规基准"，取决于说话人的生活经验和百科知识。

综上所述，我们看到以下三组特征对应的情况：

物体需要进行位移——强调接受者感受——基准为特定情境下某一身体部位的承受能力

物体不需要进行位移——不强调接受者感受——基准为"常规基准"，取决于生活经验和百科知识

鉴于这三组特征分类结果一致，而"物体是否需要进行位移"这一组特征在考察过程中可操作性最强，因此我们选择"物体是否需要进行位移"作为标签。

此外，通过研究 HEAVY 语义场的其他词，可以进一步发现其他三个参数："位移困难的原因""身体承担重量的感受与视觉感受"与"视觉感受的积极与消极评价"，下面分别讨论。

1. "位移困难的原因"

HEAVY 语义场的典型互动方式是主体对客体进行位移，通常描述"某个物体重量大，难以进行位移"的情况。但是在一些个别的情况下，导致位移困难的并不是物体的重量，而是别的原因。如下面的日语例子：

(21) Sakamichi de jitensha no <u>pedaru</u> ga omoi.

在登山时，自行车很难蹬。(字面义为"自行车的<u>脚蹬</u>很重")

实际上，脚蹬的重量并不大，对它们进行位移的难度与登山时产生的阻力相关。这一类用法还有“按钮很重”“钢琴键很重”“门很重”等。在有些语言中，这种情况可以用 HEAVY 语义场的形容词来描述，而在其他语言中这种情况则不属于 HEAVY 语义场。如，俄语经常用 tugoi（紧）描述这种情景，不能使用 tyazhelyi（重）：

（22）a. tugie pedali　　很紧的自行车的脚蹬
　　　b. tugaya knopka　　很紧的按钮

导致位移困难的另一种可能的原因是物体的规格庞大。物体的规格通常是通过视觉判断的；在目前所考察的语言中“由于规格庞大而位移困难”框架经常与“视觉感受”框架选择同样的词来表达。

2. “身体承担重量的感受与视觉感受”

与其他物理属性类似，HEAVY 语义场的词语也可以描写来自不同感知器官的信息。比如，俄语中有两个表示视觉上评价的词语，分别是 massivnyi（大致相当于汉语的“又重又大”，表示视觉评价）与 tyazhelovesnyi（大致相当于汉语的“笨重”）：

（23）Митя дремал неподалёку на массивной <u>скамье</u>, такие делаются по традиции, как будто для мастодонтов. （Ruscorpora）

Mitya dremal nepodaleku na massivnoi（又重又大的：视觉评价）<u>skam' e</u>（长凳），takie delayutsya po traditsii, kak budto dlya mastodontov.

米佳在附近的一个又重又大的（视觉评价）<u>长凳</u>上打瞌睡，按照传统这样的长凳，似乎是为乳齿象制作的。

（24）В тяжеловесном сером <u>доме</u> сталинского стиля был великолепный обширный холл, стены которого до потолка были покрыты панелями красного дерева... （Ruscorpora）

V tyazhelovesnom（笨重：视觉评价）serom <u>dome</u>（房子）stalinskogo stilya byl velikolepnyi obshirnyi kholl, steny kotorogo do potolka byli pokryty panelyami krasnogo dereva... （Ruscorpora）

在斯大林风格的笨重(视觉评价)、灰色的房子里,大厅宽阔豪华,其墙壁到天花板都是用红木板装饰的。

在描述对某物进行位移时,这两个词不能使用。

(25) * У меня массивный рюкзак, поможешь донести?

* U menya massivnyi (又重又大:视觉评价) ryukzak(背包), pomozhesh' donesti?

* 我的背包又重又大(视觉评价),你能帮我背吗?

(26) * Он с трудом поднял ее тяжеловесную сумку и подумал: «Зачем такой маленькой девочке так много вещей?»

* On s trudom podnyal ee tyazhelovesnuyu (笨重:视觉评价) sumku (包) i podumal: «Zachem takoi malen' koi devochke tak mnogo veshchei?»

* 他勉强举起她的沉重的背包(视觉评价),心里想着:"这么小的女孩拿那么多东西干嘛?"

3. "视觉感受的积极与消极评价"

通过俄语中 massivnyi 和 tyazhelovesnyi 两个词的比较,我们还发现:massivnyi 可以用在中性的及积极义的说法中,而 tyazhelovesnyi 倾向于表示消极义。

(27) С попугаем, который сидел в красивой массивной (* тяжеловесной) клетке, выходила гулять его нянька Катя. (Ruscorpora)

S popugaem, kotoryi sidel v krasivoi massivnoi(又重又大:视觉评价)(* tyazhelovesnoi 笨重:视觉评价) kletke(笼子), vykhodila gulyat' ego nyan' ka Katya.

他的保姆卡佳带着一只装在又重又大(*笨重)漂亮的笼子里的鹦鹉到外面散步。

这里的"笼子"受"漂亮"修饰,表明说话人对其有积极的评价,此时只能受 massivnyi(又重又大:视觉评价)修饰,不能受 tyazhelovesnyi(笨重:视觉评价)修饰。

综上所述，区分 HEAVY 语义场的基础义用法主要有以下四个参数：

1. 物体是否需要进行位移；
2. 位移困难的原因：重量、阻力、规格；
3. 身体承担重量的感受与视觉感受；
4. 视觉感受的积极与消极评价。

5.1.2　基础义语义地图的构建

通过分析语言数据，我们总结出来的语义地图如图 5－1：

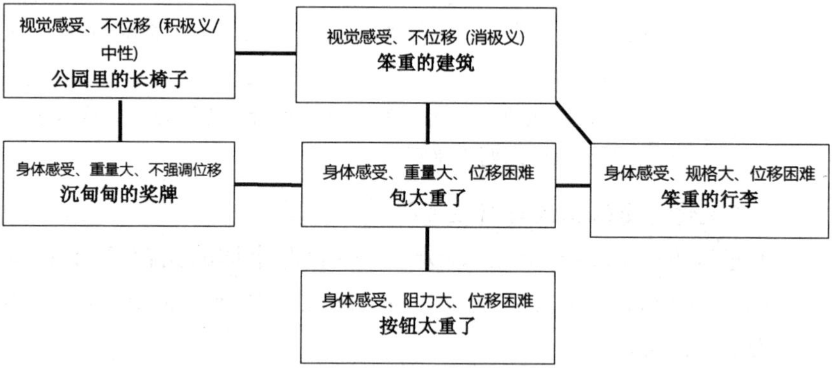

图 5－1　HEAVY 语义场语义地图

5.1.2.1　英语 HEAVY 语义场语义地图

英语中 HEAVY 语义场包含六个主要成员，分别是 heavy、weighty、massive、ponderous、cumbersome 和 bulky，它们在语义地图上的分布如图 5－2：

Heavy 是英语 HEAVY 语义场的核心成员，它覆盖"消极视觉感受"与"位移困难"两个框架，后者为其核心框架：

(28) The wardrobe was too heavy for me to move on my own.

衣橱太重，我一个人搬不动。

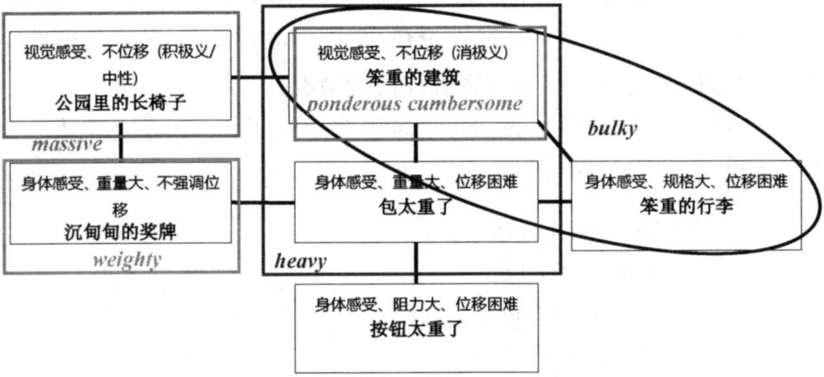

图 5-2 英语 HEAVY 语义场语义地图

(29) a heavy suitcase
沉重的手提箱

我们在辞书中也可以找到 heavy 用于询问重量的例句：

(30) How heavy is the parcel? (=how much does it weigh?)
这个包裹有多重?

但英语母语者认为，同样的询问方式不适合用于人，而可能的原因在于 heavy 所带有的主观色彩(参见 5.1.1 节的分析)。

在描述不需要进行位移的物体时，heavy 的侧重点是能否承受重量，其主观色彩也较浓：

(31) He wondered if the floor could support the heavy piano.
他担心地板能否承受得住那架很重的钢琴。

同时，作为 HEAVY 语义场的核心成员，heavy 在学术用语中也可以描述"客观评价"：

(32) The lead is heavy and the plastic is light.
铅是重的，而塑料是轻的。

这类用法比较特殊，可看作 HEAVY 语义场核心成员的适用范围扩大，即在描述某些特殊用法时，通常选择某个语义场的核心词。而在自然交际中，heavy 主观评价色彩比较浓。因此，在语义地图上我们没有标记出 heavy 表示客观评价的情况。

在视觉感受框架中，heavy 倾向于表示消极评价，可以描述某人"身体粗壮、五官粗糙"：

(33) his heavy features
他粗线条的五官

(34) Kyle is a tall man with a heavy build (=a large broad body)
凯尔长得五大三粗。

在现代英语中，weighty 的基础义用法非常受限，具有浓重的文学色彩。它修饰的对象通常是一些书籍、包裹和古董等。Weighty 来源于 weight(重量)，表示具有重量的意思，不强调"进行位移"这一方面，因此它的引申义也与"具有分量、重要"相关。

Collins 词典对它的释义是："You use weighty to describe something, especially a book, that is heavy or heavier than you would expect."(weighty 用来描述重物或者比你的预期更重的物体，尤其是一本书。)

(35) Simon lifted a weighty volume from the shelf.
西蒙从书架上拿起一本沉甸甸的大部头书。

(36) a. a weighty tome　　一本沉甸甸的大部头书
b. a weighty parcel　　沉甸甸的包裹
c. a weighty candelabrum　　沉重的枝状大烛台

Massive 主要在视觉评价框架(积极义/中性)中使用，描述很大的、让人感觉很重的物体，如：

(37) The bell is massive, weighting over 40 tons. (海词)
那口钟非常大，有 40 多吨重。

(38) A massive boulder blocked the entrance of the cave. (海词)

一块巨大的圆石堵住了山洞的入口。

Massive 只用在视觉框架中，经常形容给人的感觉又重又大的不太可能进行位移的物体：

(39) the castle's massive walls (海词)
城堡高大厚实的城墙

(40) There is a massive monument in the square. (海词)
广场上有一座巨大的纪念碑。

英文中的 ponderous 和 cumbersome 也只覆盖视觉框架，但是带有消极义评价，表示因又重又大而显得笨重的意思。Collins 词典对 ponderous 的释义是："slow and clumsy because of great weight" (ponderous：由于重量大而行动缓慢且笨拙)。

Ponderous 经常修饰一些动物或人，表示"笨拙"的意思：

(41) The elephant lowered its ponderous body into the water. (海词)
大象把它那笨重的身躯浸入水里。

Collins 词典对 cumbersome 的释义是："Something that is cumbersome is large and heavy and therefore difficult to carry, wear, or handle."(cumbersome 形容东西大而重，因此难以携带、不方便穿或处理。)

(42) a large cumbersome machine
大而笨重的机器

(43) The grizzly bear looked cumbersome and awkward. (海词)
灰熊看上去又笨拙又迟钝。

Bulky 覆盖"消极义视觉评价"与"因为规格大而位移困难"两个框架。Collins 词典对它的释义是："Bulky: taking up much space, typically inconveniently; large and unwieldy. Something that is bulky is large and heavy. Bulky things are often difficult to move or deal with."(Bulky：占用较大空间，通常不便利，体积大且笨拙。Bulky 的东西大而重。Bulky

的东西往往难以移动或处理。)

(44) Hollowcore concrete is bulky and comes from only a few regional sites.(海词)
中空混凝土体积庞大,只出产于一些地区性工地或来自一些地区场所。

(45) She dropped the bulky package twice.(海词)
笨重的包裹两次从她手上掉落。

5.1.2.2 俄语 HEAVY 语义场语义地图

俄语 HEAVY 语义场包含四个词,分别是 tyazhelyi、uvesistyi、tyazhelovesnyi 和 massivnyi。5.1.1 节已经对俄语用词情况做了详细介绍,其分布的情况如图 5-3:

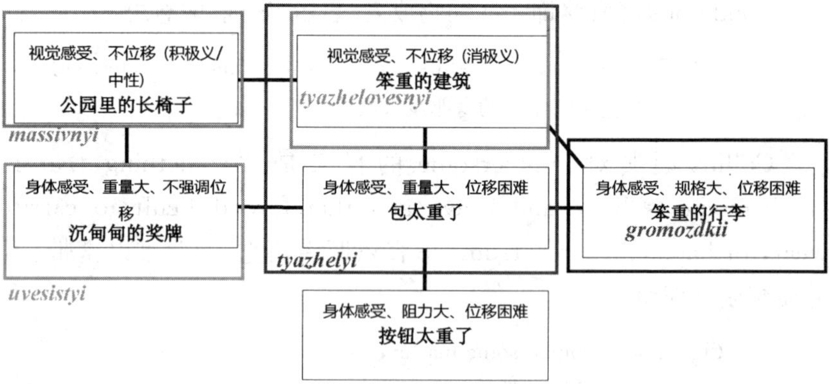

图 5-3 俄语 HEAVY 语义场语义地图

在视觉评价框架中,tyazhelyi 倾向于表示消极评价:

(46) Нам было душно и тесно жить в каменной коробке под низким и тяжелым потолком, покрытым копотью и паутиной.(Ruscorpora)
Nam bylo dushno i tesno zhit' v kamennoi korobke pod nizkim i tyazhelym(重)potolkom(天花板), pokrytym kopot' yu i pautinoi.
我们住在"石头盒子"里,感觉很闷热很拥挤,天花板低矮而压抑

（字面义为“重”），上面沾满了黑烟和蜘蛛网。

Massivnyi 表示中性的视觉评价：

（47）голова хищной птицы с массивным клювом（Ruscorpora）
golova khishchnoi ptitsy s massivnym（又重又大：视觉评价）
klyuvom（鸟的嘴）
喙比较硕大的猛禽的头

“因为规格大而位移困难”框架由专门的词 gromozdkii 表示：

（48）разрешается бесплатно провозить громоздкий багаж，сумма измерений которого по длине，ширине и высоте превышает 150 см
razreshaetsya besplatno provozit' gromozdkii（笨重）bagazh（行李），summa izmerenii kotorogo po dline，shirine i vysote prevyshaet 150 sm
允许免费携带长宽高相加超过 150 厘米的笨重行李。

5.1.2.3　汉语 HEAVY 语义场语义地图

汉语的 HEAVY 语义场包含“重”“沉”“沉重”和“笨重”四个词语。

在基础义上，“重”和“沉”的用法比较接近。这两个词都可以描述以各种方式进行位移的物体（比如，背包往往是背着，手包是手拿着或在肩膀上挎着，行李箱是拉着或者手提着等等）。“重”和“沉”也可以描述功能与位移不相关的物体重量大（如衣柜或钢琴）。这两个词除了描述具有较大重量的物体，还可以描述重量超过估计的物体（如“信封很重”，“扣子很重”等）。另外，在询问“客观重量”时，两个词都可以使用。通过考察以上这些可能产生对立的特征，我们认为在核心的基础义框架中，这两个词语的用法基本相同。

但“沉”和“重”也不是绝对意义的同义词。二者的区别首先表现在地域上。按照《汉语方言词汇》(北京大学中国语言文学系语言学教研室 1995),北京话、济南话和西安话主要用“沉”,其他方言用“重”。其次,从来源上看,“沉”本义与下沉相关,表示“重”的意思是后起义。在引申义上(参见5.1.3.3节)这两个词的差异极其显著。这一点表明,不同来源的近义方言词在普通话里也不会成为绝对的等义词。

再者,即便是使用“沉”的方言中,在学术著作、专业文献、科技文献等书面语色彩浓的语体中,倾向于选择“重”,如“重量”“重水”“重金属”。

除了“沉”和“重”以外,汉语 HEAVY 语义场还包含双音词“沉重”。“沉重”的引申义更丰富,比如“气氛很沉重”“心情很沉重”。不过,我们依然可以在语料库里查到像“沉重的箱子”这类例子,尽管它在口语中并不常出现。

“笨重”用在“消极视觉评价”和“因为规格大而位移困难”两个框架中。

在语义地图上“重”“沉”“沉重”和“笨重”的分布情况如图5-4所示(例句请参看下文)。

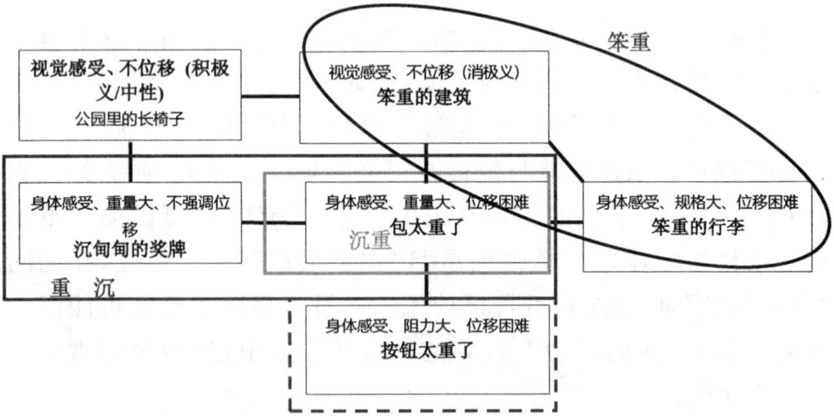

图5-4　汉语 HEAVY 语义场语义地图

"视觉感受、不位移(积极义/中性)"框架在汉语中不凸显,没有专门的词来覆盖。

1. 重量大、不强调位移

"重":

(49) 一天下午,同学递给他一个牛皮纸信封,信封很重,看上去与国内的标准信封不一样,打开一下,里面是一页打印的英文信,落款写着"来自曼联队"。(百度)

(50) 你有多重?(inf)

"沉":

(51) 昨天,我从信箱取报纸和信时,发现一个信封很沉,可能是一本书,回到室内取出看看,信封上标明,内附:《上海市民心理健康知识 120 问》一本,冰箱贴一个。(百度)

(52) 你有多沉?(inf.北京话、济南话)

2. 身体感受、重量大、位移困难

"重":

(53) 几名战士正在协同工作人员上车,当抬到一个大木箱时,身后走来了一个高大的身影,操着浓厚的湖南乡音:"这箱子全是书,很重呀!"(CCL)

(54) "这些袋子太重了,让我来拿吧。"达拉马说。(CCL)

(55) 这次老头除了拿着关水门的扳手,身上还背着一个大背包,背包似乎还很重,累得老头一脸的汗。(CCL)

(56) 桌子很大,很重,他费了很大的劲儿才把它扶起来。(CCL)

(57) 因为耳环太重一个耳洞被扯大了怎么办(百度)

"沉":

(58) 下车后,我帮她牵着那只很沉的箱子,默默无语,并肩而行。(CCL)

(59) 老崔,箱子那么沉,为什么不拖着走?老崔说:"费轱辘。"(百度)

(60) 我的背包太沉了!(inf)

(61) 桌子很沉,搬不动。(inf)

(62) 如果带的耳环太沉,打耳洞的耳垂会不会豁呀?(百度)

"沉重":

(63) 他们带回两个沉重的面粉袋子,放到罗光身边。(CCL)

(64) 赵恂背起沉重的背包,踽踽走上蜿蜒的山路。(CCL)

3. 身体感受、规格大、位移困难

"笨重":

(65) 68岁的诺贝尔奖得主穆拉德教授手提笨重的行李袋,兴冲冲走出上海张江地铁站,涔涔汗水迅即浸润了身上的格子衬衫。(CCL)

4. 视觉感受、不位移(消极义)

"笨重":

(66) 那些家具又古老又笨重,不论怎么擦洗还是黑乎乎的,显得那么土气。(CCL)

(67) 小小的客厅里,却摆放着一张笨重粗大的沙发,闹得人都不知道往哪里站了。(CCL)

汉语的"沉重"也有修饰家具、建筑的用例,但与"笨重"的语义特征有所不同。下面举例说明:

(68) 壁炉旁有把沉重的橡木椅子,两边有扶手,下面有横木。(CCL)

(69) 这是一座不太惹眼的花园式宅邸,围墙很高,有一道显得很沉重的浅灰色的大铁门。(CCL)

例(68)虽然上下文未提及位移,似乎是表达类似于视觉感受的意义,但是它凭借的是接受者的生活经验和判断(如之前搬过这把椅子,或知道橡木很沉);而例(69)可以表达视觉感受则是由于"显得"往往表示视觉得到的信息。

更重要的是,“沉重”不像英语的 massive 或“笨重”那样,不能描述完全不能位移的、固定的物体,试比较例(69):

(70) a. The massive sculpture at Mount Rushmore is a monument unequaled in the world. (COCA)
Rushmore 山上巨大的雕塑是举世无双的。

b. *广场上有一座沉重的纪念碑/雕塑。

c. 广场上有一座笨重的纪念碑/雕塑。

由此可见,汉语的“沉重”不覆盖“视觉感受、不位移(消极义)”框架。

5. 身体感受、阻力大、位移困难

汉语中“因为阻力大而位移困难(按钮太重了)”这一框架不太凸显。尽管通过语料库和百度检索可以找到属于这个框架用法的例句,但是一些母语者认为这类用法不太典型,语感上不易接受。因此,我们在语义地图中用虚线表示这个框架。

“重”:

(71) 求教:钢琴键盘太重的问题。(百度)

(72) “这些‘红亭子’对于老年人、残疾人或儿童来说,用起来很不方便,门很重,通风也没有那些新式电话亭好。”(CCL)

“沉”:

(73) 最近感觉油门很沉,踩着油门,声音很大,车速也提不起来。(百度)

5.1.3 引申义

通过研究不同语言中 HEAVY 语义场形容词的引申义,我们发现,引申义与以上所介绍的基础义框架相关联,并且分别发展出了消极义和积极义。除此之外,它们还经常发展出“程度深/强度高”的含义[参见 Mel'chuk、Zholkovskii(1984)提出的 lexical function

Magn]。描述视觉评价框架的形容词引申义比较独特，因此需要单独论述。

下面介绍这四类引申义的具体情况。

（一）消极引申义

HEAVY 语义场的形容词通常强调接受者的感受，表示“移动或举起来很困难”，往往会发展出消极的含义。这一类形容词的主要引申义如下：

1.（工作、任务）困难，复杂，需要费许多脑力或体力来完成

就像对沉重的物体进行位移很费劲，困难任务或工作需要费脑力或体力来完成，如德语的 eine schwere Aufgabe（难题，字面义为“重题”）。

2.（身体或身体部位）感受不佳

如果某人头、胳膊或其他身体部位感觉“沉重”，这意味着该部位不能正常使用，就像其重量比正常情况增加了。如德语的 Er hat einen schweren Kopf“他头很沉”。

3.（食物）难以消化

难以消化的食物会造成胃里“沉重”的感受。如法语的 aliment lourd（难以消化的食物，字面义为“重食物”）。

4.（气味、天气）使人身体感到不舒服的

不好的气味或天气会使人身体感到不舒服，如法语的 temps lourd（沉闷的天气，字面义为“重天气”）。这里的引申机制也涉及重物体会给人带来不好的感觉。

5.（电影、书）压抑，造成精神负担的

与困难的任务不同，压抑的电影或书不需要耗费体力或脑力；而是像沉重的物体那样，会造成精神上的负担。如俄语的 tyazhelyi fil' m（令人压抑的电影，字面义为“重电影”）。

6.（心情、表情、生活）沉闷、沉重、压抑的

“沉重”描述心情沉重、不开心，以及由此产生的外在表现。如德语的 schwere Gedanken（沉重的想法）、西班牙语的 atmósfera pesada

(沉重的气氛)等。

7. (人、性格)相处困难的,不愉快的

难以相处的人经常会具有一些我们难以忍受的个性或行为。在不同语言中,这类用法的具体特点可能会有所不同。比如,法语的 homme lourd 表示"有点粗鲁,不太聪明,反应不敏捷的人"(字面义为"重人")。这一义项还可以转喻指这类人的话语:

(74) Mais il ne participe pas aux lourdes plaisanteries de ses collègues.
但他不参与同事笨拙的玩笑。

8. 动作慢

载满物品的交通工具或者携带很多东西的人位移困难、动作一般会较慢一些(参见 Kustova 2004)。如塞尔维亚语的例子:

(75) a. čovek teških kretanja　　动作慢(字面义"动作重")的人
b. čovek teški od vina　　因为酒而慢(字面义"因为酒而重")的人,即因为喝了酒,动作变得迟钝、慢。

法语的 lourd(重)也具有相同含义:

(76) Un équipement qui gêne le mouvement, qui rend lourd et maladroit.
使动作困难,使动作慢(字面义为"使动作重")和笨重的设备。

(二) 积极引申义

HEAVY 语义场中描写物体"具有重量"的形容词(描写客观属性的"重")可以发展出正面的、具有积极义的引申义。这一类主要与"重要性"相关:

具有分量的,重要的

如古塞尔维亚语的例子:

(77) Crkovna je vlast teža od svjetovne.
教会权利比世间的权利更具有分量(字面义"更重")。

（三）程度深/强度高

描述需要与不需要进行位移的重物两个基础义框架都会发展出表示“程度深/强度高”的引申义，但是它们的搭配能力不同。

基础义为“需要位移的重物”的形容词在“程度深/强度高”这一义项上只用来修饰表示消极义的名词（如俄语的 tyazheloe zabolevanie“重病”、tyazheloe povrezhdenie“严重损坏”、tyazheloe pokhmel' e“宿醉严重”）。其搭配能力进一步扩展，可以用来描述中性词汇，如 heavy thunderstorm（“暴风/暴雨”）、heavy rain（“大雨”），法语的 chaleur lourde（“炎热”）。

基础义用法可以覆盖“不需要位移的重物”的框架形容词，除了可以修饰表示消极义的名词外，还经常用来描述中性的或表示积极义的名词，如汉语的“重雾”“重口音”“情意重”等。

除了“程度深/强度高”这个义项，有些语言中 HEAVY 语义场的形容词可以用来描述“数量多”的含义。在这个义项上，不同基础义用法的形容词的具体使用也略有不同。有的语言中“重”倾向于表示负面现象“数量多”（如法语的 lourdes dettes“重的债务”，英语的 heavy taxes“重的税务”），而有些语言中“重”也可以描述中性或正面现象数量多（如汉语的“重奖”等）。

上文已提及，基础义用法上可以修饰“不需要位移的重物”的形容词，在描述金钱时会引申出“数量多”的含义，而基础义用法上不覆盖这一框架的形容词，在引申义上也具有消极义，如俄语 tyazhelye den' gi（字面义为“重钱”）的意思是“来之不易的钱”。

（四）视觉感受框架的引申义

视觉评价框架的形容词不强调对人的身体有影响，只是描述一种感受。我们考察的语言中，在引申义上它们也不能像核心框架那样表示与身体相关的感受。这一类框架目前所发现的主要引申义如下：

1. 行动迟缓的，笨拙的

这一引申义与上文介绍的消极义的“动作慢”基本相同。

(78) an elephant's ponderous walk
大象笨拙的步态

2. (过程、系统)慢的、累赘的

(79) This arrangement is cumbersome to manage.
如此安排烦琐得难以管理。

3. 言词不流畅的、烦冗的、拙劣

(80) tyazhelovesnyi slog
不流畅的文体(字面义为"笨重的文体")

下面我们来分析英语、俄语和汉语中 HEAVY 语义场的引申义。

5.1.3.1　英语 HEAVY 语义场的引申义

英语中表示 HEAVY 语义场的消极引申义主要涉及 heavy，而积极引申义涉及 weighty。视觉评价框架的引申义涉及 ponderous、cumbersome 和 bulky。具体的例句如下：

(一) 消极引申义

1. (工作、任务)困难，复杂，需要费许多脑力或体力来完成

Heavy 可以描述费力的、繁重的体力活儿：

(81) My son does most of the heavy outdoor work. (海词)
大部分户外重体力活儿是我儿子干的。

同时，它可以描述费神的、费脑力的事情：

(82) I want something to read on holidays — nothing too heavy. (Longman)
假期里我想找点东西看，要不太费脑的。

通过转喻机制 heavy 可以描述需要集中精力的、紧张而忙碌的时间段：

(83) Let's go to bed. We've got a heavy day tomorrow. (Longman)
我们睡觉吧，明天是紧张的一天。

(84) heavy schedule/timetable/day (Longman)
紧张(工作繁重)的日程/时间表/一天

2.(身体或身体部位)感受不佳

Heavy 可以表示因疲倦而身体感觉沉重:

(85) His eyes felt heavy with fatigue. (Longman)
他眼皮沉重,很疲惫。

(86) My head is heavy. (海词)
我的头昏沉沉的。

3.(食物)难以消化

(87) heavy fruitcake(海词)
不容易消化的水果蛋糕

(88) I felt so full after that heavy meal.
在吃了那样一顿大餐之后,我真是感到饱极了。

4.(气味、天气)使人身体感到不舒服的

(89) Even at dusk the air was still heavy. (Longman)
甚至在黄昏时天气仍然闷热。

5.(心情、表情、生活) 沉闷、沉重、压抑的

(90) The mood here is surprisingly heavy today. (Longman)
今天这儿的气氛出乎意料地沉闷。

(91) We had heavy hearts as we went to a funeral. (海词)
我们怀着沉重的心情去参加葬礼。

(92) He had a heavy, sullen face. (Longman)
他脸色阴沉,郁闷。

Heavy 通常不用来表示相处困难的,不愉快的(人、性格)。这种情况英语会选择用 difficult 或 hard 描述:

(93) He is a difficult man, he is hard to get on with.

他是个不易相处的人,与他相处很困难。

(二)积极引申义

“进行位移”这一要素会让人联想到需要费力,从而产生消极引申义。但如果我们只描述某物重量很大,不强调“进行位移”这一方面,就会发展出“有分量、重要”这类引申义。这类引申义与重量的概念密切相关,如下面例句里通过“重量”来表示“重要性”。

(94) She knew that her opinion carried very little weight. (Longman)
他知道自己的看法无足轻重。(字面义为“有很小的重量”)

从 weight(重量)派生过来的 weighty(具有重量)一词在引申义上经常表示“重要的、严肃的”的意思。Collins 词典对它的解释是:“If you describe something such as an issue or a decision as weighty, you mean that it is serious or important.”(如果某件事或决定被描述成 weighty,意思是说它很严肃或重要。)

(95) He made a weighty speech. (Longman)
他的发言很有分量。

(96) She didn't feel like discussing weighty matters. (海词)
他不想讨论严肃问题。

(97) He made a weighty decision.(海词)
他做出了一个重大决定。

(98) weighty reasons for change (Longman)
改变的重要理由

(三)程度深/强度高

英文中 heavy、weighty 和 massive 都可以发展出“程度深/强度高”的意思。Weighty 在这个义项上的使用比较受限制,典型的搭配只有:

(99) a weighty blow
沉重的打击

“打击”并没有经过高度的抽象化，它与基础义的重量保留着较密切的关联，可见 weighty 表示“程度深/强度高”的引申义不是很发达。

在英语 HEAVY 语义场中 heavy 一词的这一引申方向的用法最为丰富。与 weighty 相同，它也可以描述“打击”：

(100) Ali caught him with a heavy blow to the jaw.
阿里一记重拳打在他的下巴上。

此外，heavy 经常描述高强度的消极现象，如：

(101) The soldiers kept the field under heavy fire.（海词）
士兵们冒着猛烈的炮火坚守阵地。

(102) Heavy fighting was reported near the border.（Longman）
据报道边境附近发生了激烈的战斗。

(103) England's heavy defeat in yesterday's match.（Longman）
英格兰队在昨天比赛中的惨败。

(104) She's in bed with heavy cold.（Longman）
她因重感冒而卧床不起。

Heavy 也可以在中性色彩的句子里出现，表示不同感官（视觉、听觉、嗅觉）提供的信息，但是这类的例句占少数：

(105) A rainbow is usually seen after a heavy rain.（海词）
大雨之后常有彩虹。

(106) the sound of the heavy footsteps in the hall（海词）
门厅里沉重的脚步声

(107) the heavy scent of lilies（Oxford）
浓厚的百合花香

Heavy 通常不能修饰积极义现象，例如：

(108) * heavy kindness
* 厚重的恩赐

另外,heavy也可以表示"数量多"的意思。

(109) If found guilty, they face heavy fines or even prison. (海词)
如被裁定有罪,他们将面临高额罚款,甚至可能入狱。

(110) Heavy drinking during pregnancy can damage your baby. (Longman)
孕期大量喝酒会伤害到胎儿。

从这些例句我们可以看出,heavy经常表示消极义现象的"数量多"。根据母语者判断,在修饰中性词时,它也会带有说话人的消极评价:

(111) The traffic going into London was very heavy. (Longman)
通往伦敦的交通非常繁忙。

(112) the film's heavy use of special effects (Longman)
影片中特殊效果的大量运用

(113) I used to be a heavy smoker/drinker(Longman)
我曾经烟瘾/酒瘾很大。

母语者指出:heavy往往除了表达"强烈 intense"之外,还带有一种贬义;例(111)heavy交通(拥挤的交通)既密集又让人烦心;例(112)影片中对特殊效果的heavy使用隐含了一种过量的意义;例(113)heavy smoker指的是在说话者看来那些在嗜好吸烟方面具有极端倾向的人(Heavy tends to convey a pejorative sense beyond "intense" — "heavy" traffic is both dense and undesirable, "heavy" reliance on special effects is implied to be excessive, and "heavy" smoker is somebody who in the speaker's view carries on the activity to an undesirable extreme.)。

Massive也可以引申出表示"程度深/强度高"的用法,主要是表示"数量多"的意思。Massive可以修饰正面与负面两种现象。

(114) Club members can get a massive discount of 50 pounds. (Longman)
会员可以有50英镑的大折扣。

(115) massive increase in the number of homeless (Longman)
无家可归者数量的大幅度增加

(116) We have seen massive changes in recent years. (海词)
这几年我们经历了巨大的变化。

我们认为,massive 对所描述现象的感情色彩不敏感的原因在于,基础义 massive 只限于描述视觉感受得到的信息,而且只修饰积极义和中性色彩的词语,表示某物又大又重。这种信息对人的身体不产生直接影响,没有发展出正面或负面评价的依据,因此在引申义层面它只保留"数量多"这一要素。

(四) 视觉感受框架的引申义

英语中视觉评价框架的引申义涉及 ponderous 和 cumbersome,用例如下所示。尚未发现 bulky 固定的引申义。

1. 行动迟缓的,笨拙的

(117) They are cumbersome on land, but stealthy and sleek in the water. (Longman)
它们在陆地上行动笨拙,但在水里却敏捷灵活。

2. (过程、系统)慢的、累赘的

(118) The system, though ponderous, works. (Longman)
那个制度虽然是庞然大物,可是管用。

(119) Doctors are complaining that the system is cumbersome and bureaucratic. (海词)
医生抱怨说该体制复杂繁琐,很官僚。

(120) A tabulation of a function of two variables is cumbersome, but possible. (海词)
二元函数的列表法是不方便的,然而是可能的。

3. 言词不流畅的、烦冗的、拙劣

(121) I don't like his ponderous style of writing. (Longman)

我不喜欢他冗长乏味的文风。

(122) words and phrases that are cumbersome are long or complicated (Oxfford)

cumbersome 的话语或措辞冗长或复杂

5.1.3.2 俄语 HEAVY 语义场的引申义

俄语 HEAVY 语义场形容词的引申义具体例句如下：

(一) 消极引申义

1. (工作、任务)困难，复杂，需要费许多脑力或体力来完成

(123) Он всё делал медленно, ходил не спеша, от тяжёлой работы умело отлынивал, выбирал что полегче и ковырялся часами. (Ruscorpora)

On vse delal medlenno, khodil ne spesha, ot tyazheloi(重) raboty(工作) umelo otlynival, vybiral chto polegche i kovyryalsya chasami.

他做任何事情都很慢，走路不着急，娴熟地逃避繁重的工作，选择轻松的事情，并且总能磨蹭几个小时。

(124) a. tyazhelye (重)rody(分娩)　　难产

b. tyazhelaya(重)obyazannost'(责任)　　繁重的责任

2. (身体或身体部位)感受不佳

(125) Целый день температура 38,8 и около этого, слабость, тяжелая голова... (Ruscorpora)

Tselyi den' temperatura 38, 8 i okolo etogo, slabost', tyazhelaya (重)golova(头)...

一整天都高烧 38.8 度左右，此外还身体虚弱，头昏昏沉沉……

3. (食物)难以消化

(126) После тяжелого жирного обеда (который засчитала мне злопамятная печень) ювелир нашел повод, чтобы уединиться со мной в гостиной. (Ruscorpora)

Posle tyazhelogo (重) zhirnogo obeda (午餐) (kotoryi zaschitala mne zlopamyatnaya pechen') yuvelir nashel povod, chtoby uedinit' sya so mnoi v gostinoi.

午餐不易消化、油腻,让我的肝脏招架不住;随后珠宝商找到一个借口,跟我一起躲在客厅。

4.(气味、天气)使人身体感到不舒服的

(127) тяжёлый воздух в комнате

tyazhelyi(重)vozdukh(空气)v komnate

房间里的污浊空气

(128) темноватое помещение с тяжелым запахом масляной краски. (Ruscorpora)

temnovatoe pomeshchenie s tyazhelym (重) zapakhom (气味) maslyanoi kraski.

弥漫着难闻的油漆味儿的昏暗的房间。

5.(电影、书)压抑,造成精神负担的

(129) Только не польститесь на «прикольный» сюжет: «Самаритянка» серьезный и даже тяжелый фильм. (Ruscorpora)

Tol' ko ne pol' stites' na «prikol' nyi» syuzhet: «Samarityanka» ser' eznyi i dazhe tyazhelyi(重) fil' m(电影).

不要迷恋听起来很好玩的题材:《撒玛黎雅妇人》是一部严肃甚至有点沉重的电影。

(130) a. tyazheloe(重)zrelishche(场面) 难堪的场面

b. tyazheloe(重)vpechatlenie(印象) 难堪的印象

6.(心情、表情、生活)沉闷、沉重、压抑的

(131) Георгий Васильевич прожил очень тяжелую жизнь, и его всегда преследовал страх остаться без средств к существованию. (Ruscorpora)

Georgii Vasil' evich prozhil ochen' tyazheluyu(重) zhizn'(生活), i ego vsegda presledoval strakh ostat'sya bez sredstv k sushchestvovaniyu.

乔治·瓦西里耶维奇度过了非常凄惨的一生,他总是面临没有生存来源的危险。

(132) a. tyazheloe(重)nastroenie(心情) 沉痛的心情

b. tyazhelye (重)mysli(想法) 令人不愉快的念头

俄语中 tyazhelyi 可以通过转喻机制描述人不开心的时间段:

(133) a. tyazhelyi (重)god(年) 困难的一年

b. tyazhelye (重)dni(日子) 艰难的日子

7. (人、性格)相处困难的,不愉快的

(134) Принялся листать страницы писем этого тяжелого, вечно одинокого человека. (Ruscorpora)

Prinyalsya listat' stranitsy pisem etogo tyazhelogo(重), vechno odinokogo cheloveka(人).

开始翻阅这位难以共处的而永远孤独的人的书信。

(135) a. tyazhelyi(重)kharakter(性格) 难以共处的性格

b. tyazhelyi(重)nrav(脾气) 不合群的脾气

在描述小孩时,tyazhelyi 通常表示"不好管教的、难以照看的"的意思:

(136) tyazhelyi (重)mal' chik (男孩) 不好管教的男孩

8. 动作慢

(137) Хорошо помню их вялые и тяжелые движения. (Ruscorpora)

Khorosho pomnyu ikh vyalye i tyazhelye(重)dvizheniya(动作).

我清楚地记得它们消沉而迟钝的行动。

(二) 程度深/强度高

在"程度深/强度高"的义项上,tyazhelyi 经常修饰一些负面现象:

(138) a. tyazhelyi(重)udar(打击) 沉重的打击
b. tyazheloe(重)prestuplenie(罪行) 严重的罪行
c. tyazhelaya(重)vina(过错) 严重的过错
d. tyazheloe(重)nakazanie(惩罚) 严厉的惩罚
c. tyazheloe(重)vzyskanie(处分) 严厉的处分
d. tyazheloe(重)ranenie(伤) 重伤
e. tyazhelaya(重)bolezn'(病) 重病

Uvesistyi 也可以表示"程度深/强度高",但是使用范围较有限,经常修饰一些声音类词语,评价色彩是中性的:

(139) Сверху слышались увесистые удары топором.
Sverkhu slyshalis' uvesistye(重:不需位移)udary(敲击声)toporom.(Ruscorpora)
从上面传来了斧子沉重的敲击声。

(三)视觉评价框架的引申义

俄语中视觉评价框架的形容词引申义较有限。Massivnyi 没有固定的引申义,而 tyazhelovesnyi 主要表示言辞不流畅、烦冗、难懂。

(140) Они пишут тяжеловесным слогом общие места и никому не нужную мораль. (Ruscorpora)
Oni pishut tyazhelovesnym(笨重:视觉评价)slogom(文体)obshchie mesta i nikomu ne nuzhnuyu moral'.
他们用沉重的文体描述着共同的地方和无人需要的道德。

(141) a. tyazhelovesnye(笨重:视觉评价)ostroty(俏皮话)
拙劣的俏皮话
b. tyazhelovesnoe(笨重:视觉评价)slovo(词)
不流畅的言辞

俄语 HEAVY 语义场的核心成员 tyazhelyi 在基础义上也能覆盖视觉框架,因而在引申义层面,它可以用来表示相关的意思。

(142) tyazhelyi(重)slog(文体) 不流畅的文体

5.1.3.3　汉语HEAVY语义场的引申义

汉语中“重”和“沉”的引申义很不相同。这一点与它们的来源及历时演变密切相关。“重”一词本来就属于HEAVY语义场,《说文解字·壬部》对它的释义是:“重,厚也。从壬,东声。凡重之属皆从重。”它的各种引申义较为丰富,也都与HEAVY语义场相关。“沉”一词的本义是“沉没”。“沉”表示“重”的意思在明清官话中才出现,最初是一种引申义,因为沉下去的东西一般都是比较重的。“沉”表示“重”的基础义用法应当归入HEAVY语义场。但是,“沉”还有一些引申义与HEAVY语义场无关,而是与“下沉”义直接相关。

“沉重”一词具有一定的文学色彩,一般不使用基础义,倾向于使用引申义。“笨重”覆盖“视觉感受(消极义)”与“因为规格大而位移困难”两个框架。下面对这四个词的主要引申义进行陈述归类:

(一) 消极引申义

1.(工作、任务)困难,复杂,需要费许多脑力或体力来完成

“重”和“沉重”都具有这类用法,“沉”则没有。

(143) 工作很重(XZD)

(144) 他认为别人在干重活时他有权利休息。(Jukuu)

(145) 沉重的劳动、贫困和孤独,使她心力交瘁,意气颓丧。(CCL)

2.(身体或身体部位)感受不佳

该用法为HEAVY语义场最普遍的引申义之一。“重”“沉”和“沉重”都可以表示这个意思。

“重”:

(146) 由于一个晚上没睡,头很重很晕。(CCL)

(147) 他自己也觉得腿很重,一步也不想挪。(CCL)

“沉”:

(148) 可能是每个人都给乔尼碰了杯,或是由于他以前从未这样放开量地喝过,第二天早上上校来敲他的门时,他感到头很沉,走路都东倒西歪。(CCL)

(149) 他看起来已经非常疲倦,腿很沉,头有些昏,我非常为他担心。(CCL)

"沉重":

(150) 太阳穴经常胀疼,头又很沉重,怎么回事?(百度)

3. (心情、表情、生活)沉闷、沉重、压抑的

"沉重"可以表示"心情、表情、生活等方面的沉闷、沉重、压抑"之义,"重"则不可。"沉重"的这一类用法较为普遍,可以用来描述情绪、脸色、时间段等。

"沉重":

(151) 这两天的心情特别沉重。(inf)

(152) 李铁心情沉重地把拳头按在桌子上,难过地小声自语着:"他也牺牲啦!"(CCL)

(153) 自成坐到椅子上,沉默地望着郝摇旗,脸色沉重。(CCL)

(154) 把面子拿下来揣在衣兜里,素面朝天,你会发现原来生活真的没那么沉重。(百度)

(155) 那些曾经沉重的日子,岁月会替你轻描淡写。(百度)

"沉"虽然也有与心情压抑相关的意思,但我们认为这种用法仍与"下沉"义相关,不属于 HEAVY 语义场:

(156) 他心里一沉,突然有种不好的预感。(inf)

4. 动作慢

"重""沉"和"沉重"都可以与"脚步""步履"搭配,表示"困难的,费力的"(走不动)的意思。虽然这一点与速度慢密切相关,但其核心语义是"困难"而非"速度慢"。同样,"沉重地呼吸"带有动作费力的意味:

(157) 从走廊里透来一线微弱的光，照亮了几个酣睡者的轮廓，他们在沉重地呼吸。(CCL)

可见，汉语 HEAVY 语义场的形容词实际上没有发展出与速度相关的引申义。

“食物难以消化”和“(人、性格)相处困难的，不愉快的”在汉语中不是通过 HEAVY 语义场的词语表示的。在描述“气味”时，“重”强调“程度深/强度高”而不是“使人身体感到不舒服的”。

(二) 积极引申义

HEAVY 语义场描写物体“具有重量”的形容词(描写客观属性的“重”)可以产生出正面的、具有积极义的引申义。这一类主要与重要性相关，汉语里只有“重”发展出了这类引申义。

具有分量的，重要的

“重”常用的引申义为“重要”，例如：

(158) 他把这条铁路看得很重很重，几乎将它作为自己生命的全部。(CCL)

这个义项在固定搭配里也有体现，例如：

(159) 工作要分轻重缓急，不能一把抓。(百度)

(三) 程度深/强度高

汉语 HEAVY 语义场“重”“沉”“沉重”“笨重”四个形容词中，只有“重”可以比较自由的表达“程度深/强度高”的意思。“笨重”没有这类用法。“沉”有时也可表示“程度深”，但是这种用法比较受限制。在现代汉语中较为常见的“沉痛”“沉醉”“沉睡”已经凝固成词，可见“沉”的这一义项只作为语素义得以保留。

偶尔可以发现单纯词“沉”表“程度深”的用例：

(160) 他没睡得很沉，门板咯吱作响时他有些惊觉，一只手已摸着枕下的手枪了。(CCL)

需要注意的是，这一类用法比"沉"进入 HEAVY 语义场的时代要早。《汉语大词典》"沉"的分量重义项给出的最早例证是刘勰《文心雕龙·风骨》："夫翚翟备色，而翾翥百步，肌丰而力沉也。"但根据上下文判断，这里的"沉"与分量重无关："夫翚翟备色，而翾翥百步，肌丰而力沉也。鹰隼乏采，而翰飞戾天，骨劲而气猛也。文章才力，有似于此。"《文心雕龙义证》(詹锳 1989)："力沉，力弱。雉有华丽的羽毛，但不能高飞，与下文的鹰隼恰恰相反，用以比喻文章有文采而乏风骨或有风骨而乏文采的两种现象。""沉"有分量重义普遍见于明清北方官话中，如《儿女英雄传》第十四回："那人正低了头走，肩膀上行李又沉，走得满头大汗。"而"沉"的程度深义在唐五代时期已出现，前蜀韦庄《和元秀才别业书事》："莫饮宜城酒，愁多醉易沉。"

因此我们认为，"沉"的程度深义当与其基础义"深"(指由上到下或由外到内的距离大)相关，不属于 HEAVY 语义场的引申义。

双音词"沉重"表示"程度深/强度高"很受限制，常见的搭配主要有"沉重的打击""沉重的脚步"等。

(161) 给敌人以沉重的打击。(《现汉》)

而"打击""脚步"这类词表示的不是抽象事物，可见"沉重"的这类引申义与基础义"重量"保持较密切的关联。

《汉语大词典》中"沉重"的程度深义当来自分量重义，然而单音词"沉"与"重"发展出的程度深义均早于"沉重"。"沉"的程度深义见于唐五代。"重"的程度深义唐宋时期已普遍出现。《陈书·周铁虎传》："语音伧重(口音重)，膂力过人。"宋程垓《愁倚栏》词："昨夜酒多春睡重(深度睡眠)，莫惊他。""沉重"的程度深义始见于明代，《初刻拍案惊奇》卷三三："又过了一二年，张老患病，沉重不起。"

"重"表示"程度深/强度高"的用法则很发达。它也可以描述身体的感受和状态(如"重病""重伤")：

(162) 他的病很重。(inf)

(163) 他的喉头受到一击,伤得很重,但非致命之伤。(CCL)

但“重”的用法不限于此,它可以用来形容各种各样的对象。

(164) 我觉得这干酪味道太重了点.(Jukuu)

(165) 他说话的时候鼻音很重,这就显得越发威严。(CCL)

在形容五官感受到的现象时,“重”修饰的对象不一定本来就有负面意义:“臭味很重”和“香味很重”都可以说。

(166) 嘴里总是有很重的臭味。咋办?(百度)

(167) 我买了个钱包,有段时间没用了,现在有股很重的味道。

(168) 我家的橱柜抽屉里的垫子有一股很重的香味,怎么回事?(百度)

表示“程度深/强度高”的“重”也可以修饰正面现象,如“恩情很重”。

(169) 情意重

(170) 他对我的恩情很重,我这辈子都报答不了。(Leeds)

另外,在我们所分析的词项中,只有“重”能表示与“数量多”相关的意思。比如,在修饰毛发时,“重”表示“密度大、浓密”:

(171) 眉毛重(XHZ)

(172) 他身上体毛很重。(inf)

在修饰与金钱有关的事物时,“重”表示“价值高”:

(173) 重金收买(XHZ)

(174) 两人均告失踪,若有人告知其下落,当予重酬。(Leeds)

(175) 西方大公司投重资也获得了迅速的回报……(Jukuu)

(176) 国家对白酒征收重税给中小酒企带来了巨大的影响。(Leeds)

有趣的是,在描写“脚步”时,“重”和“沉”在不同语境下语义会有差异,既可以表示“困难的,费力的”(走不动),又可以表示“声音大的”(强度高)。而“沉重”更倾向于表达前者,即“困难的,费力的”(走不动),也可说明“沉重”的“程度深/强度高”用法不自由。

"重"：

(177) 脚步特别重，跑不起来！（百度）

(178) 走路脚步很重的人性格怎样？（百度）

"沉"：

(179) 离家的脚步很沉，很沉……（百度）

(180) 脚步很沉，听起来像是一个男人的脚步声……（CCL）

"沉重"：

(181) 最近脚步很沉重，走路下肢沉，怎样调理？（百度）

另外，我们认为"话说得太重"的"重"也属于"程度深/强度高"这一类用法。这个"重"指向的不是说话这个行为本身，因为说话这个行为没有轻重可言，而是指向说话的内容与它所批判的行为的匹配程度。当说话人所做的批评超过了行为人应获得的程度，汉语才会说"他话说得太重了"。

(182) 话说得太重了。（《现汉》）

(183) 他妈妈特怕他，不敢在他面前说重话。（Leeds）

总而言之，"沉重"的大部分引申义都具有消极色彩；"沉"除了消极引申义以外，还可以表示"程度深/强度高"的引申义，但与这些引申义相关的是它的本义，而非 HEAVY 语义场；"重"的引申义最为发达，不仅可以表示积极义，还可以表示"程度高""数量多"的意思，"重"的消极义用法相对较少。

汉语中的"笨重"覆盖"视觉感受（消极义）"与"因为规格大而位移困难"两个框架。它主要的引申义为"繁重而费力"（《现汉》），本书认为与后者框架相关：

(184) 用机器代替笨重的体力劳动。

(185) 轮子的使用把人们从滑走式的笨重运输中解放出来，使人口流动、人际交往和交通运输的能力发生了第一次飞跃。（CCL）

需要注意的是,跨语言中 HEAVY 语义场普遍出现的引申义在汉语中多由与"重""沉"组合成的双音节词来表示。但这些双音词本身没有表示"重"的基础义用法。如贵重、重要、重大、浓重、深重、严重、惨重、危重、繁重、慎重、稳重、隆重、庄重、沉闷等。这再一次体现汉语同一语义场的单双音节词存在用法上的分工。然而,考察古代汉语时我们发现,单音词"重"的引申义很丰富,许多现代汉语单音节的"重"没有的引申义(通过双音词表示)古代汉语"重"却能够表达:

表 5-1　古今汉语 HEAVY 语义场引申义比较(部分)

重要:重要的消息	《孟子·告子下》:"任人有问屋庐子曰:'礼与食孰重?'曰:'礼重。'"
慎重:中国一贯对化学品、生物剂及有关生产设备和技术的出口持慎重、负责的态度	《荀子·议兵》:"重用兵者强,轻用兵者弱。"
庄重:国王以典型的非洲式的庄重态度接待我……	《论语·学而》:"君子不重则不威。"
贵重:贵重物品	《管子·乘马数》:"彼物轻则见泄,重则见射。"

5.1.4　小结

通过本节汉语语料分析我们可以发现,来自不同方言的、历史来源不同的词语在普通话中词义并不完全相同。虽然某些基础义用法在现代汉语中极其相近,这些词的本义却不尽相同,在引申义、复合词和固定搭配层面也会有差异。

另外,我们可以看到基础义与引申义之间的关联:视觉框架发展出的引申义与其他的引申义有明显的差异。

5.2　LIGHT 语义场的分析

5.2.1　相关参数

与 HEAVY 语义场相同,LIGHT 语义场在很多语言中都由一个主要的词覆盖。而且两个语义场的主要词语在搭配限制上也表现出相当的一致性。除了一些受到客观重量限制的搭配(如 *重羽毛、*轻钢琴)外,HEAVY 和 LIGHT 语义场的核心词语所修饰的主体也可以是相同的(Kyuseva, Ryzhova, Kholkina 2012)。

值得一提的是,两个反义语义场在基础义上表现得如此一致,是比较罕见的现象。通常,其中一个语义场会相对发达,受到的搭配限制较少;而对于其反义语义场,虽然从逻辑的角度可以有类似的反义用法,但是在自然语言中却没有这种表达(第二章所讨论的 SHARP 与 BLUNT 语义场是较为典型的实例)。

当然,HEAVY 与 LIGHT 语义场也有不对称的情况体现,HEAVY 语义场的重要参数"物体是否需要进行位移"在 LIGHT 语义场中不起作用。在所考察语言中,我们只发现了 LIGHT 语义场的两个相关参数,分别是:

1. 身体承担重量的感受与视觉感受

2. 位移容易的原因:重量、阻力

"身体承担重量的感受与视觉感受"这一参数与 HEAVY 语义场相似,也通过该语义场的边缘成员发现。比如,俄语除了核心的词 legkii(轻),还有 vozdushnyi 一词(轻如空气的,与名词 vozdukh"空气"相关)也可以表示"轻",但只能是视觉上的评价:

(186) vozdushnoe(轻:视觉评价)plat' e(连衣裙)
轻而薄的连衣裙(视觉评价)

(187) Блестящая лягушечья кожа, покрытая золотистым воздушным пушком. (Ruscorpora)
Blestyashchaya lyagushech'ya kozha, pokrytaya zolotistym vozdushnym(轻:视觉评价)pushkom(绒毛).
青蛙闪亮的皮肤被金黄色的轻如空气(轻:视觉评价)的绒毛覆盖。

视觉评价的"轻"经常修饰一些布料类的物体(尤其是镂空布料、

蕾丝),或者有雕刻装饰的一些建筑物。它们给人的感觉是内部结构包含空气,因此很轻,但是这些物体的真正重量不一定小。在描述身体承受重量的时候,vozdushnyi 不能用,例如:

(188) *Как приятно ходить по улице с воздушной сумкой, в которой кроме кошелька и телефона ничего нет!

*Kak priyatno khodit' po ulitse s vozdushnoi (轻:视觉评价) sumkoi(包), v kotoroi krome koshel' ka i telefona nichego net!

*除了钱包和电话,里面什么都没有,拿着这么轻如空气的包(视觉评价)在街上走路真是太开心了!

在目前所考察的语言中,LIGHT 语义场在"视觉评价"这一框架中不区分积极与消极的评价。

"位移容易的原因"这一参数在 LIGHT 语义场中也得以体现。在一些语言中,该语义场的形容词可以描述由于阻力小而容易位移的东西(如抽屉、自行车的脚蹬、按钮),在其他语言中则不可以。

(189) Kono jitensha pedaru ga karui.

这辆自行车蹬起来很轻。(字面义为"脚蹬很轻")

在语义地图上,我们增加了"因为阻力小而容易位移"这一框架,有些语言可以由 LIGHT 语义场的词语覆盖,有些则使用其他语义场的词语或者没有相关表达。在目前所考察的语言中我们没有发现 LIGHT 语义场的专门表示"因为规格小而容易位移"的形容词。

综上所述,目前发现的 LIGHT 语义场的框架如下:

1. 因为重量轻而容易位移
2. 因为阻力小而容易位移
3. 视觉评价

5.2.2 基础义语义地图的构建

通过分析语言数据,我们总结出来的语义地图如图 5-5:

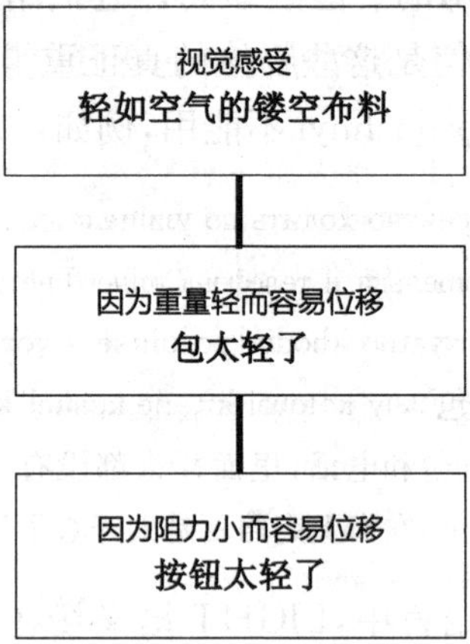

图 5－5　LIGHT 语义场基础义语义地图

5.2.2.1　英语 LIGHT 语义场语义地图

英语中 LIGHT 语义场包含 light 与 airy 两个词。前者覆盖"视觉感受"和"因为重量轻而容易位移"两个框架，但不能表示"因为阻力小而容易位移"；而后者只覆盖"视觉感受"框架，分布情况如图 5－6：

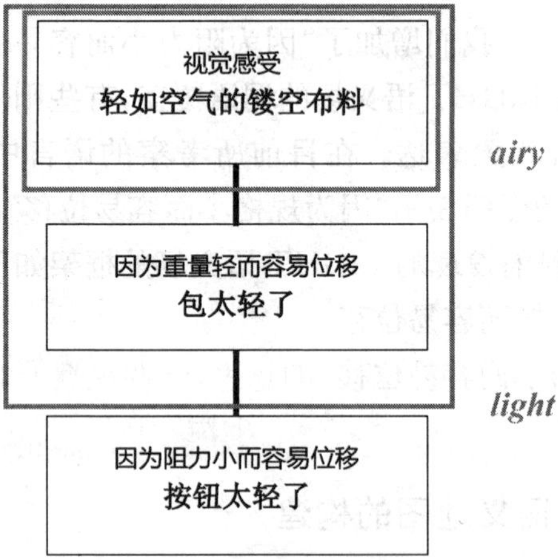

图 5－6　英语 LIGHT 语义场基础义语义地图

Light 描述"因为重量轻而容易位移"的用例如下：

(190) Carry this bag—it's the lightest. (海词)

背上这个袋子——它最轻。

(191) The suitcase was light to carry, being empty except for two shirts. (海词)

这只箱子提着很轻,因为里面只有两件衬衣。

它也可以表示视觉感受：

(192) She wore her light dress with embroidered white daisies circling the trim (inf)

她穿着轻薄的连衣裙,裙边上绣着白色的雏菊。①

Collins 词典对 airy 的释义是"having little or no perceptible weight; so light as to resemble air"(几乎没有重量或没有能被感知的重量,轻得像空气一样)。

Airy 通常描述一些纺织品及个别包含空气的事物,如生奶油、蛋糕之类,例如：

(193) She was chicly dressed in white jeans, an airy blouse and tan ballet flats (COCA)

她穿着白色的牛仔裤,一件轻薄的上衣和棕色平底鞋,非常帅气。

(194) The decor reflected her simple tastes, with airy white curtains that blew on summer breezes, and only a trio of simple photos. (COCA)

装饰反映了她简约的品位, 摇曳在夏日微风中的轻飘飘的白色

---

① 母语者指出,light dress 本身有歧义,它既可以指这个裙子的颜色很浅,比如白色或浅黄、浅蓝色;也可以指这个裙子的质地轻薄。当指称裙子的质地轻薄时,通常会想到其透气性较好、可以随风摆动。(In that sentence, "light dress" means that the dress has a light color, such as white or pale yellow or pale blue, or that the dress is light in weight. When we imagine a light-weight dress, we do imagine that it lets air go through or floats easily on the air.)

窗帘，并且只有三张简单的照片。

（195） tender cakes, sweetened with juicy strawberries and airy whipped cream (COCA)

柔嫩的蛋糕，带有甜美多汁的草莓和轻薄的鲜奶油

5.2.2.2　俄语 LIGHT 语义场语义地图

俄语中 LIGHT 语义场包含 legkii 与 vozdushnyi 两个词。前者覆盖“视觉感受”和“因为重量轻而容易位移”，不能表示“因为阻力小而容易位移”，后者专门描述“视觉感受”框架，分布情况如图 5－7：

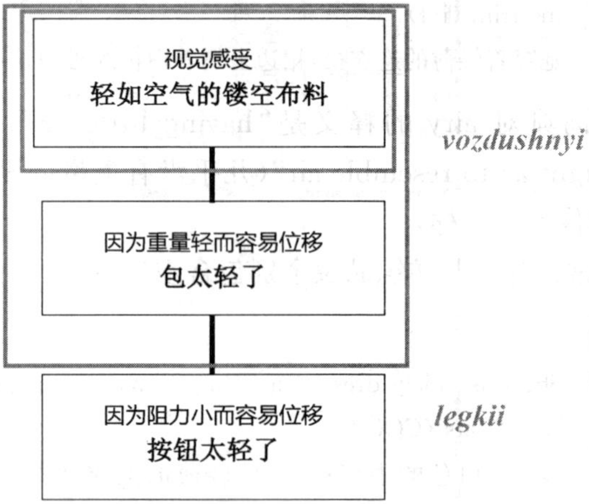

图 5－7　俄语 LIGHT 语义场基础义语义地图

Vozdushnyi 的具体例句参看 5.2.1 节［例（185）、例（186）］，legkii 的例句如下：

（196） Около десяти часов утра он уже был в аэропорту «Шереметьево-2» с легкой сумкой через плечо. (Ruscorpora)

Okolo desyati chasov utra on uzhe byl v aeroportu «Sheremet' evo-2» s legkoi(轻) sumkoi (包)cherez plecho.

早上十点钟左右他已经去了谢列蔑契娃－2 机场，肩背一个轻包。

(197) У нас были легкие чемоданы, мы решили доехать до центра на метро. (Ruscorpora)

U nas byli legkie(轻)chemodany(箱子), my reshili doekhat' do tsentra na metro.

我们的行李轻便,我们决定搭乘地铁到市中心。

Legkii 也可以表示视觉评价:

(198) Вековые деревья, сплетаясь ветвями у самых вершин, напоминали легкие своды готических соборов. (Ruscorpora)

Vekovye derev' ya, spletayas' vetvyami u samykh vershin, napominali legkie (轻)svody (拱顶)goticheskikh soborov.

最顶端树枝缠绕的古树好似哥特式教堂的轻巧的拱顶。

5.2.2.3 汉语 LIGHT 语义场语义地图

汉语 LIGHT 语义场只包含"轻"一个词,它所覆盖的框架如图 5-8:

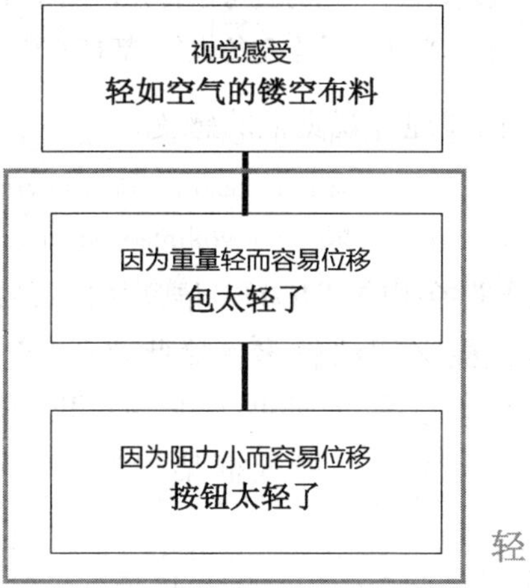

图 5-8 汉语 LIGHT 语义场基础义语义地图

"因为重量轻而容易位移"框架里,"轻"可以描述不同形状的、以不同方式移动的物体(箱子、包、袋子):

（199）记得我们从前从小学到高中，书包轻得很，学习的负担也并不重，这样就给我们创造了徜徉在知识海洋里自由汲取营养的机会。（CCL）

（200）同事发现箱子很轻，不敢打开，马上叫客户来，一起打开，结果两台笔记本电脑不见了，只剩电脑包。（百度）

（201）接下来，因为背包变轻了，他感到自己不再有束缚，旅行变得更愉快。（CCL）

在比较几个物体的重量时“轻”也可以描述不需要位移的物体：

（202）油比水轻，所以油浮在水面上。（《现汉》）

这一框架之所以在语义地图中没有被单独列出，是因为在目前所调查的语言中我们没有发现用不同方式指称“物体需要进行位移”与“物体不需要进行位移”两个框架的情况。

在一些搭配中“轻”可以描述“因为阻力小而容易位移”：

（203）抽屉很轻，轻轻一用力就可以打开，可是怀着激动心情的毛磊却感觉很重，仿佛用尽全身的力气，都打不开。（百度）

“轻”不能用于描述纯粹视觉上的感受。

5.2.3 引申义

与 HEAVY 语义场相同，LIGHT 语义场的形容词也发展出积极和消极引申义，但积极义用法较多。除此之外，它们还经常发展出“程度浅/强度低”的含义[参见 Mel' chuk、Zholkovskii 提出的 lexical function AntiMagn（1984）]。视觉框架形容词的引申义单独形成一组。

下面我们分别对这四类引申义的具体情况做介绍。

（一）积极引申义

LIGHT 语义场积极引申义与“轻”的基础义相关：轻物体在移动过程中通常不会造成困难。该语义场积极引申义如下：

1.（工作、任务）简单，不需要花费大量脑力或体力来完成

如塞尔维亚语的 lak posao(轻工作)、lak zadatak(轻任务)

2.（食物）容易消化、清淡

如法文的 repas légèr(清淡的午餐)

3.（电影、书）轻松愉快的，娱乐性的

如法语的 comedie légère(轻松的喜剧)、musique légère(轻松的音乐)

4.（心情、生活）轻松愉快

如俄语的 legkaya zhizn'(轻松的生活)

5.（人、性格）容易相处的，随和的

如塞尔维亚语的 lagan karakter(随和的性格，字面义为“轻的性格”)、lagan čovek'(随和的人，字面义为“轻的人”)

6.（动作、步履）轻巧、敏捷

如俄语中的 legkaya pokhodka(敏捷的步调)，德语的 leichter Gang(轻快的脚步，字面义为“轻脚步”)

7. 速度快

如果某人不携带较重的行李，他的移动速度就会加快。许多语言中的“轻兵”指行动迅疾的士兵，其轻便的行装不会阻碍他们迅速移动。

（二）消极引申义

LIGHT 语义场的消极引申义与 HEAVY 语义场“具有客观重量、分量”的引申依据相反，表示缺乏有价值的内涵。LIGHT 语义场消极引申义如下：

1.（人）轻率、不认真

如：法语的 homme léger (不认真、轻率的人，字面义为“轻人”)、tête légère (轻率的人，字面义为“轻头”)

2.（女人）容易接近、不自重、不庄重

如：法语的 femme légère(口语)“水性杨花的女人”

3. (知识、研究、论文)肤浅、浅薄、表面的

如法语的 étude légère“肤浅的研究”

(三) 程度浅/强度低

跨语言数据显示,LIGHT 语义场表示“程度浅/强度低”的引申方向比 HEAVY 语义场对应的“程度深/强度高”更为发达。如汉语的例子:

(204) 风很轻。

(205) 声音很轻。

(206) 轻轻一笑

这些例子中都不太适用“重”。

与 HEAVY 语义场类似,LIGHT 语义场会发展出“数量少”的意义,如法语:

(207) Un budget trop léger.

短缺的预算(字面义为“太轻的预算”)

在表示“程度浅/强度低”这一引申方向上,比较有趣的用法就是“速度慢”。这一义项,与积极引申义中的“速度快”相反,该用法的产生与强度低的运动相关,如慢跑:

(208) light jog 慢跑

在塞尔维亚语中,这一义项很发达,塞尔维亚语的 lagani(lak“轻”的指小形式)主要表达的意思就是“速度慢”。

(四) 视觉感受框架的引申义

与 HEAVY 语义场类似,LIGHT 语义场的视觉评价框架形容词在引申义上不能像核心框架那样表示与身体相关的感受。这一类框架目前所发现的主要引申义如下:

1. 言词顺畅

如俄语中的 legkii slog(轻快的笔法)

2.(说法、承诺)模糊、不切实际

如英语中的 airy promises(模糊的承诺)

5.2.3.1　英语 LIGHT 语义场的引申义

英语中 light 具有积极与消极引申义,也可以表示“程度浅/强度低”。“视觉感受”引申义与 airy 相关。具体例句如下:

(一)积极引申义

1.(工作、任务)简单,不需要花费大量脑力或体力来完成

(209) Since her accident she can only do light work.(海词)
出事以后,她只能做轻活了。

(210) The children help with light housework.(海词)
孩子们帮着干些轻的家务活。

(211) Your duties will be light.(海词)
你的任务将很轻。

通过转喻机制,light 也可以描述不需要完成较难的任务的时间段:

(212) I've had quite a light day today.
我今天相当清闲。

2.(食物)容易消化、清淡

(213) a light supper/snack (海词)
简单的晚餐/小吃

(214) I advise you to go on a light diet for a while.(海词)
我建议你一段时间内多吃些清淡的东西。

3.(电影、书)轻松愉快的,娱乐性的

(215) This book is the kind of light reading I like.(海词)
这本书是我所喜欢的那类轻松读物。

(216) He prefers light fictions to serious novels.(海词)
比起严肃小说来,他更喜欢轻松的小说。

(217) Then they passed on to lighter topics. (海词)

接着,他们谈论了一些较为轻松的话题。

4. (心情、生活)轻松愉快

(218) The beautiful day puts us in a light mood. (海词)

美好的天气使我们心情愉快。

5. (动作、步履)轻巧、敏捷

(219) She is a light dancer. (海词)

她舞步轻盈。

(二) 消极引申义

消极义用法中,light 只能描述"(女人)容易接近、不自重、不庄重":

(220) Her light conduct left a bad impression on me. (COCA)

她那轻浮的举止给我留下一个坏印象。

(221) I don't want you to be known in town as a light woman. (COCA)

我不希望你成为小镇上远近闻名的轻浮女人。

(三) 程度浅/强度低

在表示"程度浅/强度低"时,light 的搭配能力很强,它可以描述不同感官提供的信息,也可以修饰表示积极、消极和中性义的词语。

(222) The river was visible through a light mist. (海词)

透过薄雾,那河隐约可见。

(223) When I was reading someone gave me a light touch on the shoulder. (海词)

当我正看书时,有人轻轻地拍了拍我的肩头。

(224) A light breeze stirred the curtains. (海词)

微风吹动窗帘。

(225) The company was fined £1 000, which critics said was too light. (海词)

公司被罚 1 000 英镑，评论者称，惩处过轻。

(226) Trading on the Stock Exchange was light today. (Longman)

证券交易所今日交易冷清。

英语中 light 还可以表示“颜色浅”的意思：

(227) Dark and light green leaves

深绿和浅绿色的叶子

英语中的 light 是多义词，除了描述“物体轻”，还具有名词义“光线”。在其他语言样本中，我们没有发现 LIGHT 语义场形容词有表示“颜色浅”的引申义，本书假定它与“光线”义相关。

(四) 视觉感受框架的引申义

Airy 可以表示“(说法、承诺)模糊、不切实际”：

(228) In Syria, Mr. Assad has mixed an iron fist with airy promises of reform. (COCA)

在叙利亚，阿萨德把“铁腕”与不切实际的改革承诺结合起来。

(229) They have no patience for airy talk about peace with people who want to kill them. (COCA)

他们没有耐心和想要杀死他们的人进行有关和平问题的不切实际的谈话。

5.2.3.2　俄语 LIGHT 语义场的引申义

俄语中 legkii 的引申义比较发达，它具有积极与消极引申义，可以表示“程度浅/强度低”及发展出“视觉感受”框架相关的引申义。

(一) 积极引申义

1. (工作、任务)简单，不需要花费大量脑力或体力来完成

(230) Он предпочел бы более легкую работу, но таковых в этом районе не было. (Ruscorpora)

On predpochel by bolee legkuyu (轻) rabotu (工作), no takovykh v etom raione ne bylo.

他更想做容易的工作,但在这个地区没有这样的工作。

(231) поиск бухгалтера — самая легкая задача, которая стоит перед начинающим предпринимателем (Ruscorpora)
poisk bukhgaltera — samaya legkaya (轻) zadacha (任务), kotoraya stoit pered nachinayushchim predprinimatelem
找一个会计是摆在初露头角的企业家面前的最轻松的任务。

(232) legkii(轻)urok(功课)
容易的功课

2.(食物)容易消化、清淡

(233) Легкие закуски должны лишь возбуждать аппетит, а не отвлекать от главного блюда. (Ruscorpora)
Legkie (轻) zakuski (小菜) dolzhny lish' vozbuzhdat' appetit, a ne otvlekat' ot glavnogo blyuda.
清淡的小菜应当仅仅是刺激食欲,而不应当让人放弃主食。

(234) legkii(轻)uzhin(晚餐)
易消化的晚饭

(235) legkii(轻)zavtrak(早餐)
易消化的早饭

3.(电影、书)轻松愉快的,娱乐性的

(236) Врач предписал мне покой, тишину, легкое чтение, однообразный режим. (Ruscorpora)
Vrach predpisal mne pokoi, tishinu, legkoe(轻)chtenie(读物), odnoobraznyi rezhim.
医生命令我安静,进行轻松的阅读,保持一样的作息规律。

(237) legkaya(轻)muzyka (音乐)　　轻音乐

4.(心情、生活)轻松愉快

(238) Эта музыка создавала легкое, праздничное настроение. (Ruscorpora)
Eta muzyka sozdavala legkoe (轻), prazdnichnoe nastroenie

(心情).

这种音乐营造了轻松、快乐的心情。

5. (人、性格)容易相处的,随和的

(239) Он был отнюдь не простым и не легким человеком, зачастую непредсказуемым. (Ruscorpora)

On byl otnyud' ne prostym i ne legkim (轻) chelovekom (人), zachastuyu nepredskazuemym.

他绝不是一个简单的、容易相处的人,而是一个时常难以预测的人。

(240) legkii(轻)kharakter(性格) 温和的性格

6. (动作、步履)轻巧、敏捷

(241) Прошлась легкой поступью, повернулась, улыбнулась в зал и еще прошлась. (Ruscorpora)

Proshlas' legkoi(轻)postup' yu(步履), povernulas', ulybnulas' v zal i eshche proshlas'.

她轻盈地走过,转过身,朝大厅里面笑了下,又走了一段。

(二) 消极引申义

这类引申义,legkii 只能描述"(女人)容易接近的、不自重、不庄重":

(242) a. legkie nravy 轻佻的习俗

b. legkoe(轻)povedenie(行为) 轻佻的行为

c. zhenshchina legkogo povedeniya(行为轻的女人) 娼妓

描述"(人)轻率、不认真"时,俄语中用 legkomyslennyi 一词,它的内部形式是与"轻"和"思想"相关:

(243) легкомысленный поступок

legkomyslennyi postupok

轻率的行为

俄语中 LIGHT 语义场的形容词不能表示“(知识、研究、论文)肤浅、浅薄、表面的”意思。

(三) 程度浅/强度低

Legkii 表示“轻微”时,搭配能力很强,可以修饰积极义的、中性的和消极义的现象:

(244) Цветки этих роз крупные, светло-красные, с лёгким ароматом. (Ruscorpora)
Tsvetki etikh roz krupnye, svetlo-krasnye, s legkim (轻) aromatom(香味).
这些玫瑰花的花朵大、呈浅红色,有淡淡的香味。

(245) a. legkii(轻)moroz(寒) 微寒
b. legkii(轻)veterok(风) 微风
c. legkoe(轻)nakazanie(惩罚) 轻微的惩罚;轻刑
d. legkaya(轻)rana(伤) 轻伤
e. legkoe(轻)vino(葡萄酒) 非烈性的酒

在修饰“跑步”时,legkii 获得“慢”的意思:

(246) В тридцати минутах легкого бега от нашей дачи было несколько прудов. (Ruscorpora)
V tridtsati minutakh legkogo(轻)bega(跑步)ot nashei dachi bylo neskol' ko prudov.
从我们的别墅慢跑 30 分钟会跑到几个池塘旁边。

(四) 视觉感受框架的引申义

俄语中表示视觉感受的核心词 vozdushnyi 没有固定的引申义。Legkii 这一类的引申义也不多,主要用来描述言词顺畅:

(247) Главное достоинство воспоминаний состоит в простодушном и откровенном отчете в своих впечатлениях и чувствованиях и в легком и приятном слоге. (Ruscorpora)
Glavnoe dostoinstvo vospominanii sostoit v prostodushnom i

otkrovennom otchete v svoikh vpechatleniyakh i chuvstvovaniyakh i v legkom(轻) i priyatnom sloge(文笔).
回忆录的主要价值在于用轻快愉悦的文笔朴实坦诚地总结自己的印象和情感。

5.2.3.3　汉语 LIGHT 语义场的引申义

在现代汉语普通话中，“轻”的引申义极少，只能表示“简单，不需要花费大量脑力或体力来完成(工作、任务)”：

(248) 他的工作很轻。(XHZ)

汉语中的“轻音乐”虽然符合“轻松愉快的，娱乐性的(电影、书)”这一 LIGHT 语义场的常见引申方向，但这个搭配是从英文借用过来的(相当于 light music)，因此我们不把它列入汉语自己发展出来的引申义清单中。

现代汉语中，“轻”不能用来表示“没有感到不舒服(身体)①”“容易消化、清淡(食物)”“轻松愉快的，娱乐性的(电影、书)”“容易相处的、随和(人、性格)”“速度快的”等引申义。

在普通话中，“轻”没有消极引申义。

在表示“程度浅/强度低”时，“轻”经常修饰各种声音：

(249) 旁边传来阵阵轻笑声，我这才回过神来，原来还在课堂上。(Leeds)

LIGHT 语义场的许多引申义都由与“轻”相关的双音节词表示。比如：

“不感到有负担，轻松愉快”可以由“轻松”“轻闲”等词表示：

(250) a. 轻松的生活(《现汉》)
b. 轻松的旅途
c. 轻松的活儿

① 俗语“无病一身轻”中的“轻”表示舒服可看作是存古的情况。

d. 轻松的读物

e. 心情很轻松

f. 轻闲的工作(《现汉》)

g. 轻闲的生活

h. 轻闲的日子

“轻快”也可以表示“轻松、不费力”的意思:

(251) 他跑得很轻快。(《现汉》)

消极义的“(女人)容易接近的、不自重、不庄重”可以用“轻薄”“轻浮”“轻佻”表示:

(252) a. 举止轻薄

b. 态度轻薄(《现汉》)

(253) a. 举止轻浮

b. 轻浮的人(《现汉》)

(254) a. 轻佻的行为

b. 轻佻的人

c. 为人轻佻(《现汉》)

“程度浅/强度低”专门由“轻微”和“轻淡”表示:

(255) 盒子里发出一种轻微的嗡嗡声。(百度)

(256) 轻微脑震动(《现汉》)

(257) 童年的经历只有一点儿轻淡的记忆了。(《现汉》)

(258) 他把名利看得很轻淡。(《现汉》)

(259) 保存衣服的旧箱子还散发出紫苏轻淡的芳香。(百度)

可见,通过跨语言资料发现的 LIGHT 语义场的引申共性,在汉语中多以由“轻”构成的双音词来实现,如上文所举的“轻松”“轻微”“轻快”等。但这些双音词只表达抽象义,没有“重量轻”的用法。这一点再次证明,汉语同一语义场的单音词与双音词往往有用法和功能上的分工。LIGHT 语义场单音词与双音词的用法分工体现在:单音词“轻”多表示基础义用法，而引申义不发达；与该语义场相关的引申义则由双音词来承担。

5.2.4　小结

通过本章分析我们可以看到，词语基础义之间的对立会直接影响到其引申义的发展，而基础义与引申义之间的紧密联系导致我们通过词语引申义的不同发现其基础义中也存在差异。

俄语和汉语中同样表示“重”形容词在引申义层面显著的差异使得我们进一步详细考察其基础义之间的差异，从而发现“物体是否需要进行位移”这一参数。由于LIGHT语义场的形容词也存在两种相反的引申方向（积极义与消极义），我们可以假设在有的语言中LIGHT语义场的形容词也对这个参数敏感，但是这一假设需要进一步考证。

汉语LIGHT语义场仅有单音词“轻”一个成员，且主要表示基础义。与LIGHT语义场相关的引申义则由“轻”组成的双音词表示，如“轻松”“轻微”“轻淡”“轻佻”等。单音词和双音词存在用法与功能上的分工。

第六章

结　　语

本书在 MLexT 已有的研究成果基础上，分别考察了四组概念相反的物理属性形容词（SHARP 与 BLUNT“利与钝”、SMOOTH 与 ROUGH“光滑与粗糙”、SOFT 与 HARD“软与硬”、HEAVY 与 LIGHT“重与轻”）在汉语词汇系统中的具体表现，重点分析了这些语义场在汉语中的词化模式及语义场成员的基础义与引申义用法。通过以上考察，发现汉语的词化策略同样符合词汇类型学预测，尚未发现违背普遍规律的情况；更重要的是在符合普遍性原则的背景下，展现汉语词汇系统自身的特点。下面我们分别介绍所总结的词化策略的共性（6.1 节）与汉语的特点及研究展望（6.2 节）。

6.1　词化策略的共性

四组反义语义场在汉语中的表现基本符合词汇类型学的预测，体现了词汇系统在跨语言层面上的普遍性。词汇策略的共性具体体现在以下几方面：

（一）影响语义场基本组织结构及引申方向的因素

语义场内部组织的特点及引申方向往往受到一些因素制约。主要有三种因素：不同感官来源信息、搭配的类型与主观色彩。

1. 来源于不同感官的信息

同一语义场包含描述不同感官提供的信息，是其词汇系统丰富化的重要渠道。

SHARP 和 BLUNT 所搭配的物体大部分是工具，所修饰的对象比较一致。除了描述功能性的“菜刀”类（锋利的菜刀）和“矛”类（尖针）外，SHARP 还可以形容一些物体具有从宽到窄过渡的形状（鼻子类）。这一框架的信息来源与前两者不同，不是通过在使用工具的过程中判断其锋利与否，而是对某些事物视觉角度的评价（尖鼻子、尖鞋头）。然而，我们不难看出“工具”类在 SHARP 与 BLUNT 语义场中处于核心地位，而视觉评价的“鼻子”类属于边缘范畴。

这一点在 SHARP 和 BLUNT 语义场发展的引申义层面也得以体现。两个语义场相关的引申依据，分别是使用者、接受者和视觉感受的角度。使用者的角度和接受者的角度是工具类的两个主要方面，这一区分较为普遍。SHARP 语义场所使用的视觉感受角度比较特殊，实际上也与使用工具的过程密切相关。我们之所以能够产生视觉角度的意象图式，是因为 SHARP 的主要框架都与使用工具的过程有关，内部比较统一，具有凸显的特点。视觉角度所产生的“速度快”和“线条清楚”的引申义，都与使用锋利的工具相关：人的动作在这个过程中往往是迅速的，留下的分界线也是清晰的。因此，我们可以看出，SHARP 与 BLUNT 的引申义都与“工具”类有关，而“鼻子”类不能作为引申依据的基础，这一点也可以证明它处于边缘地位。

与 SHARP 语义场相同，HEAVY 语义场词汇系统的框架也与不同感官提供的信息有关。“视觉评价”框架描述的不是肢体的感受，也不是针对位移的对象（建筑、公园里的长椅等），而是视觉提供的信息造成的心理感受（即看上去很重）。“身体感受、不强调位移”框架也很特殊，是一种感知类的判断（物体具有重量）。不过“视觉评价”和“身体感受、不强调位移”是 HEAVY 语义场的边缘框架，许多语言采用其他语义场的词来表示或者不采用词汇手段表达。二者所发展的引申义也相对贫乏，“客观重量”框架只有一种引申义，即“重要、有分量”，“视觉评价”框架的引申义也不发达。

相对于以上所介绍的 SHARP 与 HEAVY 语义场，SMOOTH 与 ROUGH 语义场更丰富。这是因为不同感官提供的信息是丰富语义场的重要渠道，而 SMOOTH 语义场在描述相关事物时，采用来自视觉与触觉两种感官的信息。与 SHARP 和 HEAVY 语义场不同的是，SMOOTH 语义场中视觉评价与触觉评价同属于核心框架。其中“滑”类框架主要的信息来源是触觉，“平”类框架的主要信息来源是视觉，而“光”类框架，通常需要两个信息来源共同作用。此外，从引申义层面也可以证明两个信息来源所形成的框架地位是平等的，三类框架的引申义都很发达。

2. 搭配的类型

物理属性形容词的语义特征与其所修饰事物的类型密切相关。

由于 SHARP 与 BLUNT 语义场内部统一性很高，主要都修饰工具类，因此它们的语义地图内部组织相对简单，包含的框架不多。在这一点上，HEAVY 与 LIGHT 语义场也比较接近。

HEAVY 与 LIGHT 语义场的主要信息来源也是比较统一的，是在对某物进行位移时得出来的评价。虽然我们对不同形状规格的物体进行位移时，会采用不同的方式（提手提包、背书包、扛麻袋、拖箱子、抬桌子等），但位移活动本身目的性很强，而物体的重量是决定实现位移目的要花费的时间和精力的主要因素。因此，在目前所考察的语言中，我们没有发现这两个语义场的成员是以物体位移的方式差异来区分的①。

HEAVY 语义场与 SHARP 语义场的相同点在于，二者内部组织比较简单，且只有一种核心的含义。SHARP 的主要框架与工具类相关，HEAVY 的主要框架与对物体进行位移相关，虽然也存在一些

① 因物体的体积庞大而位移困难的情况，经常会有单独的词来描述（如汉语的“笨重”、英语的 bulky、俄语的 gromozdkii）。这两个概念是相关的，都表示位移不便，但是重量和规格是两个不同的方面，对它们进行评价的方式也不同（物体的笨重与灵便经常是通过视觉评价判断的），因此可以区分开来。

其他框架(如 SHARP 的“鼻子”类或 HEAVY 的“视觉评价”),但是它们属于边缘范畴。SHARP 与 HEAVY 语义场相同,核心框架发展出的引申义很丰富,而边缘框架几乎没有引申义。可见,在判断某个框架的地位时,引申义可以给我们提供重要信息,也是基础义与引申义相关联的重要体现。

SMOOTH 语义场框架丰富还与词语的搭配有关,能够搭配的事物彼此差异较大。可以是体积小的物体(如光滑的卵石),可以是面积广大的自然物(如平坦的草原),也有人造物(如平整的地板),还可以是身体部位(如光滑的脸蛋)。

SOFT 和 HARD 语义场的词所搭配事物同样很丰富:衣服、床、食物、身体部位、沙子、橡皮泥等,都可以从软硬的角度来判断。其中主要参数都与感受物体软硬程度的不同方面相关,如施力方式(按压、抚摸、弯曲、对折)、施力主体(手、脚、整个身体)、受力物是否能够恢复原状、施力者是否能够陷入受力物等。从不同方面评价不同的物体,可能的词化策略也会有所不同。

3. 主观色彩信息

SOFT 与 HARD 语义场的特点是软硬概念的相对性,积极与消极评价没有明确的标准。软的东西通常会带来舒服的感觉,从而发展出积极的引申义,但如果某物太容易变形、不可靠,甚至产生负面影响(如过软的床),就会获得消极义的评价。硬的物体亦如此,如果我们客观上从接受者的角度感受到某个物体硬,往往会有不舒服的感觉,但是如果我们主观上本来就需要硬的东西(比如,用来支撑某物),硬的特点就会获得积极义。在自然语言中,这一区分很重要,因为许多语言采用不同的方式来指称积极义和消极义的“软”和“硬”。积极义和消极义的对立在 SOFT 与 HARD 语义场中引申义上也得以体现。因此,SOFT 与 HARD 语义场的积极和消极的引申义都很发达。

由此可见,使用多方面信息来源的语义场内部组织往往比较复杂，相关框架也较多，基础义组织的复杂性在引申义层面也能够得到体现。在选择考察哪些语义场时，这些信息可以为研究者提供有价值的参考。

（二）基础义与引申义的关联

词的基础义和引申义具有稳定的普遍关联，这些联系在不同语言中都有体现。汉语语料也显示出在其他语言中发现的关联共性。词语基础义之间的对立会直接影响到其引申义的发展。基础义中的不同框架会发展出不同的引申义，在基础义中对区别框架起作用的参数，在引申义中往往也会得到保留。

如果基础义用法对某个参数不敏感，则引申义也不受该参数制约。如 HARD 语义场中，汉语的“硬”对参数“是否强调接受者的感受”不敏感，既可以产生不强调接受者感受的积极义（如“硬货”），又可以描述强调接受者感受的消极义（如“床太硬”）。汉语 SOFT 语义场的核心成员“软”也如此。由于基础义上它既可以表达褒义（“床垫很软，睡得好舒服。”），又可以表达贬义（“床垫太软了，睡得我腰疼。”），因此它的引申义也朝这两个方向发展：积极义引申如形容人心地善良（“心软”），还可表示对感官不产生强烈影响、舒服的感受（“吴侬软语”“软风拂面”）；消极义引申可以形容身体虚弱（“两腿发软”）、意志薄弱、立场不坚定（“耳根子软”）；固定搭配“软骨头”形容没有气节的人。

SHARP 语义场中，不同框架（尤其是“菜刀”类和“矛”类）发展出来的引申义有时候很接近。原因在于这两个框架里的形容词基础义都用来形容锋利的工具，功能上比较接近，都具有“使用者的角度”和“接受者的角度”这两个引申依据，所以很自然地就会发展出来相同的引申义。

（三）反义语义场的不对称性

跨语言数据已证明反义词存在义项不对称的现象，体现在覆盖反义语义场的框架与区别参数（即反义语义场内部组织）上的差异。

并且,反义语义场基础义项不对称的现象也会导致其引申义也不对称。

BLUNT 和 SHARP 语义场中的词语属于反义词,但它们的内部结构并不对称,BLUNT 语义场的内部组织相对而言要简单很多。表现在覆盖 BLUNT 语义场的词项数量少于 SHARP 语义场词项的数量;BLUNT 语义场的语义地图只包含两个框架("菜刀"类和"矛"类),没有与 SHARP 语义场相对应的表形状的"鼻子"类框架。此外,在描述自然物时,SHARP 和 BLUNT 的用法也是不对称的。很多可以用 SHARP 描述的自然物不能被 BLUNT 修饰(锋利的爪子; * 钝的爪子)。BLUNT 基础义的内部组织相对简单,其引申义也不如 SHARP 语义场丰富。

HEAVY 与 LIGHT 语义场不对称的情况体现在所发现的参数和相关引申义不完全一致两个方面。HEAVY 语义场的重要参数"物体是否要进行位移"在 LIGHT 语义场中不起作用。

此外,本书在探索词汇系统规律的工作上也做了一定努力。目前词汇类型学的研究重点主要是在单个语义场的跨语言比较工作上。根据已经取得的一些语义场的研究成果来看,文献记载丰富的语言,其语义场成员的数量往往比较丰富,如汉语、意大利语(源于拉丁语);语言接触丰富的语言,语义场成员的数量通常也较多,如英语、西班牙语;但这些结论只是从已有研究中得出,相对于词汇系统的整体而言,目前涉及的语义场数量还比较有限,因此,很难通过已有研究得出反映词汇系统层面本质规律的确切结论。不过,随着词汇类型学研究对象的拓展与研究方法的深入,将会发现更多反映词汇系统层面的有价值的规律,这也是词汇类型学奋斗的目标。

本书通过对俄、英、汉三种语言的四组八个物理属性词的系统考察,发现俄语的词汇系统相对于英语、汉语而言更贫乏。但这只是在研究物理属性词上得出的结论,无法推测在其他语义场会得出相同的结论。事实上,影响词汇系统丰富与贫乏的因素很多,不同语义场的表现很可能不一致。

6.2 汉语的特点及研究展望

本书除了展示汉语词汇系统的普遍性外，还发现汉语词汇自身的特点。具体体现在以下几方面：

第一，单音节词与双音节词的对立存在。表现在诸多方面：一是基础义义域广狭的对立，单音节词通常比双音节词义域宽，用法相对丰富。而双音节词往往有专门的用法，如 ROUGH 语义场中的“毛糙”主要描述人造物，很少描述自然物；HARD 语义场的“坚硬”与“硬”相比，搭配范围较窄。二是基础义与引申义用法分工的对立。如 HEAVY 语义场中，单音节词“沉”基础义用法较发达，即倾向于描述实际物体的重量，而“沉重”则多为引申义用法，即倾向于描述抽象事物的重量。

单音节词与双音节词的对立存在使得汉语语义场的词汇量相对丰富，但把这些词反映到语义地图上时，发现它们并不违背语义地图的关联性原则，其基础义用法都可以在语义地图中展示。这一点可以说明，即便是像汉语这样复杂的词汇系统也具有一些内部组织规律，符合词汇类型学规律。

第二，语义场中存在基础义义域完全相同的词。语言中的重码并不符合经济原则，这些用法相同的词有不同来源：一是语体差异带来的同义词。如 SMOOTH 语义场中的“滑”与“滑溜”义域基本等同，但后者主要出现在口语中且经常附带“喜爱”义。SOFT 语义场中的“软和”也多出现在口语表达中。二是由地域差异带来的同义词。如 HEAVY 语义场的“沉”与“重”，在现代汉语普通话中都可以用于描述物体的重量，二者在语义特征与搭配上表现出一致性。但“沉”主要集中在北京话、济南话和西安话方言区，其他方言区则没有这种用法；三是由汉语词汇系统的双音化产生的同义词。如“尖利”与“尖锐”；“锋利”与“锐利”；“尖利”与“尖锐”。

第三，汉语表现出的词汇特点为词汇类型学提供了一些有价值的参考。如汉语的“毛糙”主要描述人造物，而“粗糙”不受这方面的限制。ROUGH 语义场的“人造物与自然物”参数是从汉语语料中发现的。

以上是本书研究的主要结论。此外，本书在研究中发现还有一些值得日后推进的工作，主要包括扩大研究对象，将历史与方言的语料纳入考察范围；研究单双音节词之间的语义关系；进行词典修订工作。下面分别介绍。

（一）扩大研究对象

语言的发展受历史与地域因素的影响，因此除主要研究现代汉语普通话外，汉语词汇的研究还应当涉及方言与古代汉语资料。汉语的文献记载和方言资料都很丰富，这些资料应该在进一步研究中得到运用。比如，本书分析的 SHARP 语义场的词语有“尖利”“锐利”“锋利”“尖锐”。构成这四个双音节词的语素有“尖”“利”“锋”“锐”。虽然在现代汉语普通话中只有“尖”可以单独成词，但是在单音节词发达的古代汉语中，“尖”“利”“锐”在历史上也属于 SHARP 语义场的成员（参看 2.1.2.3 节）。又如，现代汉语普通话的 HARD 语义场中只有“硬”“坚硬”表示物体坚硬义，而古代汉语中还有“坚”“刚”“固”等单音词，这些词曾经是该语义场的核心成员。由于这些单音词在现代汉语普通话中已经降级为构词语素，故不作为本书的考察重点。我们认为，只有全面考察这些单音节词用法上的区别及双音化进程带来的语义和搭配的变化，才能更为准确地描绘汉语的词汇面貌。

地域的差异是观察历史发展的窗口，汉语丰富的方言是观察历史词汇面貌宝贵的活语料。例如 SOFT 语义场中的“绵软”主要出现在书面语中，在口语中很少使用。从构词理据上分析，“绵软”是一个同义并列结构的双音词。“绵”在古代汉语中也有柔软之义，这种用法在现代汉语一些方言中还有保留。如官话方言中形容物体受潮变软时说“绵”。

在本书的研究中我们还发现，汉语普通话的语义场往往比其他语言更为复杂，单双音节词并存，语义场成员更多。造成普通话词汇系统复杂的主要原因在于，普通话本质上属于口语与书面语的混合系统，同时受到历史和方言两方面因素的影响。下面我们通过个案研究来讨论物理属性词的历时演变和共时表现，以SHARP“锋利”语义场为例①。

这里主要讨论普通话口语的情况，不涉及像“锋利”“锐利”等主要见于书面语的双音节词。汉语SHARP语义场的词化模式是“点”与“线”的对立，即用同一个词“尖”表示“点＋形状”（“鼻子”类）与“点＋功能”（“矛”类），用不同的词“快”表示“线＋功能”（“菜刀”类）。但我们发现SHARP语义场的结构组织在古代汉语中存在显著差别。主要表现为三个方面。

1. 基本框架词化策略的差异

魏晋南北朝以前，SHARP语义场的词化策略主要是“功能”与“形状”的对立，即用同一个词（“利”）表示“菜刀”类和“矛”类，用不同的词（“锐”）表示“鼻子”类。下面以先秦典籍为例。

（1）子墨子见齐大王曰：“今有刀于此，试之人头，倅然断之，可谓利乎？”大王曰：“利。”

（2）子墨子曰：“多试之人头，倅然断之，可谓利乎？”大王曰：“利。”子墨子曰：“刀则利矣，孰将受其不祥？”大王曰：“刀受其利，试者受其不祥。”（《墨子·鲁问》）

（3）人有鬻矛与楯者，誉其楯之坚，物莫能陷也，俄而又誉其矛曰：“吾矛之利，物无不陷也。”（《韩非子·难势》）

（4）螾无爪牙之利，筋骨之强，上食埃土，下饮黄泉，用心一也。（《荀子·劝学篇》）

例（1）、例（2）中“利”表示刀、斧等薄刃的锋利，用锋利的刀刃来切割，而例（3）、例（4）中“利”表示矛、爪子的尖利，用来刺物或挖掘。

---

① 以下关于SHARP语义场的历时与共时的内容由笔者与墙斯女士合作完成，详细论述另见合撰文章《词汇类型学视角下汉语SHARP语义场的历时与共时研究》（待刊）。

先秦典籍中，描述物体形状上的尖（“鼻子”类），是用“锐”来表示的，如：

(5) 且其状方上而锐下，宜触冒人，王其勿赐。(《国语·周语》)

(6) 若是者以为钟虡是故，击其所县而由其虡鸣。锐喙、决吻、数目、顧脰、小体，骞腹。(《周礼·冬官考工记》)

魏晋南北朝以前，SHARP 语义场主要是“功能”与“形状”对立的词化模式，这种词化模式在跨语言中也很常见，如德语、威尔士语、马来西亚语等。

魏晋以后，随着新成员“尖”“快”的加入，以及新成员在概念空间上覆盖范围的变化，导致汉语 SHARP 语义场的结构组织发生了类型上的转变。比如在唐代文献中，“快”既可表示“菜刀”类，也可表示“矛”类，而“尖”覆盖“矛”类和“鼻子”类。举例如下：

(7) 焉得并州快剪刀，翦取吴松半江水。(杜甫《戏题画山水图歌》)

(8) 快刀断其头，列若猪牛悬。(李商隐《行次西郊作一百韵》)

(9) 共许逢蒙快弓箭，再穿杨叶在明年。(张贲《奉和袭美醉中即席见赠次韵》)

(10) 安得弯弓似明月，快箭拂下西飞鹏。(陆龟蒙《早秋吴体寄袭美》)

其中例(7)、例(8)中的“快”表示刀刃的锋利，例(9)、例(10)中的“快”表示箭矢的尖利。

“尖”在唐代既表示物体形状上的尖，也表示矛类工具的尖利。例如：

(11) 上比香炉尖，下与镜面平。(刘师服、侯喜《轩辕弥明》)

(12) 御史陆长源性滑稽，在邺中忽裹蝉翼罗幞尖巾子。(《封氏闻见记》卷五)

(13) 紫毫笔，尖如锥兮利如刀。(白居易《紫毫笔》)

(14) 杉叶尖如镞，藤丝韧似鞘。(皮日休《新秋言怀寄鲁望三十韵》)

上例中例(11)、例(12)的“尖”仅表示物体形状的尖，例(13)、例

(14)中的“尖”不仅表示香炉、头巾等物体在形状的尖，还表示锥、镞等尖状武器的尖利。

值得注意的是，尽管“快”和“尖”都可覆盖“矛”类，表示尖状工具的尖利。但二者出现的句法位置并不相同。如在例 9、例 10 中，“快”是做定语，修饰“弓箭”“箭”，而在例 13、例 14 中，“尖”是做谓语。我们在唐代文献中，没有发现“尖箭”“尖弓箭”这类用法。

元明时期，“尖”的义域范围达到最大化，可覆盖 SHARP 语义场的三个基本框架，即“菜刀”类、“矛”类和“鼻子”类。举例如下：

(15) 八个螃蟹往南飞。则有一个飞不动，看了原来是尖脐。(《全元杂剧・郑光祖・虎牢关三战吕布》)

(16) 只是头有些尖，眼有些小，稀稀的几个牙齿，枪枪的几根胡须。[《三宝太监西洋记(第九十五回)・五鼠精光前迎接　五个字度化五精》]

(17) 却用尖刀剖开其腹，以药汤洗其脏腑。[《三国演义(第七十八回)・治风疾神医身死　传遗命奸雄数终》]

(18) 坑深达四丈，下面都是两头尖的铁钉、狼牙、虎爪，陷入即死。[《英烈传(第四十六回)・幸濠州共沐恩光》]

与此同时，“快”的义域缩小，仅表示“菜刀”类，如：

(19) 我将这快刀儿，把你来挑断那脊筋。(《全元杂剧・郑廷玉・包待制智勘后庭花》)

用一个词覆盖语义场所有基本框架的词化模式在跨语言中也能见到，如英语的 sharp 和俄语的 ostryi(详见 2.1.2.1、2.1.2.2 节)。而在普通话口语中，“尖”的义域又有所缩小，不再表示“菜刀”类，仅覆盖“矛”类和“鼻子”类，“菜刀”类框架由“快”来表示(详见 2.1.2.3 节)。这反映出普通话 SHARP 语义场的词化模式发生转变，即变为“点”与“线”的对立。这种词化模式与法语、科米语相同。

通过以上分析我们发现，在汉语史上 SHARP 语义场存在三种不同类型的词化模式，在跨语言中都能找到与之对应的语言。由此可见，词汇系统在跨语言中呈现出的差异与词汇系统在时间上的发展演变具有相互参照的可能。

2. 成员义域的变化

SHARP 语义场的历时演变不仅表现在基本框架的词化策略上，还表现在同一个词在概念空间上覆盖范围的变化。“尖”大约在魏晋以后进入 SHARP 语义场①，最初仅表示物体形状上的尖，即表示“鼻子”类框架。例如：

(20) 齑臼欲重，底欲平宽而圆。自注：底尖捣不着，则蒜有粗成。[《齐民要术(卷八)·八和齑》]

唐代以后，“尖”的覆盖范围扩大，不仅可表示“鼻子”类，还可表示“矛”类[如例(13)、例(14)]。到元明时期，“尖”的义域达到最大化，覆盖 SHARP 语义场中所有的基本框架，即“菜刀”类[如例(17)]、“矛”类[如例(18)]和“鼻子”[如例(15)、例(16)]类。普通话中，“尖”的义域又有所缩小，不再表示“菜刀”类，仅覆盖“矛”类和“鼻子”类。

“快”的覆盖范围也发生过变化。“快”大约在唐代进入 SHARP 语义场，最初覆盖“菜刀”类[如例(7)、例(8)]和“矛”类[如例(9)、例(10)]，而元明时期，“快”的覆盖范围缩小，仅表示“菜刀”类(例 19)。

我们发现，“快”在元明时期覆盖范围缩小，恰好在同一时期，“尖”的覆盖范围达到最大。由此或可推测，从唐宋至元明时期，“快”与“尖”在概念空间上覆盖范围的变化存在互为因果的关系。

3. 成员的历时替换

SHARP 语义场的历时演变还体现在成员的替换。意即针对具体的框架而言，表示该框架的词发生了替换。比如魏晋南北朝以前，SHARP 语义场中表示“鼻子”类框架的词是“锐”，而魏晋南北朝以

① “尖”大约是魏晋时期才出现的俗字，又写作“鑯”。《广雅·释诂》：“鑯，锐也。”王念孙疏证：“今俗作尖。”“鑯”与“纖”“籤”同源，本义与细小、尖锐有关。参看王力(1982：799)《同源字典》。

后，这一框架逐渐由“尖”来表示。唐代以前，“菜刀”类框架由“利”表示，而唐代以后，这一框架逐渐由“快”表示。

需要指出的是，新旧词的替换并不是一蹴而就的，替换的过程是逐渐完成的。新词出现时，往往与旧词并存。不过新旧词在搭配能力、基础义与引申义用法，以及语体方面都有不同的表现。完成替换后，旧词也不是在文献中完全消失，而是以其他形式保留下来。比如旧词降级为语素，构成双音词。“锐”“利”表示锋利义时在普通话中已经不能单用，而是作为语素构成双音词。其中，同义并列结构的双音词（如“尖锐”“锐利”“锋利”“快利”“尖利”等）仍然保留在SHARP语义场中。或组成偏正结构的名词（如“利器”“利刃”“锐角”“锐器”）；旧词单用时一般不能表示基础义，而表示引申义，如“利”主要表示利益、好处等。

以上是对SHARP语义场的历时演变的简要梳理。我们发现，词汇类型学的理论与方法不仅适用于汉语普通话的词汇研究，同样也可应用于汉语历史词汇的研究。并且，把汉语词汇的历时演变纳入类型学研究的视野下，我们所观察到的变化，不仅包括语义场中某个或某几个词的词义演变或成员的历时替换，还包括语义框架词汇策略的改变和成员在概念空间上覆盖范围的变化。而后者对概念域的结构起着决定性的影响。目前，国内已有学者开始利用词汇类型学的理论和方法来研究汉语词汇的历时演变，如墙斯(2017)，贾燕子、吴福祥(2017)。

通过查阅工具书及问卷调查①的方式，我们还收集到SHARP语义场在部分现代汉语方言中的词化特点。方言中SHARP语义场的表现十分丰富，好多特点都是普通话中所没有的。下面详细论述。

---

① 笔者共发放问卷30余份，被试者的年龄从20至50岁，学历从中专至博士，覆盖的方言有官话方言（西南官话、冀鲁官话、中原官话、江淮官话等）、赣语、老湘语、赣南客家话、闽南语（漳州话）。

① 方言中保留的旧词

“利”表示锋利义的用法广泛见于方言，不仅在很多南方方言中可见，官话方言区中也有不少方言保留了“利”的锋利义用法。

广州话中，“利”既可表示刀刃的锋利，可以表示尖形物体（如爪子）的锋利。例如（例子转引自李荣 2002：1803）：

（21）呢把刀好利。

（22）猫团其骹爪野利。

除粤语外，还有闽语（厦门话、漳州话、雷州话）、客家话（赣南片）、老湘语、官话区（中原官话、兰银官话）、南宁平话、桂柳话等方言中，单音节词“利”可表示锋利义。

还有的方言中用“锋”或“锋”组成的双音节词表示锋利义。吴语宁波话和丹阳话中用双音节词“锋快”表示锋利。如：

（23）刀磨勒锋快。

胶辽官话（牟平）的“锋”专表示刀刃的锋利，采用重叠结构表示。如：

（24）刀锋儿锋儿的。

② 词在概念空间上的覆盖范围不同

“尖”“快”不仅是普通话 SHARP 语义场的成员，在很多方言中也是该语义场的成员。不过有些方言中，“尖”“快”在概念空间上的覆盖范围与其在普通话中并不一致。普通话中，“尖”覆盖“矛”类和“鼻子”类，既表示尖形物体的锋利，也表示物体从粗到细的形状。而在老湘语、闽语、赣南客家话等方言中，“尖”仅覆盖“鼻子”类框架，仅表示物体从粗到细的形状。

“快”在普通话中仅覆盖“菜刀”类，表示有薄刃工具的锋利。而在有些方言中，“快”不仅表示刀、剪刀、斧子、镰刀等有薄刃工具的锋利，还可表示针、锥子、剑、爪子、指甲等尖形工具的锋利。根据笔者的调查，在江淮官话及有江淮官话特点的宿州方言中，“尖”可覆盖“菜刀”类和“矛”类。我们发现，“快”在江淮官话中的覆盖范围恰好与其在唐代文献中是一致的（参看上节）。

③ 南北方言词化模式的差异

SHARP 语义场的词化模式与方言的地域分布有一定关系，大致的规律是：北方官话多采用“点”与“线”对立的词化模式，如冀鲁官话、西南官话、中原官话等。南方方言多采用“功能”与“形状”对立的词化模式，如湘语、赣语、客家话、闽语、粤语。而南北交接的江淮官话既有“点”与“线”的对立，也有“功能”与“形状”，呈现出杂糅的特点。下面分别说明。

冀鲁官话、西南官话、中原官话等北方官话的 SHARP 语义场主要有“尖”和“快”两个词。“尖”覆盖“矛”类和“鼻子”类，“快”覆盖“菜刀”类。可见，北方官话 SHARP 语义场多采用“点”与“线”对立的词化模式，这种词化模式与普通话口语相同。例如：

老湘语、赣语、客家话、闽语、粤语等南方方言的 SHARP 语义场主要有“利”和“尖”两个词。“利”覆盖“菜刀”类和“矛”类，不仅可表示菜刀、剪刀等有薄刃工具的锋利，也可表示爪子、指甲、针、刺等尖形工具的锋利。“尖”覆盖“鼻子”类，仅表示物体从粗到细的形状。由此可见，南方方言多采用“功能”与“形状”对立的词化模式，这种词化模式不见于普通话口语，但在魏晋以前的古代汉语中很常见。

在江淮官话及具有江淮官话特点的宿州方言中，有“尖”和“快”两个词。“尖”覆盖“矛”类和“鼻子”类，而“快”覆盖“菜刀”类和“矛”类。可见“快”和“尖”均可表示针、刺、爪子、指甲、牙齿等尖形工具的锋利。江淮官话地处南北方言的交接地带，江淮官话的 SHARP 语义场的词化模式呈现出杂糅的特点，既有“点”与“线”的对立，也有“功能”与“形状”的对立。这种词化模式与唐代汉语的情况基本一致。

综上所述，SHARP 语义场在现代汉语方言中的多样性表现主要包括三方面内容。首先，SHARP 语义场的旧词在方言中保留下来。

如“利”在很多种方言中都可以单独表示锋利义；其次，词在概念空间上的覆盖范围不同。如“快”在江淮官话中也表示锋利义，但主体既可以是“菜刀”类，也可以是“矛”类。最后是词化模式的差异。有些方言是“点”与“线”的对立，与普通话相同，而有些方言是“功能”与“形状”的对立。这种词化模式在汉语史上很常见(参看上节)。还有的方言呈现出杂糅的特点，既有“点”与“线”的对立，也有“形状”与“功能”的对立。由此也看到方言作为语言的活化石，保留着古代汉语中“锋利”的诸多特点。

（二）单音节与双音节词之间的语义关系

关于现代汉语单双音节近义形容词的差异，以往多从语法的角度进行讨论。如张国宪(1996)指出单音节形容词易于与可计量名词搭配，双音节形容词易于与不可计量名词搭配。李泉(2001)通过对156对近义单双音节形容词的考察，指出单音节形容词在重叠能力、短语组合能力(带“了”“着”“过”、数量成分、宾语、补语)、充当句法成分的能力(做谓语、定语、状语、补语)等方面均强于双音节形容词，并认为单音节形容词组合能力强是由于表义相对模糊(语用上更为自由)、单音节黏附性较强，说明单音节形容词是形容词内部的典型成员。而吴颖(2009)主要考察了量度类近义单双音节形容词，除了考察句法方面的差异，还指出双音化现象是由于“明确表义”的需要产生的，即双音节形容词表义更为精确、细致。此外，吴颖(2009)还简要讨论了单双音节近义形容词之间的隐喻、转喻关系。

可以看到，目前关于单双音节近义形容词语义差异的讨论尚不充分，也不够全面。而在词汇类型学的研究框架下，我们可以借助基础义和引申义的区分观察更一般的规律。

通常我们认为单音节表示基础义，双音节表示引申义，如“尖—尖锐”“重—沉重”；但是存在许多反例，如“光—光滑”“粗—粗糙”“滑—滑溜”。

就我们的初步观察来说，单音词和双音词语义上的关系可以分为以下几种：

（1）双音词专门描述跟单音词所表达的概念相关的引申义（如：钝-迟钝；空-空虚）；

（2）双音词专门描述单音词所表达的基础义，不发展出引申义（硬-坚硬）；

（3）双音词在单音词的基础上进行语义的具体化（如：平-平坦、平整、平滑）；

（4）双音词表示的语义与单音词所表示的概念相关，其中两个语素表示相邻的语义场（软-柔软、松软）。

我们考察了《现代汉语逆序词典》中与“尖”“钝”“光”“滑”“平”“粗”“糙”“软”“硬”“轻”“重”“粗”“厚”“胖”“细”“薄”“瘦”“空”“满”相关的并列式的双音节形容词（共146个词）及其释义，得出的初步结论如下：

（1）单音节物理属性形容词都有引申义。有的单音节形容词更常用于基础义，如“肥”“胖”“瘦”“钝”；多数单音节形容词则是两可，如“粗”“细”“厚”“薄”“轻”“重”“尖”等。当然，也有一些没进入我们考察范围的单音节形容词更常用于引申义，如“虚”“弱”。

（2）相应的双音节形容词或者侧重基础义，或者侧重引申义，甚至有的只有基础义或引申义。由此可以推论双音节形容词通常选择分化单音节形容词的基础义或引申义，主要取决于添加的语义成分是具体的还是抽象的。

单双音节词的关系还需要在考察更多的语义场中进一步补充与完善。

（三）词典修订工作

在研究过程中，本书发现目前同义词和反义词词典中存在按音节数量来区分语义场的现象。

一方面，在描述物理属性时，同义词词典倾向于将单音节词与单音节词进行比较，双音节词与双音节词进行比较，这种情况非常普遍。如程荣(2010)将双音节的“浓厚-浓重”“浓厚-深厚”“浓烈-浓重”“浓烈-强烈”“浓密-稠密”“浓郁-浓烈”“浓郁-浓重”“浓郁-强烈”单独讨论,而单音节的“浓-稠”“浓-酽”也是单独讨论,二者之间没有进行语义差异分析。而“浓”与“浓密”、“稠”与“稠密”是可以出现在相同的语境下的,如果单从词典的释义上来看的话,是很难发现二者的区别的。

另一方面,单音节词经常被忽略。如,程荣(2010)在 SHARP 语义场中对一系列双音节同义词进行了分析,分别是“尖利-锋利”“尖利-尖锐”“尖利-锐利”“尖利-犀利”,却没有把单音节的“尖”纳入考察范围;在 SOFT 语义场中对“软和-绵软”“软和-柔软”“柔软-酥软”“柔软-绵软”五组做了分析,却没有涉及单音节的“软”等。

此外,即使是对比单音节“词”时,词典也往往忽略了考察这个单音节“词”究竟是否成词、是否常用。如反义词词典经常会分析“难”与“易”之间的区别,而在现代汉语中“易”并不成词,只有语素义。又如“丑”和“美”一对,口语中不常用“美”表达这个意思,一般会选择“漂亮”。

然而,单音节词具有单独使用的能力,它们与双音节词的区别不仅仅是音律或文体上的区别,在意义上也完全可以与相关的双音节词进行区分。比如,“软”与“柔软”语义上的不同体现在“柔软”不能用在“软水果”或“软石头”这样的搭配里,其原因可能在于成分“柔”带来了表示“具有一定的柔韧性”的语义。又如,在形容声音时,“尖”和“尖利”表达的意思也不同。“尖”既可以表示“声音高而细”(中性),又可以表示“声音高而刺耳(贬义)”,而“尖利”只能表示“声音高而刺耳(贬义)”。因此前者可以进入“女孩子声音一般比较尖”这样的句子里,而后者则不可。

详解词典中也经常遇到循环释义现象,如《现汉》中对 SMOOTH 语义场成员的释义为:

A. 滑:光滑,滑溜

B. 光溜：光滑，滑溜

C. 光滑：物体表面平滑，不粗糙

D. 滑溜：光滑（含喜爱义）

E. 平滑：平而光滑

A=B =>(C)=>(E)=>(C)

=>(D)=>(C)

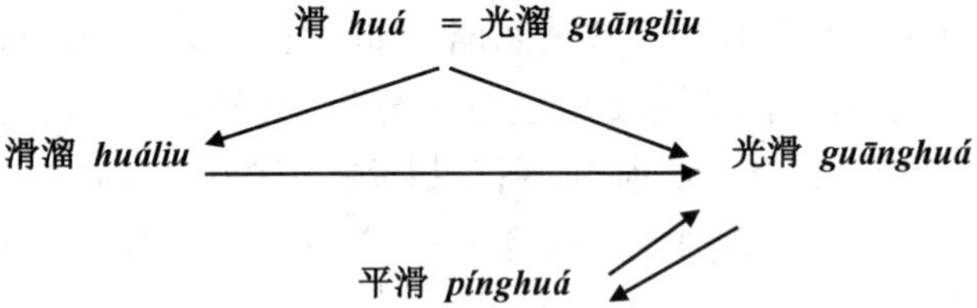

本书希望词汇类型学的数据能够对汉语同义词词典编写带来一些启发。如，词汇类型学的调查问卷可用于寻找最小对比对，解释不同词语之间的区别。从形容词与相关的词语的搭配来考察形容词的语义，可以获得更真实的形容词的意义，发现词典中遗漏的很多用法，并在同义词比较中更清楚地发现同义词的细微差异。

另外，词汇类型学的数据也可以为词典中义项分合提供重要的依据。虽然义项与框架两个概念之间不能画等号（义项的分合是词典学的研究对象，而框架是语义场中的典型情景），二者也没有一一对应的关系（即一个框架不等于一个义项）。但已发现的框架可以为义项的设立与分合提供重要的参考依据。如果针对某种情景，许多语言选择用单独的词来表示，只有少数语言不区分（即没有专门的词来表达），那么词典编纂修订者也可以以此为依据，考虑是否增加义项。这种方法对于双语词典，特别是没有亲属关系的两种语言的双语词典，参考价值更大。

参 考 文 献

北京大学中国语言文学系语言学教研室编.汉语方言词汇.北京：语文出版社，1995.
曹志耘主编.汉语方言地图集(词汇卷).北京：商务印书馆，2008.
陈平.古代汉语心理动词词义演变研究.福建师范大学博士学位论文，2012.
程荣.同义词大词典(辞海版).上海：上海辞书出版社，2010.
程湘清.汉语史专书复音词研究.北京：商务印书馆，2008.
董秀芳.汉语的词库与词法.北京：北京大学出版社，2004.
董秀芳.语义演变的规律性及语义演变中保留义素的选择.汉语史学报，2005(5).
董秀芳.汉语的句法演变与词汇化.中国语文，2009(5).
董秀芳.词汇化：汉语双音词的衍生和发展(修订本).北京：商务印书馆，2011.
冯胜利.汉语的韵律、词法与句法.北京：北京大学出版社，2009.
符淮青.词典释义的比较.辞书研究，1990(1).
符淮青."词义成分——模式"分析(表性状的词).汉语学习，1997(3).
符淮青.词义的分析和描写.北京：外语教学与研究出版社，2006.
符淮青.词义分析形式化的探讨.辞书研究，2013(1).
Gan Yee Chin.常用词"痛""疼"的历时演变和共时分布.上海：第六届

现代汉语虚词研究与对外汉语教学学术研讨会，2014 年 7 月.
龚群虎.女性直系亲属称谓的类型比较.外语学刊，1989(5).
郭锐.汉语形容词的划界.中国语言学报，2001(10).
郭锐.现代汉语词类研究.北京：商务印书馆，2002.
郭锐.从语义地图视角看汉语的双及物结构.汉语国际教育语境下的句式研究与教学专题研讨会.北京语言大学，2011 年 8 月 20—21 日.
郭锐.概念空间和语义地图：语言变异和演变的限制和路径.对外汉语研究.北京：商务印书馆，2012(7).
郭锐，李知恩.从语义地图模型看量词功能的扩张.第二届四川境内藏缅语国际研讨会论文.北京大学，2010.
郭锡良，唐作藩，何九盈，蒋绍愚.词义分析举例.语文研究，1981(1).
汉语大词典编辑委员会，汉语大词典编纂处.汉语大词典.上海：上海辞书出版社，1986—1994.
贺宁波.汉语“哭泣”类动词词汇系统历时演变研究.四川外国语大学硕士学位论文，2013.
黄斌.“饭”字词义及其演变考查.湖北大学学报，2005(6).
贾燕子，吴福祥.词汇类型学视角的汉语“吃”“喝”类动词研究.世界汉语教学，2017(3)：361 - 381.
蒋绍愚.词义的发展和变化.中国语文，1985(2).
蒋绍愚.关于汉语词汇系统及其发展变化的几点想法.中国语文，1989(1).
蒋绍愚.两次分类——再谈词汇系统及其变化.中国语文，1999(5).
蒋绍愚.打击义动词的词义分析.中国语文，2007(5).
柯航.现代汉语单双音节搭配研究.北京：商务印书馆，2012.
李菁民.现代汉语逆序词典(修订版).北京：华语教学出版社，2011.
李炯英.自然语义元语言理论的类型学研究取向.南京邮电大学学报，2012(4).

李炯英,李葆嘉.NSM 理论的研究目标、原则和方法.当代语言学,2007(1).
李泉.同义单双音节形容词对比研究.世界汉语教学,2001(4).
李荣主编.现代汉语方言大词典.南京：江苏教育出版社,2002.
李小凡,张敏,郭锐等.汉语多功能语法形式的语义地图研究.北京：商务印书馆,2015.
刘丹青.语序类型学与介词理论.北京：商务印书馆,2003.
刘丹青.语言类型学与汉语研究.世界汉语教学,2003(4).
刘叔新.现代汉语同义词词典.天津：天津人民出版社,1987.
刘新春.睡觉类动词的历时演变研究.河南大学硕士学位论文,2003.
刘岩.汉语更接近"卫星框架语言".中国社会科学报,2012(366).
罗荷香,孙崇飞.自然语义元语言理论的跨学科研究视角.广西社会科学,2011(10).
罗思明.英汉"缓步"类动词的语义成分及词化模式分析.外语研究,2007(1).
吕叔湘.单音形容词用法研究.中国语文,1966(2).
吕文平.汉语"买卖"类动词语义场的历时演变研究.内蒙古大学博士学位论文,2007.
蒲冬梅.自然语义元语言之思想探源及理论形成的机理研究.西北大学学报,2009(3).
墙斯.词汇类型学视角下汉语运动动词的历时演变研究——以三组运动动词为例.北京大学博士学位论文,2017.
墙斯.词汇类型学视角：汉语水中运动动词的历时演变.语言学论丛,2019(59).
邱冰.中古汉语词汇复音化的多视角研究.南京：南京大学出版社,2012.
裘锡圭.文字学概要.北京：商务印书馆,1988.
石毓智.汉语研究的类型学视野.南昌：江西教育出版社,2004.

史文磊.汉语运动事件词化类型的历时转移.中国语文,2011(6).
佟慧君,梅立崇.汉语同义词词典.北京：商务印书馆,2002.
汪维辉.东汉-隋常用词演变研究.南京：南京大学出版社,2000.
王洪军.基于单字的现代汉语语法研究.北京：商务印书馆,2011.
王力.同源字典.北京：中华书局,2014.
王洋.汉语"烹饪"语义场历时演变研究.西北大学硕士学位论文,2008.
吴福祥.多功能语素与语义图模型.语言研究,2011(1).
吴福祥.试探语义演变的规律.古汉语研究,2017(1).
吴颖.同素近义单双音节形容词的差异及认知模式.语言教学与研究,2009(4).
伍铁平.词义的感染.语文研究,1984(3).
伍铁平.论语言的类型对比.外语学刊,1984(4).
伍铁平.男性直系亲属名称的类型比较.//北京市语言学会编.语言论文集.北京：商务印书馆,1985.
徐通锵.语言论——语义型语言的结构原理和研究方法.长春：东北师范大学出版社,1997.
叶文曦.汉语语义范畴的层级结构和构词的语义问题.//北京大学汉语语言学研究中心(语言学论丛编委会)编.语言学论丛第二十九辑.北京：商务印书馆,2004.
叶文曦.语义范畴组配的基本层次和汉语单字的语义功能.//北京大学中文系编.北大中文学刊.北京：北京大学出版社,2009.
詹锳.文心雕龙义证.上海：上海古籍出版社,1989.
张莉.词义类型学研究.语言研究,2013(7).
张敏.认知语言学与汉语名词短语.北京：中国科学出版社,1998.
张敏."语义地图模型"：原理、操作及在汉语多功能语法形式研究中的运用.//北京大学汉语语言学研究中心(语言学论丛编委会)编.语言学论丛.北京：商务印书馆,2010(42).
张伯江.性质形容词的范围和层次.//中国语文杂志社编.语法研究和

探索.北京：商务印书馆，1997(8).
张定."追逐"动词语义图.当代语言学，2016(1).
张国宪.单双音节形容词的选择性差异.汉语学习，1996(3).
张国宪.现代汉语形容词的典型特征.中国语文，2000(5).
张国宪.性质形容词重论.世界汉语教学，2006(1).
张家骅.莫斯科语义学派.外语研究，2001(4).
张家骅.Ю.АПРЕСЯН/A.WIERZBICKA 的语义元语言(一).中国俄语教学，2002(4).
张家骅.Ю.АПРЕСЯН/A.WIERZBICKA 的语义元语言(二).中国俄语教学，2003(1).
张家骅.俄罗斯语义学.北京：中国社会科学出版社，2011.
张家骅，彭玉海，孙淑芳等.俄罗斯当代语义学.北京：商务印书馆，2003.
张志毅，张庆云.新华同义词词典(中型本).北京：商务印书馆，2005.
赵果.基于空间认知的构词法研究.北京：科学出版社，2017.
中国社会科学院语言研究所词典编辑室编，现代汉语词典(第 7 版).北京：商务印书馆，2016.
周韧.现代汉语韵律与语法的互动关系研究.北京：商务印书馆，2011.
朱德熙.现代汉语形容词研究.语言研究，1956(1).
朱景松.现代汉语同义词词典.北京：语文出版社，2009.
朱彦.汉语复合词语义构词法研究.北京：北京大学出版社，2004.
Aikhenvald A Y. *Classifiers: A Typology of Noun Categorization Devices*. Oxford: Oxford University Press, 2000.
Aikhenvald A Y. *Evidentiality*. Oxford: Oxford University Press, 2004.
Anderson L B. The 'Perfect' as Universal and as a Language-particular Category.//Hopper P. (ed.) *Tense-aspect: Between Semantics and Pragmatics*. Amsterdam: John Benjamins

Publishing Company, 1982: 227 - 264.

Anderson L B. Evidentials, Paths of Change, and Mental Maps: Typologically Regular Asymmetries. // Chafe W, Nichols J. (eds.) *Evidentiality: The Linguistic Encoding of Epistemology*. Norwood: Ablex, 1986(273 - 312).

Apresjan J. *Systematic Lexicography*. Oxford: Oxford University Press, 2000.

Apresjan J. (Апресян Ю Д.) (ред.) *Новый объяснительный словарь синонимов русского языка*/Москва; Вена: Языки славянской культуры: Венский славистический альманах, 2004.

Apresjan J. 莫斯科语义学派.杜桂枝译.中国俄语教学,2006(2 - 4).原文载 Апресян Ю. Д. О Московской семантической школе. *Вопросы языкознания*, 2005(1).

Auwera J V D, Plungian V A. Modality's Semantic Map. *Linguistic Typology*, 1998(2): 79 - 124.

Baroni M, Bernardi R, Zamparelli R. Frege in Space: A Program for Compositional Distributional Semantics. *Linguistic Issues in Language Technologies*. CSLI, 2013(9): 5 - 110.

Berlin B, Kay P. *Basic Color Terms: Their Universality and Evolution*. California: Berkeley, 1969.

Blank A, Koch P. La Conceptualisation Du Corps Humain et La Lexicologie Diachronique Romane. //Engelhardt D, Montibus H, Jeanne M. (eds.) *La Lexicalisation Des Structures Conceptuelles*. Reims: Press Universitaires de Reims, 2000: 43 - 62.

Bons I. *Polysemie und Distribution Zur Theorie und Methode einer korpusbasierten Semantik deutscher Adjektive*. Gießen: Gießener Elektronische Bibliothek, 2009.

Bowerman M. Topological Relations Pictures. Field Manual, 1. *Language and Cognition*, 1992.

Bowerman M. Learning How to Structure Space for Language: A Crosslinguistic Perspective. //Bloom P, Peterson M A, Nadel L, Garrett M F. (eds.) *Language and Space*. Cambridge: MA: MIT Press, 1996: 385 - 436.

Bowerman M, Pederson E. Topological Relations Picture Series. // Levinson S C. (ed.) *Space Stimuli Kit* 1.2. Nijmegen: Max Planck Institute for Psycholinguistics, 1992: 51.

Bowerman M, Staden V M, Booster J S. The Semantic Categories of "Cutting and Breaking" Events Across Languages. *Cognitive Linguistics*, 2007 (18 - 2): 133 - 152.

Britsyn. *et al*. *Концепт* **БОЛЬ** *в типологическом освещении*. Киев: Видавничий Дім Дмитра Бураго, 2009.

Brown C. General Principles of Human Anatomical Partonomy and Speculations on the Growth of Partonomic Nomenclature. *American Ethnologist*, 1976(3): 400 - 424.

Burenhult N, Levinson S C. Language and Landscape: A Cross-Linguistic Perspective. *Language Sciences*, 2008 (30 - 2/3): 135 - 150.

Bybee J L. *Morphology: A Study of the Relation between Meaning and Form*. Amsterdam: Benjamins, 1985.

Bybee J L, Dahl Ö. The Creation of Tense and Aspect Systems in the Languages of the World. *Studies in Language*, 1989(13): 51 - 103.

Bybee J L, Perkins R, Pagliuca W. *The Evolution of Grammar: Tense, Aspect and Modality in the Languages of the World*. Chicago: The University of Chicago Press, 1994.

Charles F. How to Know Wheather You're Coming or Going. // Rauh G. (ed.) *Essays on Deixis*. Tübingen: Narr, 1983.

Comrie B. *An Introduction to the Study of Verbal Aspect and Related Problems*. Cambridge: Cambridge University Press, 1976.

Comrie B. *Tense*. Cambridge: Cambridge University Press, 1985.

Croft W. The Role of Domains in the Interpretation of Metaphors and Metonymies. // Dirven R, Pörings R, Berlin P. (eds.) *Metaphor and Metonymy in Comparison and Contrast*, 2002: 161-205.

Dahl Ö. *Tense and Aspect Systems*. London: Blackwell, 1985.

Demonte V. Adjectives. // Heusinger K V, Maienborn C, Portner P. (eds.) *An Intrenational Handbook of Natural Language Meaning*. Berlin: de Gruyter, 2011: 1314-1340.

Enfield N J, Majid A, Staden M V. Cross-Linguistic Categorization of the Body: Introduction. *Special issue of Language Sciences*, 2006.

François A. Semantic Maps and the Typology of Colexification: Intertwining Polysemous Networks Across Languages. // Vanhove M. (ed.) *From Polysemy to Semantic Change: Towards a Typology of Lexical Semantic Studies in Language Companion*. Amsterdam/New York: John Benjamins Publishing Company, 2008(106): 163-215.

Goddard C, Wierzbicka A. (eds.) *Meaning and Universal Grammar: Theory and Empirical Findings*. Amsterdam/Philadelphia: John Benjamins Publishing Company, 2002.

Goddard C, Wierzbicka A. NSM Analyses of the Semantics of Physical Qualities: Sweet, Hot, Hard, Heavy, Rough, Sharp in Crosslinguistic Perspective. *Studies in Language*, 2007(31-4): 765-800.

Goddard C, Wierzbicka A. *Words and Meanings: Lexical Semantics Across Domains, Languages and Cultures*. Oxford: Oxford University Press, 2014.

Greenberg J H. The Nature and Uses of Linguistic Typologies. *International Journal of American Linguistics*, 1957(23): 68-77.

Greenberg J H. Some Universals of Grammar with Particular Reference to the Order of Meaningful Elements. // Greenberg J H. (ed.) *Universals of Language*. Cambridge (MA): MIT Press, 1963.

Greville C. *Gender*. Cambridge: Cambridge University Press, 1991.

Greville C. Number. *Cambridge Textbooks in Linguistics*. Cambridge: Cambridge University Press, 2000.

Haspelmath M. *Indefinite Pronouns*, Oxford: Oxford University Press, 1997.

Haspelmath M. The Geometry of Grammatical Meaning: Semantic Maps and Cross-Linguistic Comparison. // Tomasello M. (ed.) *The New Psychology of Language*. Mahwah, NJ: Lawrence Erlbaum Associates, 2003(2): 211-242.

Haspelmath M, Tadmor U. (eds.) *Loanwords in the World's Languages: A Comparative Handbook*. Berlin: de Gruyter Mouton, 2009.

Heine B, Kuteva T. *World Lexicon of Grammaticalization*. Cambridge: Cambridge University Press, 2002.

Johnson M. *The Body in the Mind*. Chicago: University of Chicago, 1987.

Kashkin E V. (Кашкин Е В.) Семантические особенности глаголов разделения объекта на части в уральских языках в типологической перспективе. // *Теоретическая и прикладная лингвистика: пути развития. К 100-летию со дня рождения В. А. Звегинцева. Материалы конференции*. Москва: Изд-во Моск. ун-та, 2010: 114 - 115.

Kashkin E V.(Кашкин Е В.) Adjectives Denoting Surface Texture in the Uralic Languages: A Typological Study. // *Graduate Conference on Areal Linguistics, Grammar and Contacts*. Tartu: University of Tartu, 2012: 34.

Kashkin E V. (Кашкин Е В.) *Языковая категоризация фактуры поверхностей (типологическое исследование наименований качественных признаков в уральских языках)* Дисс... к.ф.н. — М.: МГУ, 2013. 329с.

Kashkin E V. The Domain of Surface Texture. // Rakhilina E, Reznikova T. (eds.) *The Typology of Physical Qualities*. Amsterdam/Philadelphia: John Benjamins Publishing Company, to appear.

Kholkina L S. The Semantic Fields Full and Empty in the Chinese Language: Systemic Description as the Basis for the New Generation Dictionary. *Automatic Documentation and Mathematical Linguistics*, 2014(48 - 3): 167 - 177.

Kholkina L S. Lexicography, Modern. // Dockum K. (ed.) *Encyclopedia of Chinese Language and Linguistics*. Leiden: Brill, 2017.

Kholkina L S. Métaphorisation des Verbes Traduisant Les Cris D'animaux en Chinois Moderne. // Rakhilina E V, Merle J-M, Kor Chahine I. (dir.) *Verba sonandi. Représentation linguistique des cris d'animaux*. Presses Universitaires de Provence Aix-Marseille Université, 2017：249 - 258.

Kholkina L S. Lexical Typology of Chinese Qualitative Features. // Rakhilina E, Reznikova T. (eds.) *The Typology of Physical Qualities*. Amsterdam：John Benjamins Publishing Company, to appear.

Kopecka A, Narasimhan B. (eds). *Events of Putting and Taking: A Crosslinguistic Perspective*. Amsterdam / Philadelphia：John Benjamins Publishing Company, 2012.

Kiseleva L A, Plungian V A, Rakhilina E V. *et al*. (Киселева Л А, Плунгян В А, Рахилина Е В.) (ред.) *Корпусные исследования по русской грамматике*. М.：Пробел, 2009.

Koptjevskaja-Tamm M. Approaching lexical typology. // Vanhove M. (ed.) *From Polysemy to Semantic Change*. Amsterdam：John Benjamins Publishing Company, 2008：3 - 52.

Koptjevskaja-Tamm M. New Directions in Lexical Typology. *Linguistics*, 2012(50 - 3)：373 - 394.

Koptjevskaja-Tamm M. (ed.) *The Linguistics of Temperature*. Amsterdam / Philadelphia：John Benjamins Publishing Company, 2015.

Koptjevskaja-Tamm M, Divjak D, Rakhilina E. Aquamotion Verbs in Slavic and Germanic：A Case Study in Lexical Typology. // Hasko B V, Perelmutter R. (eds), *New Approaches to Slavic Verbs of Motion*. Amsterdam/Philadelphia：John Benjamins Publishing, 2010：315 - 341.

Koptjevskaja-Tamm M, Rakhilina E V. (Копчевская-Тамм М, Рахилина Е В.) С самыми теплыми чувствами (по горячим следам Стокгольмской экспедиции) / *Типология и теория языка: от описания к объяснению: сб. к 60-летию* А. Е. *Кибрика*.М.: ЯРК, 1999: 462 - 487.

Koptjevskaja-Tamm M, Rakhilina E V. "Some Like it Hot": on Semantics of Temperature Adjectives in Russian and Swedish. *STUF* (*Sprachtypologie und Universalienforschung*). 2006 (59 - 3): 253 - 269.

Kozlov A A. *et al*. (Козлов А А, Кухто А Г, Привизенцева М Ю.) О реальности семантического поля: лексико-типологический подход. *Acta Linguistica Petropolitana*. Санкт-Петербург, 2015 (т. XI, ч. 2).

Kozlov A A, Privizentseva M J V. (Козлов А А, Привизенцева М Ю.) К лексической типологии прилагательных размера: данные тегинского говора хантыйского языка. *Acta Linguistica Petropolitana*. Санкт-Петербург, 2014 (т. X).

Kroeber A. Classificatory Systems of Relationship. // Kroeber A L. (ed.) *The Nature of Culture*. Chicago: University of Chicago Press, 1952.

Kruglyakova V A. (Круглякова В А.) *Семантика глаголов вращения в типологической перспективе*. Дисс... канд. филол. наук. М.: РГГУ, 2010.

Kustova G I. (Кустова Г И.) *Типы производных значений и механизмы языкового расширения*. М.: Языки славянской культуры, 2004.

Kuzmina K V. (Кузьмина К В.) *Качественные признаки старый и новый в китайском языке с точки зрения лексической типологии*. Дипломная работа. М.: РГГУ, 2012.

Kyuseva M V. (Кюсева М В.) *Лексическая типология семантических сдвигов названий качественных признаков 'острый' и 'тупой'*.

Дипломная работа, МГУ, 2012.

Kyuseva M B. *et al*. (Кюсева М В, Резникова Т И, Рыжова Д А.) *Типологическая база данных адъективной лексики Компьютерная лингвистика и интеллектуальные технологии: По материалам ежегодной Международной конференции «Диалог»*. М.: РГГУ. 2013.

Kyuseva M, Parina E, Ryzhova D. Methodology at Work: Semantic Fields *Sharp* and *Blunt*. // Rakhilina E, Reznikova T. (eds.) *The Typology of Physical Qualities*. Amsterdam: John Benjamins Publishing Company, to appear.

Kyuseva M B, Ryzhova D A. (Кюсева, М В, Рыжова Д А.) Признаковая лексика: прилагательные 'острый' и 'тупой' в типологической перспективе. // *Материалы седьмой конференции по типологии и грамматике для молодых исследователей*. Спб: «Наука», 2010.

Kyuseva M B, Ryzhova D A, Kholkina L S. (Кюсева М.В, Рыжова Д.А., Холкина Л. С.) Прилагательные « легкий » и « тяжелый » в типологической перспективе. // *Компьютерная лингвистика и интеллектуальные технологии: по материалам международной конференции "Диалог"*. М.: Изд-во РГГУ, 2012: 247 – 255.

Lakoff G. *Women, Fire, and Dangerous Things. What Categories Reveal about the Mind*. Chicago: The University of Chicago Press, 1987.

Lakoff G, Johnson M. *Metaphors We Live By*. Chicago: The University of Chicago Press, 1980.

Lehrer A. *Semantic Fields and Lexical Structure*. Amsterdam: North Holland, 1974.

Lehrer A. A Theory of Vocabulary Structure: Retrospectives and Prospectives. // Pütz M. (ed.) *Thirty Years of Linguistic*

Evolution. Studiesin Honour of René Dirvén on the Occasion of His Sixtieth Birthday. Amsterdam: Benjamins, 1992: 243 - 256.

Levinson S C. *Space in Language and Cognition. Explorations in Cognitive Diversity*. Cambridge: Cambridge University Press, 2003.

Levinson S C, Wilkins D P. (eds.) *Grammars of Space: Explorations in Cognitive Diversity*. Cambridge: Cambridge University Press, 2006.

List J M, Mayer T, Terhalle A T, *et al*. *Marburg: Research Center Deutscher Sprachatlas*, CLICS: database of crosslinguistic colexifications (Version 1. 0 http://clics. lingpy. org/main. php), 2014.

Maisak (Майсак T A) *Типология грамматикализации конструкций с глаголами движения и глаголами позиции*. M., 2005.

Maisak T A, Rakhilina E B. (Майсак T A, Рахилина E B.) *Aquamotion. Глаголы движения в воде: лексическая типология* M.: Индрик. (http://aquamotion. narod.ru), 2007.

Majid A, Boster J, Bowerman M. The Cross-Linguistic Categorization of Everyday Events: A Study of "Cutting and Breaking". *Cognition*, 2008(109 - 2).

Majid A, Bowerman M. (eds.) Cutting and Breaking Events: A Crosslinguistic Perspective. *Special Issue. Cognitive Linguistics*, 2007(18 - 2).

Majid A, Enfield N J, Staden V M. (eds.) Parts of the Body: Cross-Linguistic Categorization. *Special Issue — Language Sciences*, 2006, 28(2 - 3).

Majid A, Gullberg M, Staden M V. *et al*. How Similar are Semantic

Categories in Closely Related Languages? A Comparison of Cutting and Breaking in Four Germanic Languages. *Cognitive Linguistics*, 2007(18－2): 179－194.

Majid A, Jordan F, Dunn M. Semantic Systems in Closely Related Languages. *Language Sciences*, 2015(49): 1－18.

Majid A, Levinson S C. (eds.) The Senses in Language and Culture. *Special Issue. The Senses & Society*, 2011(6－1).

Mayer T, List J, Terhalle A. *et al*. *An Interactive Visualization of Crosslinguistic Colexification Patterns*. (https://github.com/clics/clics/raw/master/papers/lrec2014/clicsvis.pdf), 2014.

Mel'čuk I A, Arbatchewsky-Jumarie N, Iordanskaja L. *et al*. *Dictionnaire explicatif et combinatoire du français contemporain. Recherches lexico-sémantiques IV*. Montréal: Les Presses de l'Université de Montréal, 1999.

Mel'chuk I A, Zholkovskii A K. (Мельчук И А, Жолковский А К.) *ТКС. Толково-комбинаторный словарь современного русского языка*. Wien: Wiener Slawistischer Almanach, 1984.

Nanii L O. (Наний Л О.) Направления развития переносных значений лексем с исходным значением 'прямой' (в русском, английском и китайском языках). *Научно-техническая информация*, 2014a(2)

Nanii L O. (Наний Л О.) Прилагательные со значением 'толстый/тонкий': русский vs. китайский ". *Вестник Московского университета*, 2014b(13).

Nanii L O. (Наний Л О.) *Прилагательные простейших форм и размеров китайского и русского языков в типологическом аспекте*. Дисс... к.ф.н. — М.: ВШЭ, 2016: 339 с.

Newman J. (ed.) *The Linguistics of Giving*. Amsterdam/New

York：John Benjamins Publishing Company，1998.

Newman J.（ed.）*The Linguistics of Sitting, Standing and Lying*. Amsterdam：John Benjamins Publishing Company，2002.

Newman J.（ed.）The Linguistics of Eating and Drinking. *Studies in Typological Linguistics*，2009(84).

Panova O S.（Панова О С.）Концептуализация боли в китайском языке. / Брицын В М，Рахилина Е В；Резникова Т И и др.（ред.）*Концепт БОЛЬ в типологическом освещении*. Киев：Видавничий Дім Дмитра Бураго，2009：350－364.

Pavlova E K.（Павлова Е К.）*Качественные признаки ‘мягкий’ и ‘твердый’ в типологической перспективе*. Курсовая работа. М.：МГУ，2012.

Pavlova E K. Words of Hardness and Softness：Towards Lexical Typology. // *Association for Linguistic Typology*. The 10th Biennal Conference. Abstracts.（Online publication：http://www.eva.mpg.de/lingua/conference/2013_ALT10/pdf/abstracts/Abstracts_ALT10_complete.pdf），2013.

Pavlova E K.（Павлова Е К.）*Лексико-типологическое описание признаков ‘мягкий’ — ‘твердый’ в языках разных семей*. Дипломная работа. М.：МГУ，2014.

Peirsman Y，Geeraerts D. Metonymy as a Prototypical Category. *Cognitive Linguistics*，2006(17－3).

Radden G，Kövecses Z. Towards a Theory of Metonymy. // Panther K U，Radden G.（eds.）*Metonymy in Language and Thought*. Amsterdam：John Benjamins Publishing Company，1999.

Rakhilina E V.（Рахилина Е В.）*Когнитивный анализ предметных имен: семантика и сочетаемость* — М.，2000（2-е изд. — 2008）.

Rakhilina E V. (Рахилина Е В.) *Лингвистика конструкций*. М.: Азбуковник, 2010a.

Rakhilina E V. Verbs of Rotation in Russian and Polish. // Hasko V, Perelmutter R. (eds.) *New Approaches to Slavic Verbs of Motion*. Amsterdam: John Benjamins Publishing Company, 2010b: 291 - 314.

Rakhilina E V, Karpova O S, Reznikova T I. (Рахилина Е В, Карпова О С, Резникова Т И.) Модели семантической деривации многозначных качественных прилагательных: метафора, метонимия и их взаимодействие. *Компьютерная лингвистика и информационные технологии*. Москва: РГГУ, 2009.

Rakhilina E V, Paramei G V. Colour Terms: Evolution Via Expansion of Taxonomic Constraints, / Biggam C P, Hough C A, Kay C J. *et al* (eds.) *New Directions in Colour Studies*. Amsterdam: John Benjamins Publishing Company, 2011: 121 - 132.

Rakhilina E V, Plungian V A. (Рахилина Е В, Плунгян В А.) О лексико-семантической типологии / Майсак Т А, Рахилина Е В (ред.) *Глаголы движения в воде: лексическая типология*. М. Индрик, 2007.

Rakhilina E V, Plungian V A. Time and Space. // Bratishen K E. (ed.) *Russian Linguistics*, Berlin: Springer Netherlands, 2012.

Rakhilina E V, Prokof'eva I A. (Рахилина Е В, Прокофьева И А.) Родственные языки как объект лексической типологии: русские и польские глаголы вращения. *Вопросы языкознания*, 2004(1).

Rakhilina E V, Reznikova T I. (Рахилина Е В, Резникова Т И.) *Фреймовый подход к лексической типологии*. //Вопросы языкознания, 2013(2).

Rakhilina E V, Reznikova T I. A Frame-Based Methodology for Lexical Typology. // Juvonen P, Koptjevkaja-Tamm M. (eds) *The Lexical Typology of Semantic Shifts*. Berlin: de Gruyter Mouton, 2016(4): 95 - 129.

Reznikova T I. 'Wet' and 'Dry': a Cross-Linguistic Study. // *Association for Linguistic Typology*. The 10th Biennal Conference. Abstracts. Online publication: (https://www.eva.mpg.de/lingua/conference/2013_ALT10/pdf/abstracts/abstract_171_WetAndDry.pdf), 2013.

Reznikova T I, Kruglyakova V A, Panina. *A Matter of Degree*? The Domain of Wetness in a Typological Perspective. // Rakhilina E, Reznikova T. (eds.) *The Typology of Physical Qualities*. John Benjamins Publishing Company, to appear.

Reznikova T I, Rakhilina E V, Osmolovskaya B A. Towards a Typology of Pain Predicates. *Linguistics*, 2012 (50 - 3): 421 - 465.

Ryzhova D A. *et al*. Polysemy Patterns in Russian Adjectives and Adverbs: a Corpus-Oriented Database. // Chahine I K. (ed.) *Current Studies in Slavic Languages*. Amsterdam : John Benjamins Publishing Company, 2013: 313 - 322.

Ryzhova D A, Rakhilina E V, Kholkina L S. Approaching Perceptual Qualities: The Case of HEAVY. // Speed L J, O'Meara C, Roque L S, Majid A. (eds.) *Perception Metaphors. Philadelphia*. Amsterdam: John Benjamins Publishing Company, to appear.

Slobin D I. The Many Ways to Search for a Frog: Linguistic Typology and the Expression of Motion Events. // Stroemquist S, Verhoeven L. (eds.) *Relating Events in Narrative*:

Typological and Contextual Perspectives. Mahwah NJ: Lawrence Erlbaum Associates, 2004.

Spesivtseva A A. (Спесивцева А А.) *Семантика прилагательных, описывающих качества поверхности, и прилагательных со значением «пустой» и «полный» (на материале испанского языка)*. Дипломная работа — М., РГГУ, 2012.

Spiridonova N F. (Спиридонова Н Ф.) Плоский, прямой и ровный, или как трудно описать форму предмета. // Апресян Ю Д. (ред.) *Сокровенные смыслы: Слово. Текст. Культура. Сборник статей в честь Н. Д. Арутюновой* — М, 2004.

Tagabileva M G, Kholkina L S, Kiryanov. Semantic Domains 'Full' and 'Empty': A Cross-Linguistic Study. // *Association for Linguistic Typology*. The 10th Biennal Conference Abstracts. (Online publication: http://www.eva.mpg.de/lingua/conference/2013_ALT10/pdf/abstracts/Abstracts_ALT10_complete.pdf), 2013.

Tagabileva M G. (Тагабилева М Г.) *Качественные признаки 'пустой', 'полный': к построению семантической типологии*. Курсовая работа. М.: МГУ, 2011.

Talmy L. Semantics and Syntax of Motion. // Kimball J. (ed.) *Syntax and Semantics*. New York: Academic Press, 1975(4).

Talmy L. Lexicalization Patterns: Semantic Structure in Lexical Forms. // Shopen T. (ed.) *Language Typology and Syntactic Description*. Cambridge: Cambridge University Press, 1985: 57 - 149.

Talmy L. Path to Realization: A Typology of Event Conflation. // Talmy L. (ed.) *Proceedings of the Seventeenth Annual Meeting of the Berkeley Linguistic Society*, 1991 (17):

480 - 520.

Talmy L. How Language Structures Space. // Talmy L. (ed.) *Toward a Cognitive Semantics*. Cambridge: Cambridge University Press, 2000(1).

Tatevosov S G. (Татевосов С Г.) *Семантика составляющих именной группы: кванторные слова*. М.: ИМЛИ РАН, 2002.

Viberg Å. Verbs of Perception: A Typological Study. *Linguistics*, 1983(21): 123 - 162.

Vinogradova. (Виноградова.) К лексической типологии признаковых слов, описывающих фактуру поверхностей: данные английского языка. *Проблемы лексико-семантической типологии Вып*. Воронеж: Воронежский государственный университет, 2013(2).

Wierzbicka A. *Semantic Primitives*. Frankfurt: Athenaum, 1972.

Wierzbicka A. *Lingua Mentalis*. Sydney: Academic Press, 1980.

Wierzbicka A. *Lexicography and Conceptual Analysis*. Ann Arbor: Karoma, 1985.

William C. *Typology and Universals. 1st—2nd edition*. Cambridge: Cambridge University Press, 1990/2003.

William C. *Radical Construction Grammar*. Oxford: Oxford University Press, 2001.

Wittgenstein L. *Philosophical Investigations*. Oxford: Blackwell, 1953.

Zalizniak A A. A Catalogue of Semantic Shifts: Towards a Typology of Semantic Derivation. // Vanhove M. (ed.) *From Polysemy to Semantic Change*. Amsterdam: John Benjamin Publishing Company, 2008: 217 -233.

Zalizniak A A, Bulakh M, Ganenkov D. *et al*. The Catalogue of Semantic Shifts as a Database for Lexical Semantic Typology. *Linguistics*, 2012(50 - 3): 633 - 669.

后　记

本书是在我博士论文的基础上修改而成的。在博士学习、论文撰写，及书稿的修订过程中，许多人都曾给予我关心与帮助，我想在此表达诚挚的谢意！

感谢我的博士导师郭锐教授。在我读博期间，他一直对我严格要求，在他的指引与帮助下，我在学习、研究各方面都取得了很大的进步，郭教授见证了我的成长。

感谢我的俄罗斯导师 Ekaterina Rakhilina 教授，是她将我引上了词汇类型学研究之路，并支持我来中国学习。我在中国学习期间，Ekaterina 老师随时随地接通我的视频电话，为我答疑解惑。

感谢我的汉语启蒙老师 Taras Ivchenko（易福成）。易福成老师汉语造诣很高，从他身上我第一次看到了可以学好汉语的希望，激发了我对汉语学习和研究的兴趣。

感谢在北大读书时，曾帮助过我的胡敕瑞、董秀芳、邵永海等老师，感谢他们在百忙中阅读我的论文初稿、与我讨论，提出宝贵的意见和建议。

我还要感谢我的同学墙斯，她不厌其烦地通读了拙作的全部章节，在论文和书稿的修改过程中给予我莫大的帮助。墙斯还结合自己词汇史专业的学术背景，提出了不少有富有启发性的意见。我们博士毕业以后仍然保持着密切的学术联系，多次合写文章、合作做报告，成为学术上的“战友”，感谢她的帮助。

非常感谢小组成员 Tatiana Reznikova、Daria Ryzhova、Maria Kyuseva、Egor Kashkin、Elizaveta Pavlova 等，他们与我分享田野调查中收集到宝贵的资料，帮助我在跨语言基础上发掘汉语的共性与个性。

此外，感谢我的同学黄攀伟帮助我梳理文章结构、组织词句，提高我的汉语书面表达的能力。感谢我的同学金晓丹和刘雪莹，对我所做的汉语近义词的分析提供许多有价值的参考意见。

最后，衷心感谢我博士论文的审稿专家、答辩委员会老师，以及《清华语言学博士丛书》的审稿专家，感谢各位老师审阅我的论文、书稿，并提出许多有价值的修改意见。

李　亮

2019 年 10 月 16 日

专家评审意见(一)

本书稿从词汇类型学和语义图模型等角度研究汉语若干物理属性形容词的语义组织模式,选题富有前沿性和创新性。

书稿在莫斯科词汇类型学研究小组已有研究成果的基础上,分别考察了 SHARP 与 BLUNT 等四组概念构成的语义场在汉语中的语义行为和词汇编码,比较深入地分析了这些概念在汉语中的语义组织模式和词汇化策略,并通过与英语、俄语的比较揭示出汉语在这方面体现的语言共性和自身特色。不少观察富有新意,研究成果可为汉语的语义研究、词汇研究和词典编纂提供参照。

书稿的绪论部分对词汇类型学的介绍,特别是对莫斯科词汇类型学研究小组研究成果的综述,为汉语的词汇和语义研究提供了有价值的参考和启示。

书稿在构建汉语(包括英语、俄语等)物理属性形容词的语义图时,基本上仅限于这些词汇的基础义,似未涉及引申义。假如将引申义一并在图上加以表征,则书稿的学术价值无疑更大。

书稿在讨论汉语物理属性形容词语义组织时,始终将英语、俄语和汉语进行对比分析,这非常有利于让读者观察到三种语言之间在语义组织上的异同,可惜作者并没有在此基础上做一些必要的概括和归纳。

总的说来，本书稿在选题、视角、方法等方面饶有创新，成果达到了出版水平。

吴福祥

专家评审意见(二)

词汇类型学是运用语言类型学研究范式进行跨语言词汇语义研究的新学科,目前汉语语言学界尚缺乏系统的词汇类型学研究成果。李亮博士的《词汇类型学视角的汉语物理属性形容词研究》首次基于莫斯科词汇类型学研究小组(MlexT)有关物理属性形容词的跨语言考察,以英语、俄语相关语义场为主要参照,分析汉语"利-钝""光滑-粗糙""软-硬""重-轻"等对立概念的词化模式、语义场成员的基础义和引申义,旨在验证汉语词化模式及词义发展与词汇类型学的预测是否相合,有哪些不同于其他语言的独特之处。该文选题新颖,是一项具有前沿性和开拓性的研究成果。

李亮博士对词汇类型学理论、方法及研究进展了解全面,尤其熟悉 MlexT 的已有成果。她在绪论部分对 MlexT 使用的重要概念和研究方法做了简明扼要的阐述,还各有侧重地介绍了 MlexT 有关"水中运动动词""旋转动词"和"疼痛谓词"的三个研究项目,这些内容有助于了解词汇类型学研究的基本步骤和操作方法、特定语义场跨语言的引申共性及如何对主观性很强而无法用"刺激反应"方式调查的语义场进行分析。

该书对"利-钝""光滑-粗糙""软-硬""重-轻"八个语义场的分析很有系统性。首先介绍 MlexT 跨语言调查所发现的区分特定语义场不同成员的参数、所构建的基础义语义地图及所发现的语义扩展模式；在此基础上分别构建英语、俄语和汉语特定语义场的语义地图，分析语义场成员的引申义用法。这种分析模式使汉语词汇研究既能以词汇类型学所揭示的跨语言共性为参照，又可与特定语言的具体情况进行对比，有利于观察汉语词化模式和词义发展的共性倾向和个性特征，对词汇类型学视角的汉语词汇研究很有借鉴价值。

该书对汉语词语搭配调查和词义分析细致入微，不仅有力地验证了物理属性形容词词化模式和语义关联的跨语言共性，还发现了不少汉语词义引申和词化模式的特点，如俄语 tyazhelyi（重）的引申义用法一般表达负面意思，而汉语"重"的常用引申义是"重要"；汉语的"毛糙"只能描述人造物而不能描述自然物，从而为区分 ROUGH 语义场中的不同成员提供了一个新的参数。该书对汉语单双音同义词的语义对立和搭配异同、对同义词的语体和地域分布等也有不少新的发现和精准的分析。

这部著作在确定语义场成员和基础义范畴归属等方面甄审严格，例如通过反义词"老"看出"嫩"的语义侧重点在于时间短，因而未将其列入"软"语义场，这种做法是可取的。但对引申义则不宜过求纯化或一致化，例如，第三章在讨论"光"的引申义时说，做结果补语的"光"（"钱花光了""人已经走光了"）虽然在语义上与跨语言共性的引申接近，"但是由于语法性质不同，且引申义的来源域难以确定，因此不纳入本文考察范围内"，"光"做副词所表示的限止义（"只""单"）就更没有涉及。这样可能会把一些词的语义扩展简单化，不利于揭示汉语词义衍化的复杂性和独特性。另外，在分析词义引申的认知动因时，往往简单地认定某义的衍生是通过隐喻或转喻，而这种隐喻或转喻何以发生，其运作机制是什么，则没有具体的分析说明。个别地方对隐喻或转喻的判断还需要再做斟酌。例如，2.1.3.1 小节说，"一把锋利的刀所留下的痕迹，即线条一般是很清楚的，可以引申为清晰的界线，进一步通过转喻来指称清晰的照片或通过隐喻指称清楚明白的说法或命令"。从后文所举语例来看，SHARP 语义场的引申义并非用于“指称”，而是用于形容不同事物的清晰，这一点姑且不论，让人难以理解的是，为什么由形容界线清晰到形容照片清晰就是通过转喻，而由形容界线清晰到形容说法或命令清楚明白就是隐喻？

书稿中还存在个别笔误语病或表达不准确、图文不符的情况，建议出版前再仔细修订。我审读时在电子本上做了一些修改及批注，可以转给作者参考。

从总体上来看，该书学术价值较高，为跨语言的词汇语义研究及词汇类型学视角的汉语词化模式和词义发展规律研究提供了可资参鉴的分析框架和操作方法。我个人认为该书已达到出版水平，如能获得《清华语言学博士丛书》基金资助早日出版，相信必将有力地推动和引领汉语学界的词汇类型学研究。

张　博

《清华语言学博士丛书》章程

（一）《清华语言学博士丛书》是清华大学语言研究中心主持编辑的一套丛书，选择海峡两岸暨香港、澳门地区及国外语言学博士高质量的学术著作，经同行专家匿名评审和编委会审定后，由上海中西书局出版。每年出版1至5种。

（二）《清华语言学博士丛书》旨在使优秀的语言学博士的著作得以较快出版，并在学界传播，扩大影响。一方面帮助语言学领域的优秀青年学者迅速成长，另一方面也为语言学的发展注入新的活力。

（三）《清华语言学博士丛书》坚持学术的高标准。其学术定位是：

1. 以扎实的语言材料为基础，有较深入的分析和理论思考。

2. 具有学术前沿性和创新性。

3. 符合学术规范。

（四）《清华语言学博士丛书》编委会由海峡两岸暨香港、澳门地区的学者组成，名单如下：

主编：蒋绍愚（清华大学）。

副主编：张美兰（清华大学）。

编委：蔡维天（新竹清华大学），曹志耘（北京语言大学），陈保亚（北京大学），方一新（浙江大学），冯胜利（香港中文大学），何大安（台湾中研院），邢向东（陕西师范大学），张伯江（中国社科院语言所），张赪（清华大学），张敏（香港科技大学）。

《清华语言学博士丛书》编委会聘请丁邦新先生和陆俭明先生为顾问。

《清华语言学博士丛书》编委会负责邀请同行专家进行匿名评审，并召开编委会审阅和评定入选《清华语言学博士丛书》的著作。

（五）申报《清华语言学博士丛书》的著作必须具备如下条件：

1. 作者为海峡两岸暨香港、澳门地区已获得语言学博士学位的青年学者（年龄在45周岁以下），国外同等条件的青年学者撰写的中国语言学的著作亦可申报。

2. 著作可以在博士论文或博士后出站报告的基础上修改而成，已获得语言学博士学位的青年学者的其他著作也可以申报。著作用中、英文撰写均可。

3. 著作内容符合本章程第（三）条所规定的学术定位。

4. 作者从取得博士学位的次年起即可申报，申报者需填写《申报表》，并有两位专家（不包括《丛书》编委和顾问）推荐。

（六）申报时间为每年4月1日至5月31日。6至8月份由同行专家匿名评审。9、10月份编委会开会评定，10月31日前公布评定结果。申报和评审的具体办法另定。

（七）申报著作通过评定后，作者应根据编委会的意见进行修改，并在两年内将定稿送交上海中西书局，逾期视同放弃出版。

《清华语言学博士丛书申报表》可登录网站下载，网址：http://www.tsinghua.edu.cn/publish/cll/index.html

地　址：清华大学人文学院新斋332

联系人：赵晓英　电话：010－62773018

电子信箱：zwlxs@tsinghua.edu.cn

（2011年11月10日《丛书》第一次编委会讨论通过

2015年11月第五次编委会讨论修改

2017年11月第七次编委会讨论修改）